图书在版编目(CIP)数据

程序正义理论/陈瑞华著.—2版.—北京:商务印书馆,2022
(中华当代学术著作辑要)
ISBN 978-7-100-21292-2

Ⅰ.①程… Ⅱ.①陈… Ⅲ.①诉讼程序—研究 Ⅳ.①D915.180.4

中国版本图书馆CIP数据核字(2022)第100604号

中华当代学术著作辑要

程序正义理论

(第二版)

陈瑞华 著

商 务 印 书 馆 出 版
(北京王府井大街36号 邮政编码100710)
商 务 印 书 馆 发 行
北京通州皇家印刷厂印刷
ISBN 978-7-100-21292-2

2022年9月第1版 开本710×1000 1/16
2022年9月北京第1次印刷 印张18

定价:98.00元

中华当代学术著作辑要

出版说明

学术升降，代有沉浮。中华学术，继近现代大量吸纳西学、涤荡本土体系以来，至上世纪八十年代，因重开国门，迎来了学术发展的又一个高峰期。在中西文化的相互激荡之下，中华大地集中迸发出学术创新、思想创新、文化创新的强大力量，产生了一大批卓有影响的学术成果。这些出自新一代学人的著作，充分体现了当代学术精神，不仅与中国近现代学术成就先后辉映，也成为激荡未来社会发展的文化力量。

为展现改革开放以来中国学术所取得的标志性成就，我馆组织出版“中华当代学术著作辑要”，旨在系统整理当代学人的学术成果，展现当代中国学术的演进与突破，更立足于向世界展示中华学人立足本土、独立思考的思想结晶与学术智慧，使其不仅并立于世界学术之林，更成为滋养中国乃至人类文明的宝贵资源。

“中华当代学术著作辑要”主要收录改革开放以来中国大陆学者、兼及港澳台地区和海外华人学者的原创名著，涵盖文学、历史、哲学、政治、经济、法律、社会学和文艺理论等众多学科。丛书选目遵循优中选精的原则，所收须为立意高远、见解独到，在相关学科领域具有重要影响的专著或论文集；须经历时间的积淀，具有定评，且侧重于首次出版十年以上的著作；须在当时具有广泛的学术影响，并至今仍富于生命力。

自 1897 年始创起，本馆以“昌明教育、开启民智”为己任，近年又确立了“服务教育，引领学术，担当文化，激动潮流”的出版宗旨，继上世纪八十年代以来系统出版“汉译世界学术名著丛书”后，近期又有“中华现代学术名著丛书”等大型学术经典丛书陆续推出，“中华当代学术著作辑要”为又一重要接续，冀彼此间相互辉映，促成域外经典、中华现代与当代经典的聚首，全景式展示世界学术发展的整体脉络。尤其寄望于这套丛书的出版，不仅仅服务于当下学术，更成为引领未来学术的基础，并让经典激发思想，激荡社会，推动文明滚滚向前。

商务印书馆编辑部

2016年1月

第二版序言

时光如梭，光阴荏苒。转眼之间，《程序正义理论》初版面世十二年了。这些年来，笔者在刑事诉讼程序、证据法、辩护制度、司法制度、企业合规等领域，展开了多方面的研究工作。但对于法律程序价值问题，一直没有停止过思考。作为一部略显单薄的“小册子”，《程序正义理论》记录了笔者研究程序正义问题的初步成果，汇总了笔者在这一领域发表过的大多数论文。笔者在该书初版序言里曾对自己的写作经历和心路历程做出过简要的描述，试图为有兴趣的研究者提供一份研究程序正义问题的基本文献。其间，屡次想对该书做出一些修订，但由于诸事繁杂，无法集中起兴趣和精力，致使该书没有得到及时维护，在坊间已难觅踪迹。最近，不断有学生提到这本书，认为该书对于研究者讨论法律程序问题，不失为一本基础性文献。也有法律界朋友建议我对《程序正义理论》做出全面修订，并适时推出新的版本。碰巧，商务印书馆推出了“中华当代学术著作辑要”丛书，专门收录那些具有学术价值的再版著作。当责任编辑向我发出邀请时，我怦然心动，立即答应下来，随即签合同，看文献，找资料，启动了全书的修订工作。

从大学读研究生时开始，我就高度关注法律程序价值问题，并在硕士论文和博士论文中论述过程序正义问题。在北大做博士后时，还将这一问题作为博士后出站报告的研究选题。在北大法学院留校任教后，我更是围绕这一选题发表了一系列学术论文。根据一些学术搜索网站的统计，在我已发表的引证率最高的十篇论文中，与程序正义有关的论文就占了接近一半。但是，程序正义是一个十分复杂的研究课题，不仅横跨程序法、人权法、宪法和法理学等诸多法学学科，而且还涉及政治学、哲学、伦理学、社会学等人文社会学科的研究领域。迄今为止，已经有若干位法律学者出版过有关程序正义问题的著作，他们都有各自的理论建树。笔者十二年前推出的这部小册子，梳理了西方学者研究程序正义的理论脉络，也提出了将这一理论引入我国刑事诉讼领域的基本思路。但是，假如我们的研究仅仅停留在这一层次上，那么，再推出这部书的第二版，可能是没有太大意义的。无论是中国社会的变迁，还是司法体制的改革和法律制度的发展，都提出了一系列有待解决的新课题。在程序正义领域，研究者可否从中国的法制经验出发，对程序正义提出一些新的总结和提炼，从而做出一点原创性的贡献呢？这是一个时时萦绕在我心头的问题。

迄今为止，有关程序正义问题的研究，大体形成了程序工具主义和程序本位主义这两大学术流派。前者将法律程序视为实现实体正义的工具，后者则强调法律程序的独立价值。当然，也有一些研究者试图调和这两种处于竞争状态的观点，提出了带有综合性的价值理论，强调法律程序既是实现实体正义的手段，也具有一些独立的内在价值。但是，仅仅停留在这一状态，研究者可能难以解答一系列现实问题。尤其是在我国启动审判中心主义改革和认罪认罚从宽制度改革以来，刑事司法制度大体上形成了“对抗性司法”与“协商性司法”的二元构造。上述传统的程序正义理论，对于解释那种以被告人不认罪为前提的对抗性程序，或许具有一定的说服力，但对于那种建立在被告人认罪前提下的协商性司法程序，却难以自圆其说。与此同时，自 2010 年以来，我国的刑事司法制度还一直面临着一个现实难题，那就是如何有效地预防和控制冤假错案问题。假如我们仅仅关注法律程序的内在价值，强调程序正义在维护被裁判者人格尊严、提高司法公信力等方面的意义，而忽略甚至无视程序正义对于防止错误裁判方面的价值，那这种理论会得到社会各界的接受吗？

要走出上述困境，我们就不应将现有的程序正义理论奉为不可挑战的教条，而应根据我国刑事司法制度的实际情况，按照“从经验到理论”的研究路径，提出新的程序正义理论。按照笔者的思路，程序工具主义理论将法律程序视为实现实体正义的工具，这固然是不可接受的。但是，那种仅仅关注法律程序自身“独立价值”的程序本位主义理论，仅仅重视维护被裁判者的尊严或者提升司法的公信力，这也是存在问题的。其实，法律程序要真正具有自主性价值，摆脱其工具和附庸的地位，就不仅要符合包括参与、中立、对等、理性等在内的公正标准，而且还应对裁判结果具有影响、决定、选择或限制作用，只有当法律程序对于裁判结果的形成具有独立塑造作用时，程序正义的自主性价值才能得到真正的体现。另一方面，在基于被告人自愿认罪所形成的协商性司法程序中，传统的程序本位主义理论不可能完全适用，那些被用来衡量程序公正性的价值尺度，如参与性、中立性、对等性、合理性、及时性、终局性等，也无法被用作评价程序公正的标准。其实，评价对抗性司法程序的价值标准，应当根据利害关系人的过程控制程度来加以确定；而对协商性司法程序的评价，则应当确立一种“结果控制”的价值标准。有鉴于此，我们可以为协商性司法程序确立一种全新的程序正义理念，引入包括弃权的自愿性、对结果的协商性、协商的对等性、最低限度的参与性等在内的价值标准。由此，我们可以提出一种有别于传统法律价值理论的协商性程序正义理论。

根据上述思路，笔者在初版书稿的基础上，将全书设置为两个部分：一是程序正义的学术史；二是程序正义的理论。前一部分概述了西方程序正义理论的发展脉络、理论流派和主要代表人物的观点，并做出了学术评价。在这一部分，本书第二版还增加了“主观的程序正义理论”一章，对一些社会学家就程序正义所做的实证研究做出了分析和评价。后一部分则讨论了程序正义作为法律价值的地位，将程序正义的自主性价值分为两个部分：一是程序正义的独立价值；二是程序正义对于裁判结果的塑造作用。在区分对抗性司法程序与协商性司法程序的基础上，笔者提炼出了对抗性的程序正义与协商性的程序正义这两个概念，并对后者做出了理论上的总结和概括。

爱因斯坦说过，我们获得的知识越多，未知的领域也就越多。在研究程序正义问题过程中，笔者为越来越多的未知问题所困扰，也越来越深刻地了解到这一课题研究的难度。尽管如此，笔者还是愿意将多年来对这一问题的思考呈现出来，一方面将此作为学术研究的阶段性总结，另一方面也为未来的研究者提供一份进一步研究的参考文献。学术研究是一场永无止境的探索过程。对程序正义的研究，要取得重大理论突破，也需要后来者拿出勇气，投入心力，掌握更为科学的方法。“不畏浮云遮望眼，自缘身在最高层。”唯有站在一定的学术高度，具有一定的学术积累，方能对程序正义问题做出新的开创性的研究。

陈瑞华

2021年12月21日

目　次

第二部分 程序正义的理论

初 版 序 言

呈现在读者面前的这本小册子，是我十五年来研究程序正义理论问题的成果总结。

我对程序正义理论的研究，始于20世纪90年代攻读硕士研究生期间。当时，我通过阅读美国学者戈尔丁的《法律哲学》以及罗尔斯的《正义论》等著作，对于法律程序的公正性问题有了初步的认识，并对程序正义这一题目产生了浓厚的兴趣。后来进入博士学习阶段，随着对西方国家刑事司法制度有了愈加深入的了解，在中国当时各地法院推行"刑事审判方式改革"的大背景下，我产生了将刑事审判问题确定为博士论文选题的想法。然而，面对当时"诉讼构造理论""诉讼目的理论""诉讼主体理论"颇受关注的状况，在没有太多理论积淀的情况下，对于研究"刑事审判理论"问题，笔者并没有太多的自信，担心把程序问题写成"技术问题"，甚至流于对一些细枝末节问题的分析。

为了使博士论文写得具有一定的"理论深度"，也为了对刑事审判背后的深层问题进行较为透彻的理论分析，我开始了对法理学著作的系统阅读。最初，在中国政法大学图书馆库本阅览室中，我接触较多的是海内外中文原著和中文译著。尤其是中国台湾地区的法学著作，对我有不少的启发。后来，在母校图书馆外文阅览室中，我开始阅读与"正义论""刑事审判""政治哲学""伦理学"等相关的英文原著。逐渐地，诸如"自然正义""正当程序""程序正义""程序公正”之类的理论著述，开始进入我的视野。在那一阶段，我接触了英国学者达夫的程序理论、富勒的审判理论、德沃金就法律程序问题的论述、波斯纳的法律经济学理论。通过阅读这些学者的原著，既了解了法律程序价值理论的源流和发展脉络，也从中获得了不少新的研究资料信息。循着这些信息，我来到了国家图书馆，在该馆的“外文新书阅览室”中，我发现了多本宝贵的图书资料，尤其是英国学者格里根（Galligan）主编的《法律程序》和两位德国学者共同编辑的《程序正义》。前者收录了英美学者就法律程序价值问题发表的经典论文，后者则集中汇集了德国、法国等欧陆国家学者在程序正义问题上的研究成果。可以说，“一本书打开了一片世界”，“通过阅读和反复揣摩与大师进行心灵的对话”。这是我当时最真切的感受。在接下来的搜集资料过程中，我借助国家图书馆的藏书优势，又发现了多部原著和多篇经典论文。对这些论文和著作，我如获至宝，毫不犹豫地将其复制下来。

对新资料的阅读使我“站到了巨人的肩膀上”。对程序价值理论的长期关注和思考，使我最终形成了博士论文的框架结构。博士论文写作开始后，我系统讨论了法律程序的价值问题，提出了法律程序的“内在价值”“外在价值”和“次级价值”的理论，并按照这一理论对刑事审判的基本原则、职能分离以及诉讼构造等问题进行了分析。这篇论文最终以《刑事审判原理论》为题通过了博士论文答辩，并于两年后由北京大学出版社出版。

《刑事审判原理论》的出版为我赢得了学术声誉。该书得到了同行和前辈学者的厚爱，被很多高校列为研究生的重要参考书。在北大法律学系从事博士后研究的两年时间里，我一方面围绕着程序正义问题发表了多篇学术论文，另一方面也对这一问题进行了更为系统、深入的研究。我曾针对美国学者萨默斯的“程序价值”理论，写出了一篇评论性文章，发表在《北大法律评论》上，该文章被列为该刊引证率最高的学术文章之一；对于马修的“尊严价值理论”，我写出了《程序正义的理论基础》一文，发表在《中国法学》上；结合贝勒斯的“程序正义理论”，我在《中国社会科学》上发表了《走向综合性程序价值理论》的论文……可以说，在2000年前后，我对程序正义理论的钻研达到了痴迷的地步。当时一度产生了系统整理“程序正义的学说史”的念头，并形成了撰写一部以《程序正义论》为题的大部头学术专著的设想，甚至还与国内一家出版社签订了出版合同。

2002年，我获得了教育部“高级访问学者”计划的资助，前往美国耶鲁大学法学院进行为期半年的研究交流活动。在金碧辉煌的耶鲁法律图书馆，我发现了一些新的有价值的藏书。除了美国学者撰写的著作和研究报告以外，我还发现了其他学者以英文写成的程序正义著作。其中，几位美国学者就程序正义问题所进行的为期十余年的实证研究，以及美国学者泰勒出版的《我们为什么要遵守法律》一书，就是在耶鲁发现的。这些研究文献为我思考程序正义问题打开了一片新的天地，大大扩展了我的研究视野。与此同时，面对一系列源于美国本土法律问题的研究成果，笔者在研究方法上也受到了强烈的震撼。我第一次对那种“以西方理论为前提研究中国问题”的研究思路产生了怀疑。我猛然间发现，我数年来孜孜以求的程序正义研究，不过是在重复西方学者的研究，甚至就是在做“移植”“综合”和“编译”等方面的工作。而我过去对这一点不仅没有觉醒，反而津津乐道、乐此不疲呢！

访学结束后，我投入到刑事诉讼程序、证据法和司法制度等领域的研究之中，而暂时将程序正义研究连同过去的研究论文一起束之高阁了。从那时以来，我对程序性制裁、未决羁押、被告人权利的宪法化、刑事和解、量刑程序、变更起诉、重复追诉、审判模式等一系列问题进行了研究。后来，随着对中国问题观察的逐渐深入，我初步形成了一种新的基于社会科学的研究思路，那就是通过观察中国问题，逐渐将其概念化，提出新的具有解释力的理论，然后通过与最前沿的理论进行对话，达到使理论一般化、普适化的研究目的。在这一研究思路下，西方理论并没有被弃之不顾，而是被视为理论研究的背景资料，并成为研究者进行理论对话的“他者”，但不再成为分析问题的理论前提。这种心态强烈影响了我对程序正义问题的态度。在朋友和学生问及程序正义的研究问题时，我经常不以为然地说：我不再研究“西方的”程序正义理论了，如果要研究，就从中国本土问题出发，提出“源于中国本土的”程序正义理论。

那么，究竟为什么无法出版一部程序正义理论著作？中国学者在研究程序正义方面究竟有何困难？通过梳理今天的认识和心态，我可以做出这样的回答：条件还远远不够成熟。首先，我们的研究方法过于幼稚。其次，我们对中国问题的把握不够准确。再次，面对西方浩如烟海的研究成果，我们很难做出创新性的研究。最后，面对程序正义这一理论“舶来品”，我们还无法从中国传统文化中挖掘出可与其链接的资源。正是这些条件的欠缺，使得我们在面对一个个活生生的中国问题时，无法用理论语言对其进行合理的解读，更无法从中提炼出可用于理论对话的概念、范畴或者思想。比如说，我近年来在思考法律程序问题时就曾闪现出以下“思想火花”：

- 相对于程序正义而言，程序非正义问题具有更大的客观性和可操作性，因为正义永远是主观性很强的价值，属于智者见智、仁者见仁的大问题，且具有相当程度的开放性，而人们对于非正义还更容易达成共识，可以成为科学研究的对象……
- 某一法律决定所涉及的利益愈是重大，其决策过程所依赖的程序愈具有重要性。相反，法律决定所涉及的利益愈是微不足道，制作决定的程序愈是可有可无的……

● 相对于那些获得利益、赢得诉讼的一方而言，那些失去利益或败诉的一方对程序的公正性更加重视，并经常以程序不公正为由，挑战司法裁决的合法性和正当性。因此，可以说程序是给败诉方制定的，程序正义是为被剥夺利益的一方提供的挑战裁决权威的工具……

● 从决策的角度来说，如果要授予某一或某些人以利益，那么，程序以及程序正义都是可有可无的；相反，假如要剥夺某一或某些人的利益，则程序和程序正义都将是不可或缺的。因为相对于不公正的程序，公正的程序更容易化解失去利益一方的不满，令其失去抵制不利决定的借口……

● 从近期刑事和解制度的发展情况来看，程序正义显然有其适用的外部范围，也就是有其适用的局限性。至少，在被告方与被害方达成和解协议的情形下，传统的程序正义是不完全适用的。我们由此可以得出初步的判断：程序正义对于控辩双方处于对立立场的诉讼活动是可以适用的，但对于控辩双方通过协商达成合意的案件，却是不完全适用的……

这些思想火花假如被整理出来，按照社会科学的基本规范形成一篇或者若干篇学术论文，无疑将是具有开创性的，至少是富有新意的。但是，如何对这些思想进行科学的论证呢？尤其是如何避免那种纯粹的演绎分析，而从中国法制经验中提炼出概念，并将这些思想上升为理论模型呢？对于这些问题，笔者至今仍没有考虑清楚，所以迟迟不敢动笔。

出版一部《程序正义论》，提出自己系统的程序正义理论，这是我的学术之梦。这本小册子的出版，属于阶段性的圆梦活动。在以后的学术生涯中，笔者将继续在程序正义这一领域进行开拓性的研究工作。我相信，在可以预见的将来，我还会以一种新的方式完成我的“圆梦之旅”的。

陈瑞华

2010 年 7 月初于北京大学中关园

第一部分　程序正义的学术史

第一章　程序正义理论的兴起

一、程序与程序的正当性

一般而言，程序是指“事情进行的先后次序”，或者“按时间先后或依次安排的工作步骤”，它有“顺序”“手续”“方式”“步骤”以及“程式”等不同的含义。人们通常所说的办事顺序、电脑软件设计程序、机器操作手续和规程等，都可以说是这种“程序”的具体表现。但是，在法律科学中，“程序”一词则有专门的含义，是指按照一定的顺序、程式和步骤制作法律决定的过程。由于国家对制作各种法律决定的程序都在专门的法律中作出了规范，因此这种程序又被称为“法律程序”。在这里，与程序相对应的是“结果”，即有关国家机构依照专门的法律制作的决定。根据所要作出的实体决定的不同，法律程序也相应地具有不同的性质和特点。例如，立法机关为制定和颁行一部法律，所要经历的法律决策过程可以称为“立法程序”；有关机构为选举领袖或民意代表而经过的法律决策过程可以称为“选举程序”；行政机构为作出一项行政决定而经过的法律决策过程可以称为“行政程序”；司法机关为解决一起纠纷而经过的法律实施过程则可以称为“司法程序”；等等。而从决定可能产生的实际效果来看，法律程序还可以分为对一部分人的利益产生不利影响的决定的形成程序，如法院对一公民作出有罪决定的程序；对一部分人的利益产生有利影响的决定的形成程序，如行政机构作出对某一公民进行行政赔偿决定的程序；对全体国民的利益都会产生有利或者不利影响的决定的产生程序，如立法机关的立法程序和选举程序等。

在诸多法律程序中，具有典型意义的是国家司法机构为解决利益纠纷而制作司法裁判的程序。在现代社会中，利益纠纷的解决可以有多种途径，如通过协商方式解决，通过由第三方主持进行的调解方式解决，通过由纠纷双方共同选择的仲裁者举行的仲裁方式解决，或者通过由国家司法机构主持进行的裁判方式解决。这几种纠纷解决方式都可以被纳入法律程序的轨道。但是，与其他几种纠纷解决方式不同的是，司法裁判程序具有最为典型的三方构造形态——控辩双方可以面对面地进行理性的论证、辩论、说服、协商及交涉，裁判者代表国家主持裁判的制作过程，并在听取和采纳双方证据、意见的基础上作出权威的裁判结论。

作为一种形成法律决定的过程，司法程序可以包括一系列环节，如程序的开启，程序主体的行为，法律决定的制作、审查和生效，程序的终结等。国家对这种法律实施过程加以规范化和制度化，即形成与实体法相对应的程序法。所谓实体法，是指创制、界定和规范实体性权利的法律，它设定了实体性的法律关系，这种关系以实体性权利、义务和法律责任为其基本内容。程序法则规定了使上述实体性权利得以实现的方法以及相应的权利救济途径。与实体法相比，程序法是“使法律权利得以强制执行的程序形式，而不同于授予和规定权利的（实体）法律；它是法院通过程序进行诉讼活动的法律；它是机器，而不是产品”。[①] 美国学者贝勒斯则指出：“程序法涉及达成一项法律决定的过程和步骤，实体法则涉及法律决定的内容。两者有着明显的区别，因为

① Klaus R. Scherer, *Justice: Interdisciplinary Perspective*, Cambridge University Press, 1992, p. 123.

人们可以采用不同的程序来解决同一实体问题，也可以采用同一种程序来解决不同的实体问题。”① 与实体法相对应，程序法设定了一种程序性的法律关系，这种关系以程序性权利、义务和责任为其基本内容。这样，从实施实体法设定的权利、义务和法律责任的角度来看，程序是指一系列法律原则、规则和手续的复合体，是一种规范化了的法律实施过程。

无论是从动态地制作法律决定，还是从静态地规定程序法律规范的角度来看，法律程序都存在于所有建立了“法律制度”的社会之中。只要一个社会建立了最起码的法律制度，那么不论它是否制定了某一方面的实体法或者它的实体法是否完备，它都必须制定一套用来保证法律决定正常形成的制度、规范或者惯例。英国普通法早期存在的“诉讼方式”（forms of action）制度，以及罗马法中极为发达的“诉权”（*actio*）制度，就清楚地表明一些早期的法律制度中仅存在程序法，而没有实体法或者没有较为完备的实体法的事实。同时，司法机构据以作出法律决定的程序本身也成了实体法产生和发展的源泉之一。正因为如此，有的学者把实体法视为“从程序法的缝隙中产生的”，甚至称程序法为“实体法之母”。对于程序法形成、创制实体法原则和规则的功能，许多学者都曾作出过系统的分析。

那么，法律程序如何才能具有正当性呢？对于这一问题，似乎存在着两种难以成立的观点：一是认为所有既存的法律程序都具有正当性，二是认为只有具备正当性的程序才是法律程序。前者的立论根据是法律程序的正当性与法律制度的正当性一样，都是很难加以准确衡量的，一切既存的法律程序只要得到实际的遵守，就能够发挥其固有的功能。后者的立论根据则是现代社会的法律程序是经过长期演变而形成

① Michael D. Bayles, *Procedural Justice: Allocating to Individual*, Kluwer Academic Publishers, 1990, p. 3.

的，其正当性逐渐具有一些最低限度的标准，不具备这些最低标准的程序就不能成为现代的法律程序。这两种观点的失误之处在于，它们都把法律程序的正当性与法律程序的存在本身混为一谈。事实上，如果不将“事实”和“价值”问题分开来认识，就会使法律程序正当性的意义难以得到人们的重视。当然，前一种观点目前的支持者正在逐渐减少，人们越来越认识到，国家在设计法律程序时应当将一些为人们所普遍接受的价值目标考虑在内，以便为法律制度的改革提供正当的根据。后一种观点目前却为一些学者有意无意地坚持着。尤其是一些西方学者，由于对其法律文化传统具有某种程度的自信，在对法律程序的性质进行界定时往往加入了自己对其正当性的考虑。

例如，美国学者富勒（Lon L. Fuller）曾对司法审判程序的特征作出过这样的论述：“使审判区别于其他秩序形成原理的内在特征在于，承认那些将要受到审判所作决定直接影响的人能够通过一种特殊的形式参加审判，即承认他们为了得到有利于自己的决定而提出证据并进行理性的说服和辩论。”因此，“审判的实质在于——受判决直接影响的人能够参加判决的制作过程”，“一种法律制度如果不能保证当事人参加到审判活动中来，就会使审判的内在品质受到破坏。”① 在这里，富勒以分析司法审判程序的性质为着眼点，将自己对审判程序正当性的判断带入对审判程序性质问题的论述之中。事实上，那些利益可能受到裁判结果的直接影响——尤其是不利的影响——的人能够直接参与裁判的制作过程，从而对裁判结论的形成施加自己的积极影响，这是公正的审判程序所具有的重要标志之一。一种法律制度如果对这一点不能切实加以保障的话，这种审判程序就无法具备最低限度的公正性。但在这种情况下，这种程序依然是审判程序，只不过它缺乏正当性的基

---

① Lon L. Fuller, The Forms and Limits of Adjudication, in *American Court System*, H. Freeman & Company, 1978.

础。由此可以看到，受判决结果直接影响的人直接参与裁判的制作过程，并不能视为审判程序的内在特征，而应属于公正的审判程序的重要标志。

又如，美国前联邦最高法院大法官道格拉斯（Douglas）曾讲过一句为人们所广为引用的名言："权利法案中的大多数条款都是关于程序的规定，这并不是没有任何意义的。正是程序决定了法治与恣意的人治之间的主要区别。"① 程序能够成为法治而不是人治的重要标志，但是否只有在实行法治的社会里才存在程序呢？显然不是。因为在那些公认的实行"人治"的专制社会里，如中世纪的欧洲各国，封建时代的中国，以及希特勒时期的德国等，不仅存在着法律程序，而且这种程序还相当完备。但是，这种程序究竟是不是公正的程序呢？回答也是否定的。比如说，中世纪欧洲各国以及中国封建社会均设立了对犯罪嫌疑人的拷讯程序，对实施刑讯的条件、方式、部位、次数以及违法实施刑讯行为的责任追究等均有明确的法律规定。这种以牺牲和剥夺个人自由意志为代价所确定的诉讼程序，具有极大的不公正性，实际成为专制的政治制度赖以维持的制度保障之一。很显然，并不是程序构成法治的标志，而是公正的程序才成为法治与人治得以区分的标志。

看来，法律程序的存在与法律程序的正当性并不是一回事。正如一个社会实行的法律制度不一定是具有正当性的法律制度一样，一种法律程序即使十分发达和完备，也不一定属于公正的程序；判断法律程序是否具有正当性，不能仅仅看这种法律程序的外观特征，而应当依据一些独立于程序之外的价值标准。只有认识到这一点，我们在改革一项法律程序时，才能自觉地依据那些为人们所普遍接受的价值标

① *Joint Anti-Fascist Refugee Comm. v. McGrath*, 341 U. S. 123, 179（1951）.

准来进行，而不是一味地维护既存法律程序的权威性，或者对改革法律程序的目标产生模糊性认识。那么，法律程序的正当性究竟是什么呢？

实际上，法律程序的正当性是与法律制度整体上的正当性问题密切相关的。一般而言，法律制度的正当性是指其所具有的价值合理性，是人们对它予以接受和信任的主要根据。当然，对于法律制度正当性的具体内容，不同时代的人们有不同的认识，它“在古代是神意，在中世纪是王权，在今天则是通过民主程序而表现出来的民意”[①]。但是不管怎样，人们对法律制度正当性的评价主要是从两个角度来进行的：内在标准和外在标准。对于前者，人们通常称为正义标准，即法律制度本身的内在品质或者内在的善；而对于后者，人们则称为功利性标准，即法律制度在达到某一外在价值目标方面的有用性和有效性。如果这种标准可以被认为具有普遍适用性的话，那么，法律程序的正当性也是指它所具有的道德上的“善”，这种价值或者“善”有两大标准：功利性标准和正义性标准。法律程序的功利性又可以称为“工具性”，即程序在实现实体法所承载的价值目标方面的有用性和有效性；法律程序的正义性又可以称为“公正性”，即程序本身所具有的内在品质。[②]法律程序能否具有功利性价值，关键要看它能否形成符合正义、秩序、安全等价值的决定或者结果。而法律程序自身的公正性要得到实现，毋须求诸程序以外的其他因素，而只需从提高程序自身的内在优秀品质着手，使整个法律决定过程符合一些“看得见”的标准。对于这种标志着法律程序本身内在优秀品质的价值，人们通常称为“程序正义”。

---

① 〔日〕谷口安平：《程序的正义与诉讼》，王亚新、刘荣军译，中国政法大学出版社1996年版，第10页。

② 陈瑞华：《刑事审判原理论》，北京大学出版社1997年版，第22—27页。

二、程序正义观念的起源

程序正义作为一种观念，早在13世纪就出现在英国普通法之中，并在美国得到前所未有的发展。程序正义观念的古典表述在英国是“自然正义”（natural justice），而在美国则是“正当法律程序”（due law process）。1215年英格兰国王颁行的《大宪章》（*Magna Charta*）第39条规定：“除非经由贵族法官的合法裁判或者根据当地法律”，不得对任何自由人实施监禁、剥夺财产、流放、杀害等惩罚。1355年英王爱德华三世颁布的一项律令（有学者称为“自由律”）明确规定：“任何人，无论其身份、地位状况如何，未经正当法律程序，不得予以逮捕、监禁、没收财产……或者处死。”这两个法律文件被许多学者视为英美普通法中正当程序观念的最早渊源。英国法律制度在其发展的较早时期即有注重法律程序的传统，人们相信“正义先于真实”（Justice before Truth）、“程序先于权利”（Process before Rights）。[①] 这一方面与英国法官长期形成的遵循先例的传统有关，使得法律程序具有形成和发展实体法的功能，另一方面也体现出英国人运用法律程序对政府权力加以制约的思想。而注重法律程序的集中体现就是对自然正义原则的严格遵守。

自然正义是英国法治（rule of law）的核心概念，是法官据以控制公共行为（public behavior）及行政行为的基本程序原则。这一原则有两个基本要求：（1）任何人均不得担任自己案件的法官（*nemo judex in parte sua*）；（2）法官在制作裁判时应听取双方的陈述（*audi alterm parterm*）。这两项要求原本仅适用于法官的司法裁判活动，被用来作为

① 转引自〔法〕勒内·达维德：《当代主要法律体系》，漆竹生译，上海译文出版社1983年版，第337页。

法官解决纠纷时所要遵循的最低限度程序公正标准。但从20世纪初以来，它们逐渐发展成为法院监督行政权的重要程序保障，成为行政程序正当性的基本依据。根据上述第一项要求，法官在审判中不得存有任何偏私，而且须在外观上使任何正直的人不对其中立性有任何合理的怀疑。为防止那些对某一方当事人持有偏见的人担任裁判者，法官不能与案件或者当事人双方存有利益上的牵连，也不得对案件事实事先形成预决性的判断，否则法官所作的裁判就会失去法律效力。自然正义的第二项要求又可称为“两造听证”原则，即法官必须给予所有与案件结局有着直接利害关系的人充分陈述意见的机会，并且对各方的意见和证据平等对待，否则他所制作的裁判就不具有法律效力。不难看出，自然正义的这两个要求都是有关法律程序正当性的标准，法官对它们的违背会直接导致裁判效力的丧失。

英国普通法上的程序正义观念在美国得到了继承和发展。美国联邦宪法第五条和第十四条修正案均规定：“未经正当法律程序，不得剥夺任何人的生命、自由和财产。”这标志着程序正义观念在美国以宪法原则的形式得到确认。根据美国学者和联邦最高法院的解释，正当法律程序可分为“实体性正当程序”（substantive due process）和“程序性正当程序”（procedural due process）两大理念，前者是对联邦和各州立法权的一种宪法限制，它要求任何一项涉及剥夺公民生命、自由或者财产的法律不能是不合理的、任意的或者反复无常的，而应符合公平、正义、理性等基本理念；而后者则涉及法律实施的方法和过程，它要求用以解决利益争端的法律程序必须是公正、合理的。[①] 美国权威的《布莱克法律词典》对程序性正当程序的含义作出了具体的解释：“任何权益受判决结果影响的当事人有权获得法庭审判的机会，并且应被告知控

① 《布莱克法律词典》，英文版，“due process”条。

诉的性质和理由……合理的告知、获得法庭审判的机会以及提出主张和辩护等都体现在‘程序性正当程序’之中。”[①] 在美国学者看来，正当法律程序体现了正义的基本要求，而程序性正当程序更是体现了程序正义的基本观念。前联邦最高法院大法官杰克逊认为：“程序的公正、合理是自由的内在本质”，如果有可能的话，人们宁肯选择通过公正的程序实施一项暴厉的实体法，也不愿意选择通过不公正的程序实施一项较为宽容的实体法。[②] 因此，程序性正当程序所表达的价值就是程序正义。

程序正义的观念在英美法中的出现和发展并不是偶然的现象。按照日本学者谷口安平的解释，英美程序正义观念的发展源于三方面的原因：陪审裁判以及作为其前提的当事人主义诉讼结构；先例拘束原则；衡平法的发展。首先，当事人双方在由一般市民组成的陪审团面前进行辩论和对抗，胜负则由陪审团判定，而且陪审团的裁断只得出结论而不提供理由，这样就使得判决结果是否客观真实无从检验，只能由程序的正确来间接地支持结果的正当性。其次，先例拘束原则要求法官根据在以往判决的相似案件中确立的先例，作出有关案件适用法律问题，但其前提在于当事人在其律师的协助下尽量找到有利于自己的先例，并通过辩论说服法庭予以采用。最后，衡平法的发展导致法官在当事人因找不到适当的法律根据而提出救济请求的情况下，可以运用其自由裁量权，对案件作出适当的决定。[③] 在上述三方面因素的影响下，审判结果是否正当、正确并不具有外在的客观标准，但只要审判程序本身具备正当性、合理性，审判的结果就能够得到人们的广泛接受，也就

---

① 《布莱克法律词典》，英文版，“due process”条。

② Christopher Osakwe, The Bill of Rights for the Criminal Defendant in American Law, in *Human Rights in Criminal Procedure*, Martinus Nijhoff Publishers, 1982, p. 260.

③ 〔日〕谷口安平：《程序的正义与诉讼》，第 10 页以下。

具有了正当性和合理性。因此，所谓“正义不仅要得到实现，而且要以人们看得见的方式得到实现”这样一句格言，说的就是这种通过公正程序所作的判决结论具有可接受性的意思。

程序正义的观念尽管形成并发展于英美普通法，而且与英美人长期以来注重法律程序的传统有着千丝万缕的联系，但英美学者对程序正义的认识却是在经历了长期的徘徊、犹豫和争论之后才逐渐清晰的，而且即使在今天，这种认识仍然存在着重大的分歧和差异。例如，围绕着“自然正义”和“正当法律程序”这两大程序正义原则的内容和意义问题，学者们形成了门类众多的学说和理论。下面的论述旨在对英美学者有关程序正义的理论的发展过程作一简要回顾。

三、纯粹的程序正义：罗尔斯的分析

在西方思想史上，自从亚里士多德以来，有关正义的理论文献可谓汗牛充栋，有关正义的理论学说可谓学派纷立。但这些正义观念所关注的多是所谓“分配的正义”（distributive justice）、“矫正的正义”（rectificatory justice）或者“报应或惩罚的正义”（retributive justice），强调“给予每个人以其所应得的对待”，强调对侵犯权利者的公平惩罚和对受侵害者的公平补偿，也就是使人们所应得的权益得到平等的维护，应得的义务得到平等的履行，应得的责任得到合理的分配。这些观念基本上属于“实质正义”（substantive justice）的范畴，因为它们重视的是各种活动结果（result）的正当性，而不是活动过程（process）的正当性。即使有少数学者论述到法律实施过程的正当性问题，也大多强调的是所谓“形式的正义”（formal justice），即对同等情况予以同等的对待，对不同情况给予与这种不同情况相适应的不同对待。这种“形式的正义”尽管不完全等于实体正义，但它基本上是为保障实体正义而服务的，即保证某种活动的结果对同等情况下的人大致相同或者一致。至于产生这种结果的过程本身是否使有关的人受到公正的对待，或者是否符合正义的要求，则不为人们所关心。但是，这种局面在20世纪60年代以后发生了变化。一些学者从关注人类自身的前途和命运出发，开始研究过程或程序本身的正当性问题。

1971年，美国学者约翰·罗尔斯出版了《正义论》一书，在该书中提出并分析了程序正义的三种形态："纯粹的程序正义"（pure procedural justice）、"完善的程序正义"（perfect procedural justice）以及"不完善的程序正义"（imperfect procedural justice）。[①] 在罗尔斯看来，如何设计一个社会的基本结构，从而对基本权利和义务作出合理的分配，对社会和经济的不平等以及以此为基础的合法期望进行合理的调节，这是正义的主要问题。要解决这些问题，可以按照纯粹的程序正义观念来设计社会系统，"以便它无论是什么结果都是正义的"。完善的程序正义的特征是，有关公平的分配问题存在着一个独立的标准，而且设计一种保证达到这一预期结果的程序是有可能的。典型的例证是公平分配蛋糕的情形：为了保证公平地分配蛋糕，最好的程序设计是让一个人切分蛋糕并得到最后的一份，其他人都被允许在他之前得到，这样他就不得不平等地切分蛋糕，以便自己能够得到尽可能最大的一份。不完善的程序正义的标志是，存在着判断结果正确性的独立标准，却没有保证达到它的程序。典型例证是刑事审判：这里结果正确的独立标准是"只要被告人犯有被控告的罪行，他就应当被宣判为有罪"，但是即使法律被正确地遵循，过程被公正恰当地引导，还是有可能达成错误的结果——一个无罪的人被宣判为有罪，而一个有罪的人却逍遥法外。因为设计出一种总是能够达成正确结果的审判程序是不可能的。

---

① 〔美〕约翰·罗尔斯：《正义论》，何怀宏等译，中国社会科学出版社1988年版，第80—83页。

与上述两种程序正义均不相同,纯粹的程序正义的特征是:不存在任何有关结果正当性的独立标准,但是存在着有关形成结果的程序正当性的独立标准,因此只要这种正当的程序得到人们恰当的遵守和实际的执行,由它所产生的结果就应被视为是正当的。纯粹的程序正义最典型的例证是赌博:在赌博活动中没有关于结果正当性的标准,只要遵循正当的赌博程序,任何一种分配参加赌博者现金的结果都被视为公正的。罗尔斯就是在对这种纯粹的程序正义进行分析的基础上,对他的正义理论进行了论证。在他看来,公平机会原则的作用就是从纯粹的程序正义的角度保障分配的正义得到实现,因为纯粹的程序正义具有的巨大实践优点是:在满足正义的要求时,它不再需要追溯无数的特殊环境和个人不断变化着的相对地位,从而避免了由这类细节引起的复杂原则问题,并使分配的正确性完全取决于产生分配的合作体系的正义性以及对介入其中的个人要求的回答。

罗尔斯所分析的正义问题显然不限于法律程序问题,而是涵盖了社会政治和经济结构的各个方面。他通过对上述三类程序正义的比较,论证了按照纯粹的程序正义设计社会制度和经济结构的正当性。实际上,无论是完善的程序正义,还是不完善的程序正义,其共同特征在于存在着用于评价某种结果正当性的标准,而且这种标准要独立于用于评价程序本身正当性的标准。这样,在对一种活动或者制度进行评价时,人们必须同时关注程序和结果两者的正当性是否得到保障。如果一种程序不具有形成正当结果的能力,即使它本身非常具备正当性的根据,人们也不能说它完全是正当的。尤其是在适用不完善的程序正义的场合下,由于并不存在着保证公正结果得到实现的适当程序,人们仅仅对程序本身进行关注似乎是不够的,而必须对程序以外的其他因素予以考虑,如制作决定过程中人的因素,活动过程的具体特征及其具体细节,等等。与此相反,在适用纯粹的程序正义的情况下,人们对结果的公正性并没有一种明确的认定标准，而且在程序运行结束前人们对结果的正当性也很难作出预测，因此它只有从程序本身的正当性上得到证明；只要遵循公正的程序，某种活动的结果就应当被视为是正当、合理的。这样，评价程序正当性与结果正当性的标准事实上就合而为一了，结果正当性成为程序正当性的必然结果。罗尔斯显然对纯粹的程序正义“情有独钟”，认为只有它才能论证公平机会原则的合理性。

罗尔斯对纯粹的程序正义的分析受到一些学者的质疑。有人认为，尽管罗尔斯用以说明纯粹的程序正义的例证在现实生活中可能确实存在，但是这并不能充分证明“公正的程序决定结果的正义性”这一结论。[①] 实际上，这些情况可以被解释为人们有权参与某种活动的过程，并自愿地行使这种权利。它们顶多只是说明权利及其自愿行使对于证明一种行为具有道德上的可接受性是令人信服的。然而，即使一个人明智且自愿地参与了活动，但由于其他方面的原因，这种活动的程序也可能存在着其他方面的不公正性。另一方面，自愿地参与或者选择某一程序，也不能证明这种程序本身的正义性。因为自愿性只是程序正当性的必要条件，一个人即使确实自愿参与了一种活动，也不能充分证明这种活动程序的正当性。

还有人认为，罗尔斯从理论上对程序正义所作的分类并不意味着现实生活中总是能够按此来区分程序正义。例如，对赌博结果的评价可以从输赢机会分布的平均性，也可以从是否胆量最大的人获胜方面来进行，然后据此设计赌博的规则和程序，从而保证结果和程序均具有正当性。

又如，在切蛋糕活动这种被视为“完善的程序正义”的情况下，只要采取由切蛋糕的人自己领最后一份这种程序，人们就往往假定结果合

① Michael D. Bayles, *Procedural Justice: Allocating to Individual*, p. 5.

乎正义而对其予以自愿的接受，而不必对所分的各块蛋糕采用精密仪器加以衡量。这其实可以视为纯粹的程序正义，而不是完善的程序正义。

再如，作为不完善的程序正义典型例证的刑事审判活动，其实也可以适用纯粹的程序正义。因为对于被告人是否确实“在事实上”实施了犯罪，人类目前似乎并不掌握能满足绝对正确结果的认识手段。由于人类的认识和实践能力有限，尽管不断为实现实体正义而完善程序，却仍不得不进行各种妥协，如对不能证实其实施犯罪却实际有罪的被告人宣告无罪，这种无罪推定意味着从方法和过程上已尽了最大努力仍不能确定实体结果时，假定某个结果合乎正义是一种不得已的必要妥协。这样，“理论上是不完全的程序正义在制度上却作为纯粹的程序正义而发挥了作用”。[①]

对罗尔斯理论的批评可能还有一些，随着时间的流逝，对他的理论能否为人们所接受的质问可能会越来越尖锐。但不管怎样，他对程序正义的分析对后世学者的启发是巨大的。他所提出的程序或者过程本身的正当性问题日益引起人们的关注。他的理论对人们的深刻启示在于，在对一种至少会使一部分人的权益受到有利或者不利影响的活动作出评价时，不能仅仅关注其结果的正当性，而且要看这种结果的形成过程本身是否符合一些正当性标准。在人类活动的许多场合下，为了保证那些正当性标准并不容易把握或者很难预测的活动结果的正当性，人们可以将努力的重心倾注到对程序本身公正性的保障方面，以达到通过程序实现正义的目标。罗尔斯的分析也使程序与实体、程序正义与实体正义的关系问题受到人们的关注，提醒人们对程序是否只具有工具性价值问题，对程序本身是否具有独立价值问题，以及在程序正义与实体正义发生冲突时如何进行协调的问题，均应当予以重视。而

---

① 〔日〕谷口安平：《程序的正义与诉讼》，第4—5页。

在过去，许多人对此不是视而不见，就是有意无意地坚持程序工具主义的观点。不仅如此，罗尔斯的“纯粹的程序正义”概念也不是凭空提出的，它与英美人注重法律程序和程序正当性的传统有着内在的关联性，是对英美普通法制度下法官通过司法程序创造实体法规则这一实践的理论总结。在英美普通法的历史上，实体法原则和规则主要不是立法机关通过制定成文法而形成的，而产生于法官在司法活动过程中的具体判决活动，也就是所谓的“法官造法”或者“遵循先例”。由于法官在解决纠纷时往往没有现成的实体规则可供遵循，他对什么是正当的裁判结果也不可能有明确的认识，但是他在长期的司法实践中却有一套完整并具有可操作性的程序作为制作裁判结论的依据，因此完全可以通过司法程序来创制出一些新的实体规则，从而实现实体结果的正当性。正因为如此，罗尔斯的理论才对英美法律正义理论具有巨大的影响力。

差不多在罗尔斯的理论出现前后的一段时期，在法哲学领域内，也出现了一种研究程序正义的思潮。一些英美学者从揭示传统上的“自然正义”和“正当法律程序”理念的思想基础出发，对法律程序本身的正当性进行了较为充分的探讨，提出了一系列的程序正义理论。这些理论的共同特点在于，它们都认为法律程序是为保障一些独立于判决结果的程序价值（procedural values）而设计的，这些价值有参与、公平以及保障个人的人格尊严等；一项符合这些价值的法律程序固然会形成正确的结果，但是这种程序的正当性并不因此得到证明，而是取决于程序本身是否符合独立的程序正义标准。换言之，一项法律程序或者法律实施过程是否具有正当性，不是看它能否有助于产生正确的结果，而是看它能否保护一些独立的内在价值。至于这种内在价值究竟是什么，学者们则仁者见仁，智者见智，从不同的角度进行了分析。有的主张法律程序自身所保护的是建立在社会契约理论基础上的正义价值，有的认为是人的自然权利，基本的自由价值和人的尊严，还有的则认为是所谓“将人视为目的而非仅仅手段”的道德原则。[①] 不论怎样，法律程序自身的公正、公平、合理都被视为与程序所要产生的结果无关的独立价值，只有这些价值得到保障，那些其利益会受到程序结果直接影响的人才能受到基本的公正对待，即享有作为一个人而非动物或物品所必需的尊严。在许多学者看来，法律程序在作为实现公正结果的手段方面的价值，尽管也同样重要，但与程序正义价值相比，只能属于第二位的价值。有的学者在强调程序正义方面走得如此之远，以至于得出了与罗尔斯的纯粹的程序正义极为相似的结论：确保法律程序自身价值的实现是法律实施的关键之所在，只要遵循了公正、合理的程序，结果就被视为是正当的。这样，对程序正义的研究就最终走出伦理学和政治哲学的领域，开始成为法律哲学上的一个重要研究课题。可以说，在目前情况下探讨法律程序问题，不能不提及程序正义问题，也不能不提出自己的程序正义观念。程序正义问题事实上已成为程序法基础理论的重要组成部分。

四、程序正义与当代的程序价值理论

如上所述，强调法律程序具有独立于实体结果的“内在价值”的学者，对程序正义的内容、意义进行了富有新意的探讨。他们将法律程序的意义视为对一些诸如人的尊严和自主性等价值的保障，而不是在实现公正实体结果方面的有效性和有用性。对于这种理论学说，人们通常称为“程序本位主义”理论。当然，坚持这种理论的学者并不将这种内在价值视为一种排他性的价值，而是主张这种价值的优先性，将其他

① See D. J. Galligan, *Procedure*, Dartmouth Publishing C. Ltd., 1990; J. Roland Pennock and John W. Chapman, *Due Process*, New York University Press, 1977.

价值则视为第二位的价值。

例如，英国学者达夫（R. A. Duff）即从“刑事审判是一种理性的活动”这一论点出发，论证了“裁判的公正性与产生这一裁判的程序的公正性具有一种内在关联性”这样一种论断，坚持了程序本位主义观点。在他看来，一项刑事裁判的质量会因为产生它的程序本身不具有合理性而受到损害，因此法院通过刑事审判所作的裁判必须具备合理的根据并经过充分的论证；同时，法院通过刑事审判还必须向被告人及其他社会公众宣示和证明其判决的公正性，尽力说服那些其行为接受审查的人接受判决结果的正确性和合理性。[①] 英国另一位学者卢卡斯（J. R. Lucas）则从消除人们普遍对一些不合理的审判过程所产生的“非正义感”的角度，对传统的“自然正义”原则进行了重新论证。他认为，正义不仅要得到实现，而且要以人们能看得见的方式得到实现，只要遵守了自然正义原则，人们作出决定的程序过程就能达到最低的公正性：使那些受决定直接影响的人亲自参与决定的产生过程，向他证明决定的根据和理由，从而使他成为一种理性的主体。经过这种正当的程序过程，人们所作出的决定就具有了正当性。[②]

但是，对于程序正义的内容和意义问题，目前还存在着另外一种影响深远的理论学说。根据这种学说，如果一项程序对于形成公正的裁判结果是有效的，那么它就是具有正当性的。这样，法律程序相对于它所要达到的实体结果而言，就只具有一种工具或者手段上的意义。因此，人们将这一理论称为“程序工具主义”理论。[③] 目前，这一理论主要为法律实证主义论者所主张，并隐含在不少法律社会学者的分析之中。

---

① Michael D. Bayles, *Procedural Justice: Allocating to Individual*, pp. 99–114. 另参见陈瑞华:《刑事审判原理论》(第二版)，第 33 页以下。

② J. R. Lucas, *On Justice*, Oxford University Press, 1980, pp. 1–19. 另参见陈瑞华:《程序正义论——从刑事审判角度的分析》,《中外法学》1997 年第 2 期。

③ 陈瑞华:《程序价值理论的四个模式》,《中外法学》1996 年第 2 期。

从哲学渊源上看，工具主义实际上是功利主义理论的一个重要分支，工具主义理论的盛行与当今社会科学中盛行的功利主义密切相关。这种功利主义坚持"事实"和"价值"的分离，主张"社会科学必须将自己严格限制在事实领域，因为事实领域可以应用经验的和自然科学的方法，从中求得确定无疑的规律"。而"价值领域不可能有真正严格的确定性，只能是各执己见，莫衷一是，不可能有真正的科学"。[①] 这样，有关对法律程序价值问题的探讨就由于其不具有科学的标准而被视为"无稽之谈"。但是，主张采用诸如经济学等学科的研究方法来研究"法律科学"的法律功利主义者，并不能完全做到"价值中立"或"价值无涉"，他们所拒斥的只是法律制度的道德价值，而对于法律制度的外在功用价值或实用价值则极力加以强调。对于这一点，有的功利主义论者明确加以承认，有的则断然否定。但是功利主义的极端化往往走向工具主义，这却是人所共知的事实。

作为功利主义理论鼻祖的边沁曾对程序工具主义理论作出过经典性的论述。边沁的程序价值理论集中体现在他对审判程序的分析上。这种理论可以概括为三个要素：一是审判活动的直接目的在于实现判决的正确性（rectitude）和准确性（correct），即正确地将法律适用到已得到证明的事实上；二是程序法作为所谓"附属法"（adjective law），只在它有助于执行实体法的情况下才具有善的品质，这样程序的目的就在于形成正确的裁判结果；三是正确的裁判——即对实体法的正确适用——只有在其符合所谓"功利原则"（principle of utility）的情况下才能得到证明，而功利原则要求的是"保证最大多数人的最大幸福"。[②]

---

① 〔美〕列奥·斯特劳斯、约瑟夫·克罗波西主编：《政治哲学史》，李天然等译，河北人民出版社 1993 版，前言部分。

② Gerald J. Postema, The Principle of Utility and the Law of Procedure: Bentham' s Theory of Adjudication, in *Gorgia Law Review*, Vol. 11: 1393（1977）.

上述三点表明，边沁眼中的审判程序主要是用以实施实体法的工具或手段，而实施实体法本身的“更高目的”则在于实现“最大多数人的最大幸福”，因此程序法的存在根据也就在于通过实体法而间接地贯彻功利原则。显然，边沁并没有对除了判决结果的正确性以外的程序价值问题形成清晰的认识，对法律程序正当性的评价也没能超越其功利原则的束缚和限制。

经济成本理论是经济分析法学论者通过将经济效益观念运用于对法律程序的分析而提出的。例如，经济分析法学的代表人物波斯纳（Richard A. Posner）坚持认为，最大限度地减少法律实施过程中的经济成本，是设计法律程序时所应考虑的重要价值，也是司法活动所应达到的价值目标。为了实现这一价值，两种经济成本应当得到减少：一是直接成本（direct costs），即在法律实施过程中所耗费的经济资源，包括公共成本和私人成本两部分，前者包括法官的薪金，陪审员和证人的报酬，法庭设施的损耗等，后者则包括当事人委托律师的费用，聘请鉴定人的费用等。二是错误成本（error costs），即由于法院作出错误的裁判而发生的经济成本。对法律程序经济分析的一般目标就在于衡量法律程序和司法活动能否最大限度地降低上述两种经济成本的总和。波斯纳运用这种方法对一系列程序规范进行了分析，如证明责任，获得法庭审判的权利，延聘律师的权利，等等。实际上，正如不少批评者所说的那样，波斯纳对法律程序所进行的经济分析不过是程序工具主义理论的又一变种，因为他也坚持法律程序的价值和意义在于实现某一外在的理想结果这一观点，只不过这里的理想结果不是作出正确的判决，而是减少法律实施过程中的经济资源的耗费，节约司法活动的成本。[①] 尽管波斯纳本人坚信自己已经远离了功利主义，但是他的分析和结论却

---

① Richard A. Posner, An Economic Approach to Legal Procedure and Judicial Administration, in *the Journal of Legal Studies* 2(1973): 399–400.

与功利主义论者极为相近。

道德成本理论是由美国学者德沃金（R. M. Dworkin）提出的。与功利主义强调法律程序应被设计为可以形成正确的裁判结果，以及经济成本论强调降低法律程序中的直接成本和错误成本的观点均不相同的是，道德成本理论认为，在评价和设计一项法律程序时，应当最大限度地减少法律实施中的道德成本（moral costs）。要对道德成本作出清晰的认识，必须把它与所谓的“纯粹成本”（bare costs）区分开来。例如，在刑事审判过程中，一名无罪的人最终受到错误的定罪和处罚，这里的纯粹成本主要是由刑罚的错误实施、无罪者被错误地投入监狱等因素所引起的。但是，道德成本的产生源于人的权利受到剥夺，是指由于错误地惩罚无辜者所带来的非正义，因为剥夺了一个人应得的权利本身就是不公正地对待他：拥有一项权利就等于从社会获得其利益应受到保护的承诺，破坏了这种承诺也就是不公正地对待权利享有者。这样，通过道德成本这一概念，德沃金就超越了纯粹的经济分析理论，引进了权利的观念。在德沃金看来，要真正享有一项实体性权利（如不受错误定罪的权利），就必须求助于第二项权利——程序性权利。在这里，程序性权利与实体性权利发生了某种联系：在与纯粹的利益（bare interests）有关的场合下并不存在程序性权利，因为这里只造成了纯粹的伤害（bare harm）；由于没有任何人的权利受到侵害，这里并不发生道德伤害（moral harm）问题，而只有那些受到道德伤害的人才需要程序上的保障。德沃金的结论是，离开实体权利，程序保障基本上是一种政策问题而不是原则问题，因为任何有关特定程序保障的要求在这时都微弱得可以忽略不计。[①]

德沃金的理论给功利主义论者在追求法律程序的外在价值方面施

---

① R. Dworkin, *A Matter of Priciple*, Oxford: Clarenden Press,1985；R. A. Duff ,*Trial and Punishment*, Cambridge University Press, 1986, pp. 110–114.

加了一些独立的限制，要求人们在关注程序功用性的同时，通过法律程序本身保障一些基本的实体权利，并将这一点视为正义的要求，而不是基于功利得失上的考虑。这显然可以在一定程度上摆脱功利主义和经济成本论者所坚持的机械工具主义的局限，使法律程序的独立伦理价值得到强调。尽管如此，德沃金的理论仍可被归入程序工具主义理论的范围，因为法律程序仍被视为实施实体法的有效工具，加强程序保障、设计程序性权利规范的目的在于确保实体性权利的实现，而这种实体性权利的实现又有助于裁判达到正确的结果——避免裁判结果发生错误。

这样，在那种将程序视为保证结果正确的工具的功利主义理论，在那种坚持法律程序的价值标准在于降低其直接成本和错误成本的经济成本理论，以及在那种以减少法律实施过程中的道德成本为核心的理论中，法律程序均被视为用以实现某种外在目标的工具或手段，而且程序的正当性也只在其所具有的形成“好结果”的能力方面得到证明。如果说前两种理论根本不提及法律实施过程的正当性的话，德沃金的理论则提出了法律实施过程中的正义问题，即公正地对待实体性权利的享有者，使这种权利通过完善的程序性权利得到保障。但德沃金所说的正义也不过是体现在裁判结果中的实体正义而已，而不是法律程序自身的正当性。可以说，程序正义问题在程序工具主义的理论体系中几乎是没有任何独立地位的。

第二章　程序价值理论的四个模式

程序价值理论主要研究人们在评价和构建一项法律程序时所依据的价值标准，以及人们在通过法律程序实施法律时所要达到的价值目标。根据现有的研究，有关法律程序价值理论的研究，开先河者当首推英国哲学家边沁。在 19 世纪早期，边沁即开始了对证据和法律程序问题的研究。他曾以其对证据法研究的杰出贡献闻名于世，并提出过"证据应被自由地采纳而不受复杂规则的限制"等观点。然而，边沁的研究并没有局限于对证据法的技术性分析，而是提出了有关法律程序价值的一般理论，并对实体法与程序法的关系、程序法的价值目标以及功利原则对法律程序的制约等问题进行了分析。从那时以来，有关法律程序价值问题的研究著述不断出现。到 20 世纪 70 年代，这种研究达到了一个不小的高潮。目前在程序价值理论的研究方面可谓学说林立，学派众多。大体上看，有关程序价值的理论能够形成体系的，主要有程序工具主义理论和程序本位主义理论两种。其中，第一种理论又有两个重要的分支，一是绝对工具主义程序理论，二是相对工具主义程序理论。近年来，随着西方经济分析法学理论的兴起，一些法学家开始用经济分析的方法研究刑事审判程序，提出了一种可称为"经济效益主义程序理论"的价值理论。但这一理论基本上可以归于工具主义程序理论的范围，属于后者的一个特殊分支。

一、绝对工具主义程序理论

工具主义又称为“结果本位主义”，它在哲学上属于功利主义的一个分支。作为一种思想学说，工具主义程序理论坚持认为，法律程序不是作为自治和独立的实体而存在的，它没有任何可以从其自身的品质上找到合理性和正当性的因素，它本身不是目的，而是用以实现某种外在目的的手段或工具，而且它也只有在对于实现上述目的有用或有效时才有存在的意义。所谓“绝对工具主义程序理论”，实际上是一种把程序的工具性和手段性强调到极端所形成的程序价值理论。这一理论的核心观点是，刑事审判程序只是用以实现某种特定外在目的的工具和手段，这种外在目的就是刑事实体法的目标。一项刑事审判程序只有在其对查明真相和准确适用刑事实体法有用，也就是能够确保正义、安全、秩序、公共福利等实体价值目标得到实现时，才真正富有意义。刑事审判程序善的标准在于它具有形成好的判决结果的能力，如它能够确保有罪者受到定罪和判刑，使无罪者免受刑事追究。

作为功利主义理论鼻祖的边沁曾对绝对工具主义理论做出过经典性的阐释。[①] 边沁认为，刑事审判程序的价值标准必须与刑罚的一般理论结合起来分析。刑法的首要目的在于惩罚和抑止犯罪这一严重危害社会的行为，减少人类的痛苦，这与那种作为人类法律制度一般目的的“实现最大多数人的最大幸福”是一致的。在实现刑法目的方面，刑罚及其产生的威慑力是最为有效的工具。但刑罚也有其消极作用：它给罪犯及其周围的人带来痛苦，也给国家和社会整体利益带来一些损害，尤其是在司法部门误罚无辜时，这种痛苦和损害会更大。因此，国家在

---

① Gerald J. Postema, The Principle of Unility and the Law of Procedure: Bentham's Theory of Adjudication, p. 1393.

实施刑法时应尽可能对罪犯选择合理、适当的刑罚，以最有效地抑止犯罪行为而又将它所带来的痛苦和损害降低到最小程度。刑事审判的唯一正当目的就在于确保上述刑法目的的实现。

边沁认为，“实体法的唯一正当目的，是最大限度地增加最大多数社会成员的幸福”，“程序法的唯一正当目的，则为最大限度地实现实体法”；“程序法的最终有用性要取决于实体法的有用性……除非实体法能够实现社会的最大幸福，否则程序法就无法实现同一目的。”[①] 这样，边沁就提出了绝对工具主义程序理论的基本原则：评价和构建一项审判程序的唯一标准就是最大限度地实现刑事实体法的目的；相对于实体法而言，程序法只是工具法、手段法，刑事审判程序除了作为刑事实体法的工具而有其价值以外，它本身是没有任何意义的。

边沁的上述程序价值思想是以他的功利主义法学理论为基础的。在他看来，所有的国家法律制度都是用以实现所谓“功利原则”（principle of utility）——实现最大多数人的最大幸福——的工具。国家制定法律的主要目标在于对危害社会、破坏“最大多数人幸福”的人实施惩罚和威胁，因为这是进行社会控制的有效手段。因此，实体法（substantive laws）是首先必须制定的，因为它直接体现了主权者的意志，并通过对社会成员行为的明确禁止、要求和惩罚来调整、控制社会关系。但是，立法者不能亲自去实施实体法的规定，因为他缺乏这种权力。他唯一能做的就是在实体法之外另行颁行一种次级的或依附于前一种法律的法律。这种法律的唯一目的在于“提供一种达到真实的手段”，并且为执法官员们获得和实施实体法规定的权力创造条件。边沁将这后一种法律称作“附属法”。[②] 这样，边沁就将法律从总体上区分

① Gerald J. Postema, The Principle of Unility and the Law of Procedure: Bentham's Theory of Adjudication, p. 1393.

② 同上。

为两大基本部分，其中实体法因其在社会控制中的首要作用而居于第一位，程序法因其只为实施实体法服务而居于第二位，但它们都是主权者用以实施社会控制的工具；它们的区别仅仅在于，实体法是实施社会控制、惩戒违反主权者意志的人的直接有效的手段，而程序法则只能通过确保实体法得到有效的实施而间接地完成社会控制的任务。“实体法应当（首先）被制定出来，否则程序法将毫无意义。”[①]

边沁的这种绝对工具主义程序理论连同其理论基础一起对后世信奉功利主义法学理论的学者产生了巨大影响。在英美，许多学者都接受了这一理论，并利用它对刑事审判程序本身乃至对“自然正义”和“正当法律程序”这两项原则所体现出来的程序性权利保障进行评价。在他们看来，被告人在刑事审判中拥有的所有程序权利和程序保障，诸如获知控诉内容和理由、获得听审、得到律师有效协助、获得公开审判、提出本方证人并对不利于己方的证人实施交叉询问等，都只是在两种意义上具有价值的：一是它们有助于裁判者有效地制作准确无误的判决，从而确保刑事实体主义的实现；二是它们能够有效地保障被告人的实体权利，使其生命、财产、自由等不受任意侵犯，这种权利保障是通过使无罪者最大限度地免受有罪裁判之牵连来实现的。如美国学者诺齐克（R. Nozick）即认为，程序不是为了它本身的内在价值而存在的，正当法律程序充其量只是保护实体权利的手段。[②] L. M. 弗里德曼也指出：“正当法律程序当然是一个崇高的理想，要求公正审判的权利是值得为之奋斗，甚至为之牺牲的。但是，检验法律制度的最终标准是它做些什么，而不是如何做和由谁去做，换言之，是实体，而不是程序或形式……”因此，“程序仅仅是相对于一定目的的手段而已，实体法

① J. Bentham, The Principles of Judicial Procedure, in 2 *The Works of J. Bentham*, 1, 6（J. Bowring ed. 1838–1843）.

② K. R. Scherer, *Justice: Interdisciplinary Perspectives*, p. 126.

告诉我们程序的什么部分是重要的。……”[1] 在许多当代功利主义学者的著述中，这种绝对工具主义程序理论不仅把程序权利和程序保障解释为确保实体权利得以实现的工具，而且还把所有刑事审判规范——如原则、规则等——均解释为用以实现刑事实体法的必要手段。在许多人看来，一项刑事审判程序无论设计得多么精致、合理，只要它不能产生好的结果，就是不好和不可取的；任何一项程序规则只要妨碍实体正义的实现，就应被废除和抛弃。

二、相对工具主义程序理论

这一理论基本上坚持了程序工具论的立场，认为审判程序是实施实体法的工具和手段。但它允许人们在追求程序工具性价值的同时兼顾一些独立的价值目标。这一理论要求对刑事审判程序的工具性价值的追求给予一些非工具主义目标的限制。这些非工具主义目标主要有两个：一为无辜者不受定罪的权利，二为被告人获得公正审判的权利。

相对工具主义程序理论是由美国学者德沃金提出的。这一理论一经提出，即引起各国学者的广泛关注和争论。1985 年，德沃金发表了一篇题为《原则、政策和程序》的论文，对其程序理论进行了全面的阐释。德沃金认为，绝对工具主义理论强调了程序的工具性价值，但忽略了权利。事实上，任何一名无辜的公民都享有一种不受错误定罪的“道德权利”（moral rights），对一名事实上无罪的公民予以定罪是一种内在的“道德错误”（moral error），它会带来一种“道德成本”。这种“道德错误”和“道德成本”能否减少到最低程度，是评价刑事审判程序正当与否的独立价值标准。[2] 在德沃金看来，没有任何一种刑事审判

① 转引自季卫东：《程序比较论》，《比较法研究》1993 年第 1 号。

② R. Dworkin, *A Matter of Principle*, 1985.

制度能够保证从不误判无辜。相反，几乎所有刑事审判制度都要承受惩罚无罪公民的风险。与放纵一名事实上有罪的人相比，误判无辜者将会带来更加有害的结果：这不仅意味着刑事审判程序产生了错误的结果，而且更重要的是它导致了刑法的不公正实施。无论这种错误的定罪会产生什么样的后果，也不论这种错误是否被故意造成，无罪者都会遭受一种非正义的对待。一项有罪判决不仅意味着对被告人的法律谴责和否定性评价，而且会导致他的生命、自由和财产受到剥夺，这就是为什么一个被错误定罪的人会竭力证明其清白的原因：他想证明他所受到的定罪和判刑是不公正的，并尽力避免受到这种严重的道德伤害。

德沃金认为，绝对工具主义程序理论的错误在于，它过分夸大了程序的工具性，将刑法抑止犯罪这一目的的实现视为程序的最高价值，以至于产生了所谓的“为抑止犯罪不惜任何代价，哪怕是故意对无辜者定罪”的极端结论。但是，对无辜者定罪是一种内在的道德错误。法院应当只对那些实际有罪的人予以定罪和谴责，这是正义的要求，而不仅仅是出于功利的考虑。一种有罪判决不论对某种实体价值目标的实现是否有用，只要它违反了正义的要求，就应予以否定。因此，绝对工具主义的这种缺陷应当通过对刑事审判程序施加一些特定的非工具主义目标的限制才能加以克服。

首先，为确保无辜者免受错误的定罪和判刑，我们应当将无罪推定原则作为对工具主义价值目标的一种限制。这一原则要求法院在对某一公民予以定罪时应有合理、充分的证明根据和理由，证明被告人有罪的责任由控诉方负担，在被告人罪行得不到证明的情况下，法院应宣告其无罪。有了这一原则的限制，法院在通过审判程序实现刑法的过程中就会尊重被告人免受错误定罪的权利，而不以误判无辜为代价。这样，相对工具主义理论就将正义作为采纳无罪推定原则的内在根据，从而确认正义与功利均为评价刑事审判程序的价值标准。人们据此可以相信，一项刑事审判程序不仅要有助于实现刑法的目的，而且更要有助于防止无罪的人受到错误的定罪，否则该程序就不具有正当性。

其次，为克服绝对工具主义理论的缺陷，我们应当确保刑事被告人拥有获得公正审判的机会。绝对工具主义理论不仅认为惩罚无辜者是正当的，而且认为程序除对实现刑法有用以外没有任何独立的价值，只要法院作出了正确的判决结果，刑事审判就是有效和成功的，而不论这种结果是通过什么样的程序产生的。换言之，这一理论坚持认为正确的判决结果可通过不公正的程序作出。相对工具主义理论则认为，承认正确的裁判可通过不公正的程序而产生，就等于承认“正确”的判决可通过刑讯逼供以及其他非人道或有损人格尊严的方法而形成。在被告人没有获得公正审判的情况下，法院即使作出了正确的判决，也是出于侥幸或偶然的原因而不是由于它作出了合理的判断。法院的判决尽管事实上是正确的，但这种判决却是通过不可靠、不适当的程序作出的。那些事实上无罪的人会在这种不公正程序中受到伤害，因为他们如果被判决有罪，就会面临受到不公正定罪的风险。当然，那些事实上有罪的人是不会经受这种风险的，因为如果判决结果事实上是正确的，他们既不会受到不公正的对待，也不会受到伤害；如果由于法院剥夺了他们获得公正审判的机会而导致其判决被上级法院撤销，他们还会成为一种幸运的受益者。但是，法院在审判之前并不知道谁事实上有罪或无罪，它只有给予所有被告人获得公正审判的机会，才能确保程序的合理性和可靠性，并使定罪结果建立在充分、合理的事实和法律根据基础上。因此，受到刑事控告的所有公民无论事实上是否有罪，都应获得法院依“自然公正规则”所进行的审判，否则法院就不得对其予以定罪。确保被告人获得公正审判的权利事实上成为对程序工具性价值的又一限制。[1]

德沃金的程序理论基本上坚持了工具主义的观点，即认为刑事审判程序是实现刑事实体正义的工具，而程序是否具有产生好结果的能力，则是判断它合理、正当的根据。但这一理论的相对性在于：它承认人们对工具主义目标的追求要受到自由原则的限制。这两项独立的限制性规则不是可有可无的，裁判者不能为了在个案中实现实体主义而任意废止或无视它们，因为它们的意义在于保证被告人实体权利——即无罪者不受错误定罪的权利——得到实现，并确保刑事审判的实体正义结果得到普遍的实现。

三、程序本位主义理论

这一理论对刑事审判程序价值作出了一种完全非工具主义的解释。它认为，评价刑事审判程序的唯一价值标准是程序是否具备一些内在的品质，而不是程序作为实现某种外在目的的手段的有用性。被告人在刑事审判中的积极参与及其所获得的公正听审，既不是用以实现刑法目的的有效手段，也不是对程序工具性价值目标的独立限制，而是我们用以评价刑事审判程序的内在价值标准之一。

程序本位主义理论在许多英美学者的著述中都十分盛行。受法律传统的影响，英美学者一般特别重视诉讼程序，相信"正义先于真实"。他们认为，法院的审判只要依照公正的程序进行，就能够作出公正、合理的判决。如英国大法官基尔穆尔（Kilmuir）认为："必须遵守关于审判活动的程序，即使——在一些例外的场合下——有损于事实真相，也在所不惜。"[2] 在当代一些英美学者的著述中，一种完全非工具主义的程

---

① R. Dworkin, *A Matter of Principle*, 1985.

② 转引自〔法〕勒内·达维德：《当代主要法律体系》，第 337 页。

序理论被系统地提了出来。笔者在此拟着重就英国学者达夫提出的程序本位主义理论作一分析。

达夫认为，前述两种工具主义程序理论均犯了一种致命的错误：它们均把刑事审判程序与通过审判程序产生的裁判结果作了不适当的分离，同时也把刑事审判程序自身的公正性同程序所产生的裁判结果的公正性进行了不合理的割裂。如果仅仅从工具主义的角度对刑事审判程序进行评价，我们很可能会认为一名被告人即使在没有获得公正审判的情况下，也能受到公正的定罪和判刑。同时，法院即使遵循了一种不公正、不合理甚至不人道的审判程序，它也能作出公正的裁判。这样，公正的裁判结果就可以通过不公正的审判程序产生。但事实上，这一结论是不能成立的。[①]

达夫教授强调，刑事审判是一项理性的事业。这首先意味着法院通过刑事审判所作的裁判结果必须具备合理的根据并经过充分的论证。一项刑事裁判的质量会因为产生它的程序本身不具有可靠性和合理性而受到损害。法官即使对一名事实上有罪的被告人作出了正确的有罪裁判，但如果这一裁判建立在不充分、不可靠的证据基础上，或者它是通过不可信、不合理的程序产生的，那么这一裁判结果就会因为没能得到合理的证明而失去其公正性。因此，理性要求法院的刑事裁判必须建立在合理根据的基础上，被告人不仅要事实上有罪而且要被充分地证明有罪。只有这样，法院的有罪裁判才具有公正性和合理性。另一方面，刑事审判的理性特征还表现在，裁判者在刑事审判过程中必须将其制作的裁判结论向那些受裁判拘束、影响的人进行证明，使裁判的合理性和正确性得到他们的理解。英国有句古老的箴言：“正义不仅要得到实现，而且必须以人们能看得见的方式得到实现。”讲的就是这

① R. A. Duff, *Trial and Punishment*, pp. 110–114.

个意思。达夫认为:“正如法律本身的合理性必须向那些受其约束的人予以证明一样,一项刑事审判也必须向那些受其影响的被告人作出合理性证明。”[①]刑事审判的目的并非仅仅在于对被告人过去的行为作出一项准确的判断,而且还要向被告人及其他社会成员宣示和证明判决的公正性。因此,如果正义不能以人们能“看得见”的方式得到实现,那么正义本身事实上也就不会实现。

刑事审判的上述理性特征恰恰是它与所谓“道德批评”(moral criticism)的联系之处,同时也是它与一般的司法调查(judicial inquiries)之间的主要区别。“像道德批评一样,审判是一个理性的论证和辩论过程,它要尽力说服那些其行为受审查的人接受裁判结论的正确性和公正性。”[②]正如同法律强调和尊重公民的理性主体地位并要说服他接受已向他证明其合理性的义务一样,作为法律制度组成部分的刑事审判制度也必须强调和尊重被告人的理性主体地位,确保他参与裁判的制作过程,使他对裁判结论产生认同和理解。

在上述分析的基础上,达夫教授对被告人获得公正审判的权利的意义作出了一种新的解释。“问题的关键并非简单地说法庭如果拒绝给予被告人听审的机会就会作出不正确的裁断,而这实际上是在拒绝确认被告人在审判中所处的参与者(participant)地位。”这种拒绝如同一个人批评另一个人犯有一种道德过错却拒绝听取后者对批评的反应一样,构成了一种对正义要求的违背。被告人无论事实上有罪还是无罪,他们都有获得听审的权利,而且这种权利要独立于无罪者免受定罪的实体权利。一名有罪被告人获得听审的权利并非一种获得不同裁判的权利,而是一种在审判中发挥适当作用、充当适当角色的参与权。这就是为什么法庭一旦不给予被告人获得公正审判的机会,它的有罪

① R. A. Duff, *Trial and Punishment*, pp. 110–114.
② 同上。

裁判就会被上级法院撤销的原因:“不仅因为这种定罪是不可靠的,也不仅因为这会给予法庭遵循不可靠程序的刺激,而且因为这种审判具有一种内在的不公正性:它没能给予被告人以应得的地位。”① 这样,获得公正审判的权利就绝不是像德沃金所说的那种对工具主义目标的限制,而具有其内在的独立价值。

总之,公正的程序与公正的裁判结果是不可分的。离开了公正、合理的程序,法院的裁判即使对被告人的行为作出了正确的判断,也不具备任何公正性可言。“在没有给予实际有罪的被告人获得公正审判机会的情况下对他予以定罪,并不是通过不公正的手段制作一项公正的裁判。因为裁判的公正性与产生这一裁判的程序的公正性具有一种内在的关联性。”② 刑事审判程序的真正价值在于,它能够给予被告人获得公正审判的机会,提供一种确保被告人与裁判者通过协商、对话和争辩而共同制作裁判的场合,使被告人通过积极有效地参与裁判的制作过程而保持一种道德主体地位。

四、经济效益主义程序理论

这一理论是由西方经济分析法学派提出的。经济分析法学是20世纪70年代初首先在美国兴起的法学思潮。这一思潮的主要代表人物是科恩、波斯纳等,其中尤以曾任芝加哥大学教授的波斯纳最为著名。波斯纳的主要著作有:《法律程序和司法活动的经济分析》(1973年),《法律之经济分析》(1977年),《正义的经济学》(1981年)等。经济分析法学的核心思想是,所有法律活动(包括立法、执法和诉讼等)和全部法律制度都以有效利用自然资源、最大限度地增加社会财

① R. A. Duff, *Trial and Punishment*, pp. 110–114.

② 同上。

富为目的。换言之,“效益”是法律活动的唯一宗旨。经济分析法学家们主张运用经济学特别是微观经济学的观点和方法分析、评论法律制度及其功能,朝着实现经济效益的目标改革法律制度。[①] 波斯纳即认为,经济学是对法律进行规范分析的有力工具,在一个资源有限的世界中,效益是一个公认的法律价值,表明一种行动比另一种更有效,当然是制定公共政策的一个重要因素。波斯纳运用经济效益这一价值标准,对包括刑事审判程序在内的法律制度各个领域都进行了详尽的分析,并提出了自己独特的经济效益主义程序理论。

从本质上讲,波斯纳等人提出的这种程序价值理论属于程序工具主义理论的一个特殊分支,因为它也坚持所谓“审判程序不过是最大限度地实现某一外在价值目标的工具”的观点。只不过这里的“外在目标”是最大限度地增加公共福利或者提高经济效益。与其他程序手段一样,刑事审判程序在运作过程中也会耗费大量的经济资源。为了提高审判活动的经济效益,我们应当把最大限度地降低这种经济资源的成本作为审判活动的唯一目标,并在评价和设计刑事审判程序时将其作为一项主要价值标准。

大体而言,刑事审判活动的经济成本主要包括两种:一是由于刑事判决的错误所造成的成本,简称为“错误成本”(error costs);二是在进行审判、制作刑事判决过程中所直接产生的成本,简称为“直接成本”(direct costs)。波斯纳认为,刑事审判的目的就在于最大限度地减少程序的“错误成本”和“直接成本”,用一个简单的公式表示就是:

Minimize Sum(EC+DC)[②]

---

① Richard A. Posner, An Economic Approach to Legal Procedure and Judicial Administration, pp. 399–400.

② EC和DC分别是“错误成本”和“直接成本”的英文缩写。

同时，人们还应对这两项成本的总和予以最大限度地降低，而不能只是单独地减少其中任何一项，否则就会破坏两者间的相对平衡。例如，我们如果只是尽量减少审判中的“直接成本”，将最少的人力、财力和物力投入到刑事审判活动之中，那么判决的错误率势必会提高，由此导致审判的“错误成本”畸形增加。同样，为了确保判决正确性而增加的“直接成本”也要大于因减少判决错误而节省的“错误成本”。

“错误成本”的产生主要源于法院作出了错误的判决。事实上，刑事被告人要么是有罪的，要么是无罪的。法院的刑事判决一般会产生四种结果：（1）对一名实际有罪的人定罪（简称为CG）；（2）对一名实际无罪的人定罪（简称为CI）；（3）没有对一名实际有罪的人定罪（简称为-CG）；（4）没有对一名实际无罪的人定罪（-CI）。在这四种可能出现的判决结果中，只有CG和-CI是正确的，而CI和-CG则均为不正确的。因为无论是CI还是-CG，任何一项错误判决结果都会导致经济资源的无效使用，因而是一种不适当的经济成本。例如，如果法院错误地判决一名实际无罪的人有罪（即CI），那么它在原来刑事审判中所耗费的全部资源将付之东流，没有任何成效。不仅如此，原审判决一旦被上级法院推翻，国家还要对那些受到错误定罪的公民给予高额经济赔偿，这无疑是对国家经济资源的极大浪费。同样，如果法院经过审判没有对实际有罪的人定罪（即-CG），那么审判活动也不会产生任何经济效益，因而失去了意义。

“直接成本”产生于刑事审判过程之中。这种成本主要包括公共成本和私人成本两种。前者主要涉及法官的薪金，陪审员和证人的报酬，法庭设施的使用，等等。后者则涉及当事人委托律师的费用，聘请专家鉴定的费用，等等。一般而言，刑事审判的周期愈长，审判程序愈是繁琐和复杂，直接耗费也就愈大。

经济效益主义程序理论遭受到了许多批评。如有人认为，人的生命、自由和人格尊严是不能用金钱来衡量和计算的，经济效益主义论者将经济效益作为评价审判程序的唯一价值标准，这无异于贬低了人的生命、自由和人格尊严的意义。也有人认为，经济效益论者忽略了其他重要的价值目标，如正义。一种刑事审判程序可能比另一种程序要少耗费许多经济资源却仍不能使人乐于接受，因为它更缺少公正性。对此，经济效益主义论者回应道，效益与正义是同义词，如波斯纳即明确宣称："正义的第二种意义，简单说来就是效益。"[①]

五、对四种程序价值理论的评价

在前面的分析中，笔者介绍了四种典型的刑事审判程序理论。我们据此可以看到，对于刑事审判程序价值问题，法学家们尚未形成一致的意见。正如博登海默所指出的那样，"法律是一个带有许多大厅、房间、凹角、拐角的大厦，在同一时间里想用一盏探照灯照亮每一个房间、凹角、拐角是极为困难的，尤其是由于技术知识和经验的局限，照明系统不适当或至少不完备时，情形就更是如此了。"[②]前面所述的四项程序价值理论分别从不同的角度对刑事审判程序的价值目标和标准进行了分析，提出了很有见地并各成体系的思想，从而为我们认识刑事审判活动的规律提供了深刻的思想素材。但这些理论中的每一种都只是抓住了有关程序价值问题的某一方面，也都不同程度地有着绝对化和片面性的理论缺陷。

绝对工具主义程序理论发现了刑事审判程序在实现刑事实体法方面的意义和作用，为人们正确评价刑事审判程序提供了一项重要的价

① Richard A. Posner, *Economic Analysis of Law*, Boston: Little, Brown and Company, 1972, p. 1.

② 〔美〕博登海默：《法理学——法哲学及其方法》，邓正来、姬敬武译，华夏出版社1987年版，第197—205页。

值标准。正如这一理论所强调的那样，刑事审判程序确是保证实体法得以实施的工具。一项刑事审判程序如果总是产生错误的判决结果，那么人们有理由对这一程序的科学性和合理性产生怀疑。如同法律在实现社会控制方面具有工具性价值一样，作为法律制度组成部分的刑事审判程序也具有一种服务于某一外在目的的工具性价值。承认这一点，并不会使程序的价值和意义受到贬低。相反，这有助于我们增强对程序技术性意义的客观认识。但是，工具主义绝对论者将审判程序的这种工具性价值强调得过了头，以至于无法对程序的意义作出全面的认识。例如，他们不能正确地解释为什么在经过刑事追诉部门全面侦查之后，法院仍要举行繁琐、正规而且对发现真实未必永远有益的法庭调查和辩论，也不能解释为什么法院必须保证被告人获得公正的审判。他们甚至不能告诉人们为什么法院不能采用中世纪曾广为盛行的刑讯逼供等野蛮的调查手段。绝对工具主义价值理论在否认程序自身的独立内在价值的同时，也否定了作为程序参与者的被告人、被害人等的主体地位，将他们视同没有人格尊严的诉讼客体。可能是由于历史的巧合，或者由于其他方面的原因，绝对工具主义程序理论一般在专制主义国家总能得到来自立法和司法实务等方面的支持，尽管对这一理论的系统阐释可能出自现代民主国家的学者。例如，中世纪欧洲一位司法官员埃莫里克斯（Eymericus）曾讲过一句名言："只要真相能够得到，它是如何获得的并不重要"（*Non refert quomodo veritas habeatur, dummodo habeatur*）。[①] 事实上，一个社会越是趋于专制，就越会将连同法律程序在内的整个法律制度均视为实现秩序、安全等外在实体价值的工具，也就越会否定程序的内在价值。欧洲中世纪以及纳粹德国的刑事司法状况充分证明了这一点。因此，正如刑罚报应论者指责功利主义

① 参见：*Comparative Law Yearbook*, Vol. 9, Dordrecht: Matinus Nijhoff Publishers, 1985, pp. 4–5。

论者并不反对通过惩罚无辜来达到控制犯罪的目的那样，程序本位主义论者也会指责工具主义论者宁肯不要程序也要实现刑法的目的。可以说，工具主义的绝对化必然导致程序虚无主义的盛行。

相对工具主义论者对绝对工具主义理论的一些缺陷进行了纠正。他们正确地指出，正义要求法院不得对无罪者予以定罪，并且要求法院按照“自然正义规则”的要求，给予被告人获得公正审判的机会。相对工具主义论者的理论贡献在于，他们认识到刑事审判程序不仅要产生对实施刑法有用的判决结果，而且还应产生公正的结果。这种判决结果的公正性要靠审判程序自身的公正性加以保障。这样，他们就为程序设定了功利性和公正性两套价值标准，从而在理论上前进了一大步。但是，工具主义相对论者仅仅浅尝辄止，没有对程序正义进行更为深入的探索。他们尽管强调法院裁判结果和刑事审判程序本身均要满足正义的要求，却仍然承认公正的程序只是服务于公正判决结果的手段和工具。他们没有看到公正的审判程序在保障程序参与者人格尊严和道德主体地位方面的独立作用。另一方面，由于这一理论实质上仍坚持工具主义程序观点，它所提出的两项限制性价值要求能否达到其预期的目的也是令人怀疑的。事实上，人们一旦将一项程序规范仅仅视为达到某种结果的工具，也同样会为了这种结果的更好实现而废弃这一程序规范。当代程序虚无主义者一般也不赞同那种完全抛弃审判程序的主张，他们也承认一些旨在确保程序公正的规则的重要性和正当性。但他们仅仅强调这些规则的工具性价值，而不承认它们的内在价值。他们一旦发现遵守一些旨在确保被告人获得公正审判的规则会妨碍他们实现其他一些价值目标——如便利、效率、实用等——时，便会优先选择后者而放弃对这些规则的遵守。相对工具主义理论之所以存在这种缺陷，是因为它们仍然没有认识到刑事审判程序具有一些独立于那种工具性价值的内在价值。

程序本位主义理论的一项重要贡献在于，它详尽地阐释了刑事审判程序的内在价值问题，为我们评价刑事审判程序提供了又一个独立的价值标准。这一理论强调，一项公正的刑事审判程序应确保受判决结果影响的诉讼各方参与到审判活动中来，成为程序的控制者而不是诉讼客体。这一理论还要求，无论是否有助于刑法目的的实现，刑事审判程序都应当确保被告人获得公正的审判。这样，程序本位主义理论就将程序内在价值与人的人格尊严和道德主体地位联系在一起，确认程序具有一种独立的、非工具性的价值。但是，这一理论也走向了与工具主义截然相反的另一极端：程序在这里被视为至高无上的决定者，只要遵守了公正的审判程序，法院的判决就是公正的，而不论这种判决事实上是否建立在正确的事实基础之上。程序本位主义理论的缺陷在于，它把程序与程序的结果完全混为一谈，认为公正的判决是公正程序的必然结果和逻辑延伸。事实上，程序与结果有着密切的联系，却是不能合二为一的，公正的结果具有其独立于程序的评判标准，程序公正只是结果公正的一项必要条件，而不是充分条件。例如，上级法院经过上诉审或再审，一旦认为下级法院所作的裁判在认定事实或适用法律上有不正确之处，即可能撤销原判，即使原审法院在制作该判决时遵守了程序公正的全部要求。

经济分析法学家们通过对刑事审判程序进行细致的经济分析，提出了又一项基本的程序价值标准——经济效益。这使得刑事审判程序价值的研究开始从传统的定性分析走向定量分析。尽管经济效益主义理论确有将经济效益价值强调得过于绝对化等缺陷，但它至少启示我们在对一项刑事审判程序进行评价时应将经济效益作为一项基本的价值标准。如果没有正当的理由，人们不应不适当地增加经济资源的耗费；同时在两个同样符合其他价值标准的审判程序中，人们有理由选择耗费较少的一个。

通过上述对四种刑事审判程序价值理论的评价，我们可以看出，单纯采取其中任何一种理论观点都不能使我们建立一种科学的程序价值理论。相反，我们应当从综合的角度构建一种新的程序价值理论。这一理论能够容纳和协调法学家们在程序价值方面提出的正确观点，并尽量避免和克服其固有的缺陷。事实上，如果我们从更深层次上分析就会发现，上述四种程序价值理论所存在的片面性缺陷乃是源于它们分别所赖以存在的法哲学理论的局限性和片面性。例如，工具主义程序理论建立在功利主义法学理论基础上，经济分析法学理论在一定意义上也是功利主义法学的一个分支。而程序本位主义理论则在很大程度上受到传统自然法学理论或当代所谓“价值侧重法学”理论的影响。但是正如许多法哲学家所指出的那样，功利主义法学和自然法学尽管在不同的角度上发现了真理，但它们都有片面性和绝对化的缺陷。近些年来，法哲学理论开始出现了一体化的发展趋势，一些学者试图在吸收各家学说的基础上创建一种综合法理学理论。[①] 程序价值理论也应顺应这种理论发展趋势，以求博采众长，并有新的开拓。

---

① 〔美〕博登海默：《法理学——法哲学及其方法》，第197—205页。

第三章　萨默斯的“程序价值”理论

罗伯特·萨默斯（Robert S. Summers）是较早对法律程序中的正义问题进行理论思考的美国学者。1974 年，时为康奈尔大学法理学教授的萨默斯，发表了一篇题为《对法律程序的评价与改进——关于“程序价值”的陈辩》的长篇论文，首次提出了法律程序的独立价值标准问题，并对这种与程序的工具性相对的价值标准——即所谓的“程序价值”，从理念、标准及其对法律程序的作用等方面的独立性问题进行了较为系统的分析和论证。论文发表以后，在西方法学界引起了强烈的反响，一些研究法律程序价值的学者纷纷对萨默斯的观点进行引用、支持或者质疑，一些新的程序正义理论也相继产生。时至今日，萨默斯的这篇论文被公认为研究法律程序价值问题的经典文献，萨氏提出的“程序价值”理论也被公认为较早确立程序正义独立地位的理论之一。此后，萨默斯又相继发表和出版了一些法理学论著。这些论著尽管没有对其法律程序价值理论作进一步的完善和修正，却从一般法理学的角度坚持和捍卫了一种新的自然法理论，从而使他提出的“程序价值”理论具有了更为坚实的基础。鉴于法律程序价值问题的研究在我国向来十分薄弱，法学界和司法实务界弥漫着非常浓厚的程序工具主义乃至法律工具主义的烟雾，笔者拟对萨默斯的程序价值理论作一介绍和评价，以达到在法学理论上开启新风气之目的。

一、“程序价值”问题的提出

在萨默斯看来，任何一种法律制度都必须通过法律程序的具体运行才能得到实施。这些法律程序包括选任各种官员的程序、立法程序、适用法律的程序、实施法律救济的程序以及实施一项惩罚措施的程序等。如何对这些法律程序的正当性或合理性进行价值评价？人们长期以来一直习惯于按照一些普遍的价值标准对法律程序形成的结果——如选任的官员、立法机关颁布的法律、法院的判决、行政机关的决定等——进行评价。但萨默斯则通过两个具体的例证提出了这样一种观点：如同对法律程序结果的评价一样，对法律程序即形成这种结果的过程本身的评价也是具有可能性的，并且可以有独立的价值标准。

对于程序结果的评价，人们可以遵循这样一些价值标准，如安全、正义、社会公共福利等。如果一种法律程序运行的结果符合这些公认的价值标准，那么人们就可以说这种结果是好的结果。但是，人们往往不会仅仅关注结果而对产生这一结果的程序视而不见，而是经常透过结果而联想到产生结果的法律程序本身的正当性，考察法律程序本身对于好结果的实现是否有用或者有效。“如果一项法律程序是实现某一好结果的有意义的手段，它就在这一方面成为好的程序。”[①] 对于法律程序所具有的这种形成“好结果”的能力，萨默斯称为“好结果效能”(good result efficacy)。人们由此不仅可以对法律程序所产生的结果进行评价，而且可以根据这种“好结果效能”，对产生结果的法律程序本身进行价值评价。具体而言，如果某项法律程序具有产生好结果的能力(当然什么是好结果应依照一些独立的价值标准加以衡量)，也就是

---

① Robert S. Summers, Evaluting and Improving Legal Process: A Plea for “Process Values”, in *Cornell Law Review*(60), November 1974, No. 1.

说具有所谓“好结果效能”，那么人们就可以根据这一点对该项法律程序作出积极的评价。

然而，“好结果效能”并不是法律程序所具有的唯一价值。萨默斯以立法程序和法律适用程序为例对此进行了分析。他认为，无论一项立法程序在好结果（立法机构通过的“好”法律）的形成过程中是否发挥了有效的保证作用，只要它本身不符合某种价值标准（如不能保证受法律直接影响的人对立法活动进行必要的参与），人们就可以对它作出消极的评价，或者说它是一种“不好”的程序。同样，一项法律适用程序即使具有较高的“好结果效能”（如在普遍情况下有助于案件事实真相的发现），但如果它本身在运作过程中有违理性原则（如裁判者不能保持中立性）、不人道（如对有关人实施刑讯）或者贬低了人的尊严，侵犯了人的隐私，那么人们就可以因此说它是“坏”的程序。由此可见，对法律程序的价值评价除了有“好结果效能”的标准以外，还存在一种独立的价值标准——“程序价值”。[①] 在萨默斯的理论中，这种“程序价值”不是泛指评价法律程序的所有价值标准，而是专指通过程序本身所体现出来的价值标准。前面所说的立法程序中的“参与”标准，法律适用程序中的理性、人道性、尊严和隐私等价值，即属于用来对法律程序本身进行独立价值评价的“程序价值”。在萨默斯看来，“程序价值是指我们据以将一项法律程序判断为好程序的价值标准，而这种价值标准要独立于程序可能具有的任何‘好结果效能’之外。”法律程序所具有的实现或体现“程序价值”的能力被萨默斯称为“程序价值效能”（process value efficacy），以区别于程序所具有的产生好结果的能力。

这样，萨默斯就为我们评价法律程序提供了两套相互独立的价值

---

① 对于这种“程序价值”（process value），也有人译为“过程价值”。参见陈端洪：《法律程序价值观》，《中外法学》1997 年第 6 期。

标准：它本身的善不仅体现在充当产生好结果的手段方面，而且体现在充当实现诸如参与性统治、程序理性和人道性等“程序价值”的手段方面。这两种价值或者“善”（goodness）尽管都属于与程序有关的善，但前一种程序比后一种程序更容易被人们所接受，这不仅是因为前者是形成好结果的更加有效的手段，而且也因为前者更有助于实现一系列独立的价值目标。但是，前者显然是一种结果本位意义上的价值，而后者则属于典型的程序本位意义上的善。后一种“善”（即“程序价值”）在萨默斯理论中处于核心的地位。

在20世纪70年代初期美国的法学理论和法治实践环境下，萨默斯为什么一反法学界的主流观点，将自己理论分析的焦点集中到对法律程序本身而不是结果的评价问题上，集中到“程序价值效能”而不是“好结果效能”问题上呢？萨默斯对此提供了五个方面的解释。首先，现代美国社会对过程评价的关注要远远弱于对结果评价的关注。无论在思想观念的层面还是在实践的层面上，“程序价值”都没有得到应有的重视，没有取得其应该有的地位。“尽管我们已经有许多著作和论文在论述诸如参与性统治、公平和理性等在内的重要社会价值，但是尚没有任何一篇论文对这些人们熟悉而无争议的价值是怎样在法律秩序中充当程序价值的问题进行系统的论述。”而在实践过程中，“程序价值不仅被忽视（neglected），甚至经常被故意无视（ignored）。”[①] 人们长期习惯于这样一种观念：除非法律程序所产生的结果被证明是不好的，否则法律程序就没有什么不好之处。第二，对程序价值及其作用的分析有助于澄清一些社会批评。这可以确保人们更加充分地理解社会批评家们在引用“目的并不证明手段的合理性”或者在谴责那些过于结果本位化的行为时通常意味着什么。实际上，他们的意思通常是指那些

---

① Robert S. Summers, Evaluating and Improving Legal Process: A Plea for “Process Value”.

被评断为不合理的行为会牺牲程序价值。对程序价值的分析还有助于人们理解律师、法学家们在强调“程序的道德性”或者在其他方面强调法律程序时究竟旨在传达什么，同时也会加强人们对“法治”的理解。第三，萨默斯期望他的分析对于人们理解法律的本质有所助益。一些法理学者在归纳法律的特征时试图将价值等因素考虑在内，但他们所津津乐道的是体现在非程序法范围内的价值，如个人和财产的安全，合同和迁徙的自由以及实体正义等，而法律制度中的程序价值因素则受到了忽视。第四，在大多数伦理学者坚持功利主义或者结果本位主义观点的情况下，对程序价值的研究可以对当代的伦理理论做出一定的贡献。尤其是对于那些仅仅把程序视为用以实现好结果的手段的学者而言，程序价值的思想可以促使他们重新对此作出思考。最后，对程序价值的分析有助于改进现有的法律程序。这可以促使人们在设计法律程序时把程序价值的要求考虑在内，使一些官员更加清醒地意识到程序价值的存在，而不再仅仅将法律程序视为用来实现理想结果的工具，也可以帮助普通公民意识到程序价值的存在并能够以此为标准对现有法律程序进行批评，从而更加有效地担当起民主制度监督者的角色。

二、“程序价值”的基本内容

按照萨默斯的观点，“程序价值”与程序的“好结果效能”的关键区别在于，后者的产生是由于程序与好结果之间存在着一种内在的因果联系，是从好结果中派生出来的一种价值；而前者则是独立于好结果效能而存在的，决定于法律程序过程中体现出来的一些包括诸如参与性统治、人道性等在内的独立价值。这样，程序价值就可以称为一种程序本位（process-oriented）而不是结果本位（result-oriented）意义上的价值。萨默斯按照一种逐案分析的方法，揭示了这些“程序价值”的具体内容和要求。根据这种方法，法律程序被逐个挑选出来和接受审查，以便确定它们的特征是否体现了程序价值。在萨默斯看来，一种具有下列条件的价值可以充当“程序价值”：（1）它能够通过法律程序的特征得以实现；（2）它能够在法律程序的运作过程中而不是最终结果中得到实现；（3）它能够使法律程序的某一特征更易为人们所接受，而不论它对程序结果是否产生影响。这些都是为确立程序价值地位所提出的紧密相关的要求。

按照其独特的论证方法，萨默斯对“程序价值”的具体内容进行了分析。为了说明这些“程序价值”在法律程序的具体设计中的存在状态，他对体现这些“程序价值”的程序特征及其与相对应的“程序价值”之间的关系也分别进行了解释。萨默斯强调指出，这些被称为“程序价值”的价值并不是他的新发现。实际上，包括参与性统治、公平性、人道性等在内的“程序价值”是人们所广为熟悉并接受的价值，是民主和法治理念的具体表现。萨默斯理论的核心在于向人们说明这些为人们所熟悉而无争议的价值究竟是如何充当“程序价值”的。他认为，不论这些“程序价值”是为人们所熟悉的，还是由他本人总结出来的，它们并没有穷尽“程序价值”的内容，这“仅仅是一个开始”；它们并非都是普遍有效的价值，因为其中有些只能在西方民主社会适用，而且即使是在这样一些社会里，按照这些价值设计出的每一种法律程序也并不是完美无缺的。另外，在一些特殊的情况下，不按照这些“程序价值”设计或者评价法律程序也仍然是具有合理性的。

“程序价值”的第一项基本内容是参与性统治（participatory governance）。萨默斯认为，民主社会的法律程序几乎都具有的普遍特征，是将各种不同的参与角色分配给公民以及由公民选举出来的公民（或者由那些被选举出来的公民任命的公民）。选举就是这样一种典型的法律程序。而在包括立法和法律适用在内的其他法律程序中，公民一般也会通过诸如提证、游说、建议等方式进行参与。这种参与活动通常具有一种好结果效能。因为通过参与对立法者的选任，他们更可能使立法者制定出好的法律；通过使诉讼当事人提出证据和辩论，案件的事实真相更可能被查清，法律适用更加准确。但是无论参与性统治是否有助于好结果的形成，它都因为另外的理由而具有正当性，并因此充当一项“程序价值”：确保公民不同程度地进行自主性的自决（autonomous self-determination）。在民主社会里，大多数公民宁愿自行管理自己的事务，哪怕做得不好，也不愿让别人管理自己的事务，即使后者做得更好。“参与性统治的反面是奴隶制、政治服从或军事管制。”有关公民在一项决定作出的过程中通过参与，可以有机会表达自己的观点，这意味着他们不仅需要自由，而且需要一种自行决定个人命运的措施。

“程序价值”的第二项要求是程序正统性（process legitimacy）。萨默斯看来，一项法律程序可以因为在民主社会中没有获得公民的同意或认可而缺乏政治上的正统性，这种与公民共同接受和服从有关的政治正统性也有助于好结果的产生，因为它表明一项法律程序的直接结果更可能为公众所接受，而且表明这些结果更可能达到其效果。但是这样一种正统性在民主社会中不论是否具有好结果效能，都具有正当性：“人们愿意通过一种他们所同意或认可的程序而不是强加给他们的程序接受统治。前一种程序把他们当作人来对待，后一种则把他们作为客体或公共的工具。”只有在民主社会中，程序的正统性才会成为与参与性统治有着密切联系的价值。而在非民主社会里，正统性是与参与性截然分离的价值，因为那里的法律程序正统性往往来源于神权、血缘联系、至高无上的强力等因素，而不是公民的平等参与。

“程序价值”的第三项要求是程序和平性（process peacefulness）。这一被西方社会的人们视为理所当然的价值是评价和设计法律程序时必须考虑的一项“程序价值”。一般而言，秩序良好的社会总要有选举、立法机构、法庭等，建立这些制度的一个理论基础在于由它们保证的结果可能更好。因为正义并不与强者、更大的暴力等的利益相一致。“但是即使非和平的程序能够始终保证好结果的实现，我们也应当反对这些方法。”一项和平的法律程序即使不比那些非和平的程序产生的结果更好，一般也更易被人接受，因为在那些充满暴力或没有秩序的法律程序中，人们经常遭受身体上的伤害，而且即使没有人受到这种伤害并且发生这种伤害的危险不大，人们一般也不喜欢冲突和紧张，而愿意选择和平和安宁。当然，萨默斯也强调，与其他“程序价值”一样，即使在秩序良好的社会里，人们有时也会为达到某种理想的结果而选择牺牲和平和安宁。

“程序价值”的第四项要求是人道性及尊重个人的尊严（humaneness and respect for individual dignity）。保护人们免受非人道对待的典型例子是在调查犯罪行为过程中禁止刑讯的规定。在发现事实真相的程序中使用刑讯手段本身就是一种恶：它是不人道的、残酷的和野蛮的方法，尽管在特定的案件中靠这种方法确实能够收集到可靠的证据。但是，即使一项法律程序并非属于不人道的，它仍然可能使人的尊严得不到尊重。例如，违背人的意志使用抽胃的方法来获取毒品证据，对于查明事实真相可能是有效的，但它仍是一种恶，因为尊重人的尊严本身就是一项“程序价值”。按照萨默斯的观点，对人尊严的尊重不仅体现在事实发现的程序之中。私刑处死、治安员处刑以及其他相似的程序也贬低了人的尊严；因为种族、肤色或者宗教信义而被剥夺公平诉诸法律程序的机会，也是对人尊严的冒犯。因为在这些情况下，被害人并没有被视为在法律面前平等的人，而是作为低等公民被剥夺了尊严。因此，法律程序具有人道性并使人的尊严受到尊重是一项独立的“程序价值”，除非在非常特殊的情况下，否则法律程序不得使这一价值受到贬损。

“程序价值”的第五项要求是个人隐私(personal privacy)。侵犯个人隐私可能是强迫一个人揭露自己的信仰或历史,也可能是侵入个人的住宅和工作场所。法律程序的许多特征就是为了防止这些侵犯而设计的。禁止对个人隐私侵犯的理由并非保证好结果的实现,相反,这些旨在防止个人隐私受到损害的程序特征在很多情况下都会成为准确查明事实真相的障碍。尽管如此,我们仍应珍视这些对个人隐私的保护,将其视为一项重要的“程序价值”。

“程序价值”的第六项要求是协议性(consensualism)。现代法律程序的许多特征都允许潜在的程序参与者放弃参与法律程序的运作过程。因此,拥有选举权的选民可以退出选举而不被视为犯罪,法律制定程序并不要求受其影响的人必须参与这一程序,民事当事人可以拒绝对一项要求作出回应,甚至刑事被告人也可以在审判过程中拒绝参与。另外,法律一般并不要求公民必须行使那种诉诸法律程序的权利。这些例子都显示出一种对强制的反对和对自愿选择的许可。萨默斯认为,不论结果如何,建立在有关公民自愿选择基础上的协议性都是需要通过法律程序本身实现的“程序价值”;除非属于特殊情况,在其他方面的条件大体一致的情况下,协议性的参与要比强制性的参与更具有正当性,因为它将选择权给予了个人。

“程序价值”的第七项要求是程序公平性(procedural fairness)。萨默斯以审判过程为例,认为裁判者只听取案件当事人一方的一面之词,或者对一方当事人的口头和书面的材料都进行了听审,而对另一方则只接受其书面材料,这就造成了不公平。“但是这种不公平的产生仅仅是因为程序可能产生对受偏袒的一方有利的结果吗?”萨默斯的回答是否定的。“无论受偏袒的一方获得胜诉还是败诉,法律程序本身都是不公平的,因为裁判者并没有对那些处于相似情况下的当事人赋予平等的程序性权利。”无论对当事人各方的公平对待是否会改进程序结果的质量，它本身都因为对平等价值的保障而成为一项独立的"程序价值"。

"程序价值"的第八项要求为程序法治（the procedural rule of law）。对于这一"程序价值"，萨默斯又称为"程序合法性"（procedural legality）。一项法律程序一般在两种情况下不具备程序合法性：一是没有设立必要的规则使官员拥有太多的自由裁量权；二是没有建立一种确保官员遵守规则的程序机制。程序合法性的价值不在于它能够产生好的结果，而在于提供一种来自法律而不是人的程序统治。在两种产生同样结果的程序中，我们应当选择其中按照法律进行统治的一个，因为它的运作将是更加确定的并具有更大的可预见性。而确定性和可预见性本身就是有价值的，因为它们能够确保人们在官方权威面前知道自己所处的位置。

"程序价值"的另一项要求是程序理性（procedural rationality）。在萨默斯看来，不论一项符合理性的法律程序是否具有好结果效能，它本身都要好于随机、任意或完全的强制方法。这样，在两个大体上会产生相同结果的法律程序之中，我们一般应当选择其中更符合理性的程序。因为这种程序能够以非理性的程序所不能的方式保证我们了解程序的运作情况并理解结果产生的过程和原因；对于那些参与程序并将受其影响的人而言，理性的程序可使其有机会了解正在发生的事情对他们意味着什么及其理由。

"程序价值"的最后一项要求是及时性和终结性（timeliness and finality）。当人们说一项法律程序的运作过于迟缓或者过于急速时，实际上是在用"及时性"这一标准对程序进行评价。法律程序的及时性本身是有价值的。因为及时性一方面反对拖延，另一方面也反对不合理的急速；拖延会导致那些受程序影响的人无理地受到长时间的拖累，而过于急速又会使程序无法达到理性的要求。与此同时，法律程序如果不能产生最终的结果，也会使其运作过程遭到不当的拖长。在审判程序中，程序的终结性显得尤为重要，因为它可以确保有关各方及时摆脱讼累，从侵扰中恢复安宁和自由。“一种争端解决程序总是因同一事项而被反复启动，它是不足以成为一种程序的。”①

三、“程序价值”与好结果效能的关系

作为法律程序的两项独立价值，“程序价值”与程序的好结果效能之间的关系是怎样的？对于这一问题，萨默斯并没有进行系统的分析。但是，他在提出并分析“程序价值”的同时，也从三个角度对这两种价值的关系有所论述：一是“程序价值”不依附于好结果效能而独立存在；二是“程序价值”与程序的好结果效能在很多情况下具有和谐一致性；三是“程序价值”与程序的好结果效能之间会发生冲突。

“程序价值”的独立性问题是萨默斯理论的核心。萨默斯反复强调，“程序价值”是在法律程序运作过程中实现的价值，它们体现于法律程序本身的设计之中，其正当性由其自身而得到证明，无须诉诸程序的好结果效能；无论一项法律程序产生的结果本身是否具有正当性并为人们普遍接受，程序本身都可以因为体现诸如参与性统治、程序理性、程序公平等“程序价值”而具有正当性。为了对“程序价值”的独立性（尤其是相对于好结果效能的独立性）进行充分的论证，萨默斯设定了五种可能对其理论构成挑战的质疑，并对这些否定“程序价值”独立性的论点逐一进行了反驳。例如，一种观点可能认为，如果

① 对于程序的“及时性”，人们往往仅强调其不拖延或迅速、有效率的一面，却忽略了这一价值所包含的避免不合理的急速这一要求。而萨默斯所说的“终结性”在审判程序中也并不是反对一切形式的再审，而是要求将对生效裁判的再审降低到最低限度，换言之，使再审——尤其是对被告人不利的再审——的发生真正成为审判程序开启方面的例外。

一项法律程序在个案中是不好的，它对结果还不会产生消极的影响，但是这种程序上的缺陷如果反复出现，就必然会导致坏的结果，这说明评价程序的标准必须取决于结果。萨默斯对此所作的反驳是，程序与结果之间的因果联系是十分脆弱的，在很多情况下不能体现程序价值（如参与性统治）的法律程序对于好结果的形成并无任何影响，得出程序迟早会影响结果的结论显然过于武断；而且即使在程序坏而结果也坏的情况下，人们也应认识到"程序价值"体现于程序运作过程中而不是最终的结果上面，不符合"程序价值"本身就足以成为一种恶。

又如，有人可能会认为，只有在那些参与程序并受到程序影响的人实际体验到心理上的反应或感动的时候，法律程序才是有价值的，而这种体验本身是一种程序结果，因此"程序价值"仍然依附于结果，而不能充当独立的价值。对于这一观点，萨默斯认为，所谓的"经验性结果"（experiential effects）实际上就是由直接结果（immediate outcomes）派生出来的边际效果（side effects）和附带性结果（collateral consequences），由程序特征体现出来的"程序价值"并不决定于诸如当事人的感觉或其他体验等现象的出现。例如，在法庭审判过程中，某一当事人实际有充分和公平的参与机会，却仍然不甚满意和怒气冲冲。持上述观点的人可能认为这种程序没有保证参与性和公平性等"程序价值"，因为当事人并不满意。这种观点显然陷入一种主观主义之中，因为它将程序价值的存在完全建立在那些与案件有利害关系的当事人的主观感觉基础上。实际上，可以从多个方面解释为什么那些体现了"程序价值"的程序特征仍然不能令当事人满意：他们可能对事实作出错误的判断，可能对官员产生误解或不信任，他们本人可能不具有理性能力，他们的期望可能脱离现实，或者他们可能对不利的直接结果不满意，等等。因此，"程序价值"的存在与否在很多情况下是与当事人的主观感受没有关系的。

除了对“程序价值”相对于好结果效能的独立性进行论证以外，萨默斯也发现了这两种价值的和谐一致之处。他明确断言，许多程序特征在体现了“程序价值”的同时，还同时具有一定的好结果效能。换言之，符合“程序价值”的法律程序在很多情况下也同时具有产生好结果的能力。这里的结果既可以是直接结果，也可以是边际效果和附带结果。例如，在审判程序中，确保当事人参与裁判过程的程序特征体现的是参与性统治这一“程序价值”。在一般情况下，保证当事人有效参与的程序有助于裁判者对各方的不同证据、意见和观点同时予以关注，并在制作裁判时将这些充分全面地考虑在内，这显然要比裁判者偏听偏信更有助于事实真相的发现，从而作出公正的判决。由此我们可以说，参与性统治具有一定的好结果效能。与此同时，一项保证各方有效参与的审判过程一般更容易使那些受裁判结果直接影响的当事人对裁判结果感到满意和信服，使社会公众对法庭审判过程、审判结果以及法律制度等产生信任和尊重。这也表明，符合参与性价值的程序更可能产生好的边际效果和附带结果。

萨默斯还论述了“程序价值”效能与程序的好结果效能之间的冲突问题。他认为，这种冲突可以发生在许多场合，例如，警察为了侦查犯罪案件，往往需要对嫌疑人进行拘留和讯问，这当然是在违背后者意志和愿望的情况下进行的，而嫌疑人也因此经常处于恐惧和绝望之中。这一做法对于实现控制犯罪这一好结果而言是必要的，但同时也使嫌疑人的人格尊严受到一定的侵犯，显然不符合“程序价值”的要求。又如，警察为减少醉酒驾驶的情况发生（实现好的结果），往往要求司机进行血液检验，这一般也是违背司机自由意志的做法，对后者的人格尊严也是一种贬损。这些都显示出两种价值经常无法处于统一和谐的状态之下，一种价值的实现往往需要以牺牲另一种价值为代价。

四、通过法律实现“程序价值”

萨默斯不仅对“程序价值”在实践中受忽视甚至无视的情况进行了分析，而且探讨了通过法律制度实现“程序价值”的方式和途径。他认为，为了从法律上保证“程序价值”的实现，一种法律制度必须建立以下四个方面的程序方法：一是将“程序价值”实际体现在程序特征中的方法；二是在“程序价值”受到侵害时可以发挥作用的纠正机制和制裁手段；三是程序实施者和受程序影响的人能够用以判断“程序价值”实际得到实现的方法；四是程序实施者用以判断“程序价值”受到侵害的方法。

确立一系列能够体现“程序价值”要求的程序规范——如规则、原则、准则等，是实现“程序价值”的首要条件。例如，通过建立旨在保证与案件有直接利害关系的人获得听审的规则，参与性统治这一“程序价值”就可以在法律程序中得到体现。而一项法律程序一旦体现了“程序价值”的要求，就会在有关程序阶段的设置、谁在程序中拥有何种参与性功能以及这一功能实现的步骤等问题上有所反映。在有些法律制度中，特定的宪法条款要求特定的程序必须具有特定的特征；而在有些法律制度中，宪法上的一般“正当法律程序”要求可以适用到所有法律程序之中。这些要求都使得“程序价值”的要求得到具体的体现。

“即使法律确定了一项程序特征（如获得听审的权利），以保证实现一项程序价值（如参与性），这一特征也可能在特定的场合下受到非法的无视和侵犯。”显然，建立一套旨在保证“程序价值”实现的纠正机制和制裁手段就十分必要了。在萨默斯看来，纠正机制可以包括有关否决、由另一主体进行的审查、非强制或者强制进行的重新开启法律程序等方面的法律规定。制裁手段则可包括由刑法规定的一般惩罚措施、行政处罚、要求官员进行民事补偿以及那些由适用于相应官员的职业道德规范确定的制裁措施。在体现于法律程序之中的“程序价值”受到侵犯时，适用这些纠正机制和制裁手段的主要场合有三个：一是坏的法律程序产生了坏的结果；二是法律程序本身不好，但不清楚结果是好是坏；三是坏的程序产生了好的结果。针对这些不同情况，法律制度应当选择不同的纠正机制和制裁手段。

例如，在上述第三种情况下可以不适用重新开启法律程序的纠正方法，“因为结果按照相关的价值标准衡量是好的”。当然也可以选择使那些对坏程序的出现负责的人受到惩罚的方式。但是，即使在这一情况下，强调“程序价值”实现的社会愿望也会要求采取重新开启法律程序的做法。我们可以在立法程序产生好结果却不能保证有关公民参与的情况下，要求对同一法律重新进行立法活动。我们也可因为法院的定罪判决建立在通过强制抽胃的方式获得的证据的基础上，而推翻这一判决，并在排除非法证据的情况下对案件重新进行审判。又如，在上述第一种情况下，程序本身的瑕疵是否导致坏结果的出现是难以判断的，当然也有可以清楚判断的情况。在这两种情况下，重新开启法律程序都是适宜的，因为这可以保证理想结果的产生，同时也可以确保有关“程序价值”的实现。但是，如果程序本身的瑕疵确实不是导致坏结果的原因，只要对那些造成这种瑕疵的一方进行惩罚就足够了，而无须重新开启法律程序。当然，如果涉及的“程序价值”非常重要，也可以重新开启程序或者采取惩罚和重新开启并用的方法。萨默斯认为对于上述第二种情况，也可以采取类似的方法加以处理。

通过法律实现“程序价值”的第三个方法是能够确定一项“程序价值”是否已实际得到贯彻的方法。“如果任何人都不能确定地判断一个已经设计出来的程序特征是否贯彻了程序价值，而不是仅仅作为用以实现特定结果的手段，那么设计能够体现程序价值的程序以及建立有关的纠正机制和制裁手段都是几乎没有任何用处的。”萨默斯承认，确认“程序价值”实际得到贯彻是一个敏感的问题，因为大多数能够体现“程序价值”的程序特征同时也能够成为实现某一特定结果的手段。法律程序的设计者以及其他为法律程序负责的人并不总是清楚为什么一项程序特征这样设计，结果那些希望对他们认为属于侵害“程序价值”的情况实施纠正和制裁的时候，经常被要求为有关特定的程序特征体现了一项“程序价值”以及对“程序价值”的侵害需要采取纠正或制裁措施等的提议进行解释。萨默斯并没有为人们提供一个据以判断“程序价值”得到实际贯彻的公式，而只是结合一个他所设想的案例对这一问题进行了一般分析。

确定“程序价值”是否在特定的情况下遭到侵害的方法也是非常重要的。萨默斯认识到，通常情况下只要弄清楚一项体现“程序价值”的法律规范是否遭到违反就足以对此作出判断了。但是，“程序价值”即使在没有任何法律规范遭到违反的情况下也可能受到忽视。程序设计者在设计一项程序特征时可能无视“程序价值”的要求。

萨默斯认为，“程序价值”比好结果更容易在法律制度中得到具体的保障。因为实现“程序价值”的目的只要求助于体现它们的法律规范以及纠正和制裁机制等就可以达到了。一般情况下，设计这些规范和机制要比设计确保好结果实现的途径更容易一些，人们经常不知道如何确保好结果的实现，甚至无法对什么是好结果的问题达成共识。

五、评价

萨默斯提出“程序价值”理论的主要目的，在于促使人们从结果本位主义之外的角度对法律程序问题进行思考，在进行程序评价和程序设计活动时不仅要考虑程序对于实现“好结果”的有用性和有效性，而且还要体现一系列独立的价值要求。萨默斯所分析的这些“程序价值”本身也许不是什么新的问题，它们已经为不少西方法学家或直接或间接地论述过，而且作为西方社会的法律价值，它们也已得到很多人的认可。但是萨默斯的独到之处在于，他论证了这些价值相对于所谓“好结果效能”的独立性，认为它们是通过法律程序的运作过程而不是结果本身而得到体现的，因此它们的正当性和合理性并不能从其对于好结果实现的有用性方面得到证明，而主要决定于这些价值本身；同时人们在评价和设计法律程序时不应忽视甚至无视诸如参与性统治、程序公平、程序理性等“程序价值”的要求，而应使这种要求具体体现在程序设计之中，成为人们应当重视的基本伦理价值。这种独具匠心的分析和论证显然为这些价值提供了一种崭新的存在基础。从有关“程序价值”的理念、确定程序、具体内容等问题的论述，到对质疑“程序价值”论点的反驳，再到有关“程序价值”遭忽视和误用的情况以及通过法律实现“程序价值”的途径等问题的分析，萨默斯完成了他的整个“程序价值”理论体系的构建。其中，“程序价值”相对于“好结果效能”的独立性问题显然是一条贯穿始终的红线，而如何通过法律实现“程序价值”的问题则是论述的落脚点。值得指出的是，萨默斯对有关保障“程序价值”的法律机制问题的分析，暗含着一种“独立的价值应通过独立的方式得到保障”的论点，这在很大程度上使他的“程序价值”理论具有了现实的制度保证。这一分析对我们的启迪在于，在重实体轻程序、重结果轻过程的法律环境下，不仅应对程序正义价值的独立性加以论证和呼吁，而且更重要的是应建立一套旨在保证程序正义价值在法律程序设计中得到体现的制度机制，使那些无视程序价值以及违反法律程序的主体受到制裁，使这种行为和做法得到禁止。

萨默斯对“程序价值”的强调并没有达到忽视甚至否定程序工具性价值的程度。他在这一问题上并没有从一个极端走到另一个极端，而是多多少少采取了一种折中的观点。萨默斯理论的核心是，作为人们在评价和设计法律程序时必须考虑的两种独立价值，“程序价值”和“好结果效能”都是同样重要的。他对前者的强调似乎给人一种“重过程轻结果”的印象，其实这是一种误解。萨默斯反复提到，对结果的评价是伦理评价的重要方面，一项具有产生“好结果”能力的程序更具有可接受性。他对“程序价值”的强调一方面是因为他的理论主题是“程序价值”，另一方面也基于这些价值长期以来遭到忽视甚至无视的现实。因此，对于这两种价值的关系，他集中论述的是“程序价值”相对于程序工具性价值的独立性问题，而对两者之间的统一性及其冲突问题则着墨不多。尽管如此，他对有关问题的论述也是颇有新意的。例如，他提出即使在法律程序具有“好结果效能”的情况下，程序也不过是保证好结果产生的其中一项因素，而不是唯一的决定因素；与好结果效能相比，“程序价值”更容易得到实现，因为后者可以体现在法律程序的各项具体规范之中，人们只要严格遵循有关的法律规范，“程序价值”实际上就能够得到实现，而好结果的实现则要取决于各方面因素的综合作用，等等。这种见解要比那种笼统地强调程序与结果的“对立同一”关系的观点更加深刻。

萨默斯理论的引人注目之处还在于他的论证方法。我们从他的论述中似乎感觉到他直接陈述和说明的观点不多，他大量的论点是在反驳甚至批判中体现出来的。例如，他在论证“程序价值”独立性时设想了五种可以对他的论点构成挑战的质疑，这些质疑涉及他理论的各个方面，然后逐一进行了反驳，并在反驳过程中重申或者进一步阐释了自己的观点。又如，在对美国学术界、立法界、司法实务界忽视或误用“程序价值”的情况进行批判时，他旁征博引，按照“程序价值”的思想，对当时与法律程序有关的各种观点和做法都进行了重新解释、分析和评价，他的有关“程序价值”与“好结果效能”之间以及各种“程序价值”之间冲突的观点就是在这种批判中提出的。完全可以看得出，他对美国思想界和法律实务界重结果而轻过程的状况是痛心疾首的，也力图从理论上加以澄清和避免。另一方面，为了防止自己提出的“程序价值”理论遭到误解，萨默斯在提出和分析“程序价值”的各项具体内容之前，精心设计了一套旨在确定每一项价值的程序，并按照这一程序逐一分析各项“程序价值”。这就使他的论证避免了过于抽象的思辨，而更带有脚踏实地的“实证”色彩，整个论证过程十分严谨和合乎逻辑，得出的结论也令人信服。

萨默斯的“程序价值”理论似乎受他的一般法理学观点的影响较大。他应属于战后新自然法学派的重要人物之一。他曾为美国新自然法学派的代表人物L. 富勒撰写过思想传记，[①] 对富勒的理论观点推崇备至。他还对美国20世纪以来的“实用的工具主义”伦理理论进行过专门清理和批判。[②] 由于有这样一种思想背景，他不从结果的善来论证过程本身的善，而强调法律程序本身应有其独立于结果、独立于其工具性的价值标准。而且，他不像功利主义者那样将法律程序领域中的“事实”问题与“价值”问题完全分开，而认为对法律程序的价值评价对于建立和实施理想的法律制度而言是极为重要的；忽略对程序的价值评价，不仅会导致法律程序的设计失去方向和标准，而且会使已经设计好的法律程序难以得到较好的贯彻，难以达到预期的效果。由于站在“程序本位主义”而非“结果本位主义”理论基础之上，萨默斯就将其一般法律价值思想贯彻进他的“程序价值”理论之中了。

当然，萨默斯的理论并非完美无缺。在对“程序价值”进行解释以

① Robert S. Summers, *Lon L. Fuller*, Stanford University Press, 1984.

② See Robert S. Summers, Pragmatic Instrumentalism in Twentieth Century American Legal Thought—A Synthesis and Critique of Our Dominant General Theory about Law and Its Use, in *Cornell Law Review* (66), 1981, pp. 861–889.

及对这一价值的独立性进行论证的过程中，他并没有对这种价值所赖以产生和存在的理论基础进行深入的分析。功利主义或工具主义者在对他的理论进行挑战时，往往会质问“为什么要坚持你所说的‘程序价值’？不坚持这些价值究竟会带来什么样的消极后果？”对此问题，萨默斯的回答是：“坚持‘程序价值’本身就是目的，不坚持‘程序价值’的后果就是导致这些值得珍视的价值受到不应有的牺牲。”因为在回答他自行设计的一些理论质疑时，他反复强调“程序价值”的意义是难以解释的，不可能为“程序价值”建立一种终极性的价值基础，主张“讨论问题总要有个限度”。这种回答显然难以让人信服。事实上，与萨默斯同时代的一些学者已经就“正当法律程序”的意义进行过探讨，他们认为法律程序本身价值的理论基础在于对人的人格尊严的尊重。后世一些学者更是提出了程序正义旨在确保当事人争端的真正解决而不是简单了结，正当程序意在使国家机构追究个人责任的活动受到节制和制约，以维持现代法治秩序等观点。显然，在当时人们一般接受“正当法律程序”的观念，却对坚持这一价值本身的意义含混不清的背景下，对于“程序价值”意义缺乏深入的分析在一定程度上限制了萨默斯理论的深度，甚至使他在有关“程序价值”独立性问题的论证上难以做到彻底和充分。

另外，在有关“程序价值”与“好结果效能”关系的问题上，萨默斯仅仅浅尝辄止，并没有做出系统深入的分析。在萨默斯看来，“程序价值”与程序的“好结果效能”似乎是处于平行地位的两种价值，两者有统一也有冲突之处。但问题并非这么简单。实际上，在这两种价值的关系问题上，最核心的问题是如何对它们之间发生的冲突进行协调，并使这种协调在具体的程序设计中体现出来。萨默斯列举了不少这种冲突的例子，也清楚有些冲突是很难得到避免的，却对如何协调这种冲突不加任何分析。这显然使他的理论体系具有一定的局限性。

第四章　马修的“尊严价值”理论

杰里·马修（Jerry L. Mashaw）为美国耶鲁大学法学教授。作为一名法律学者，马修以宪法和行政法作为自己的主要研究领域，他在法律程序价值问题的研究方面也颇有建树。1981年，他在《波士顿法律评论》杂志上发表了题为《行政性正当程序：对尊严理论的探求》的长篇论文，以美国联邦最高法院对行政案件中正当法律程序原则的解释为素材，提出了著名的“尊严理论”（Dignitary Theory），对美国宪法上的“正当法律程序”原则赖以存在的基础作出了分析和论证。论文发表以后，在英美法学界引起强烈反响。目前，该论文已被普遍视为在法律程序价值尤其是程序正义问题研究方面的经典之作。1985年，马修出版了《行政国的正当程序》一书。该书在继续坚持论文提出的重要思想的同时，对程序正义理论又有新的发展。

一、什么是尊严理论

“如果你是一个领导者，请冷静地听取申诉者的诉说；在他想向你吐露心中委屈的时候，请不要打断他。痛苦的人希望获得胜诉，更渴望向你倾诉衷肠。申诉一旦被阻止，人们会追问：‘为什么他要拒绝？’尽管并非所有申诉都能成功，但是一次好的听审能够抚慰人的心灵。”

这首流传于几千年前古埃及的诗歌，被马修多次用来说明给予那些陷入困境者公正听审机会的重要性。从其所蕴含的思想的深刻性来看，它丝毫不逊色于今日一些有关程序公正问题的鸿篇巨作。因为它向人们揭示了这样一种观念：相对于获得胜诉的结局而言，获得公正听审的机会对于当事者而言，具有独立的意义；败诉的一方尽管没有获得诉讼的成功，但如果他在诉讼过程中受到认真的对待，他的利益受到裁判者的真正关注，他也会产生受尊重的感觉，从而具有人的尊严。这样，获得听审的机会就与当事者作为人的尊严直接发生了联系。

根据美国联邦宪法的规定，未经正当法律程序，不得剥夺任何人的财产、自由和生命。马修的“尊严理论”实际上是对行政案件中正当法律程序的适用问题所作的一种解释。他从维护人的尊严的角度论证了行政性正当程序的独立价值和意义。在马修以前，已经有学者认识到行政性正当程序具有一些独立于裁判结果的意义。如有人提出了一种更加具有回应性的程序保障观念，有人对权威的“利益平衡”理论进行了重新分析和讨论，还有人提出了所谓公共决定制作过程中的“结合性目标”。行政法学者理查德·斯图尔特（Richard Stewart）还将现代行政法的构造描述为一种所谓“利益代表模式”，也就是确保所有受到任何行政行为影响的个人或团体参与决定制作过程的模式。而萨默斯更是对独立于“好结果效能”的“程序价值”问题进行了开创性的分析。马修认为，这些学者的研究从不同的角度揭示了这样一种观念：在对公共裁决活动的正统性作出评判时，不仅要考虑实体结论的合理性，而且要考虑过程本身对参与者的影响。对于这种旨在揭示行政性正当程序独立价值的观念，马修将其命名为“尊严理论”。

“尊严理论”的核心内容是，评价法律程序或者裁决制作过程正当性的主要标准，是它使人的尊严、自尊得到维护和增强的程度。这种体现于法律程序本身或裁决制作过程之中的价值，是以人类普遍的人性为基础而提出的。它们可以有诸如自治、自尊或平等等不同的价值要素。这些价值能否在法律实施过程中得到实现，完全取决于裁决制作活动采取什么样的形式和程序。也就是说，萨默斯等学者提出的那些独立于裁决结果的程序价值的基础，在马修这里被解释成尊重人的尊严；维护法律程序自身的公正性、人道性或者合理性，其最终目的在于使那些受裁决结果直接影响者的人的尊严得到尊重。需要指出的是，马修的“尊严理论”是针对美国联邦最高法院和法学界长期以来盛行的实证主义、工具主义甚至功利主义的程序价值观念而提出的。这种理论尽管对法律程序的价值评价问题进行了重新定位，但并没有从一个极端走向另一个极端，它仍然承认法律程序与实体权利之间存在着密切的联系。马修所要强调的是，在行政案件中坚持正当程序的准则有助于维护人的基本尊严。

二、尊严价值的内容

作为旨在对美国宪法上的正当程序原则作出重新解释的理论，尊严理论表达了一种与传统的工具主义理论完全不同的程序价值观念。对于这种通过法律程序本身而不是程序结果所体现出来的价值，马修称之为“尊严价值”（dignitary values）。在他看来，“尊严价值”大体包括平等、可预测性、透明性、理性、参与、隐私等方面。

从直觉的角度来看，平等（equality）作为“尊严价值”的一部分似乎是无可争辩的。因为平等地受到尊重和平等地表达观点当然是正当程序的基础。不过，马修在这里所强调的倒不是平等价值的重要性，而是它在法律程序中的不确定性和含混性。例如，在法庭审判过程中仅仅做到形式上的平等对待，而不注意给予那些弱者一些特殊的保障，往往会使其处于实际上不平等的地位。这反映出平等实际上有两种形式：一是形式上的平等，二是实质上的平等，两者往往因为无法兼容而发生冲突。

马修将可预测性（predictability）、透明性（transparency）和理性（rationality）视为具有内在关联性的“尊严价值”。根据这些价值的共同要求，一项裁判程序必须使当事者及时获知案件中待裁判的事项，与这一事项有关的证据，以及裁判程序具体运作的过程，而且这些事项、证据及程序过程必须是对于裁判结果的形成具有实际意义的。这些要求的核心是向那些其利益处于待裁判状态的参与者告知裁判的理由，这既是理性原则的需要，也有助于当事者及时为自己的未来作出合理的安排，从而产生受尊重的感觉。相反，在那种缺乏可预测性、透明性和合理性的法律程序[①]中，当事者除知道他们已陷入到一场涉及其生活的诉讼之中以外一无所知，他们不了解与裁判结果相关的证据有哪些，不知道究竟裁判者是谁，甚至不清楚裁判所涉及的准确内容。这会导致当事者因不了解裁判的理由而产生尊严受贬损的感觉。当然，马修也注意到，有些带有随机性的法律程序设计尽管无法使当事者及时获知裁判的理由，却不仅不会使其自尊受到损害，反而成为人们愿意接受它的原因。陪审团的存在就是一个明显的例证。[②]这表明，作为尊严价值的一部分的可预测性、透明性和合理性，也有其适用上的例外。

“参与”（participation）被马修视为尊严价值的第三项内容。人们通常认为，只有在当事者富有意义地参与法律结论的制作过程时，他们的尊严才有可能得到尊重。这显然表明，参与与当事者尊严的维护具有某种内在的联系。过去对这种联系的解释往往是，当事者的参与旨在维护自己的实体性权利，甚至发展已有权利的内容，至于参与究竟使

---

① 对于这种程序，马修称之为“Kafkaesque”程序。

② 在刑事诉讼中，陪审团拥有对案件事实即被告人是否有罪问题的裁断权，但不负有提供裁判理由的义务。这一点尽管在英美法学界存在着异议，但主流的观点仍然认为，这恰恰是陪审团制度的最大魅力之所在。因为陪审团成员不负有提供裁判理由的义务，使他们可以完全按照自己的理性、经验和良心对案件证据的采纳和事实的认定作出独立的判断。

当事者受到法律程序本身的什么影响，则不为人们所探究。但是，在马修看来，当事者通过参与实际获得了对法律结论的制作过程进行控制的机会，这种控制程度越高，当事者从法律程序本身之中所能感受到的尊重就会越强烈。而一旦失去了这种控制，当事者的自尊感就会受到损害。尤其是在那些权利的具体内容本身较为模糊、裁决的制作在很大程度上要取决于对与争议事项有关的事实和规范进行贯通解释的场合下，对程序失去控制力的当事者的尊严所受到的损害更大。

尊严价值的第四项内容是隐私（privacy）。对个人隐私的尊重体现在诸如禁止强迫自证其罪和禁止无理搜查等宪法上的各项正当程序保障上。只有尊重人的隐私，当事者才能真正成为独立的自治体，而不是被动承受官方处理的客体，其人格尊严也才能得到尊重。不过，尊重隐私与包括参与、平等、理性等在内的尊严价值之间也存在着一些冲突。当然，马修所说的尊严价值不仅仅限于以上四种，其他诸如“人道”“个体自由”等也可以成为尊严价值的组成部分。

三、对尊严理论的论证

马修曾经从直觉的角度对尊严价值的内容和意义进行了分析。但是直觉有时是不可靠的。在参与、隐私、平等、理性等尊严价值之间存在的冲突就说明，如果不从更高的角度对尊严价值的理论基础进行辩护，这些价值的合理性和正当性就无法得到充分的证明。但是，要对尊严价值作出令人信服的辩护，就必须提出一种能够将宪法上的程序权利与尊严价值联系起来的理论。这种理论应当界定尊严价值的核心，将这一核心与宪法传统连接起来，并且指出通过贯彻正当程序要求来实现尊严价值的途径。只有这样，那些存在于人们直觉上的尊严价值观念才会有可靠的基础。马修认为，这种理论是存在的，那就是被人们统称为“自由主义传统”的各种道德和政治理论。

自由主义可以被视为一系列学说、思潮和意识形态的总和，它在政治、经济、道德等方面均有其表现形式。按照美国学者史密斯（Smith）的观点，自由主义学说的基本点在于将个人自由的保障和扩大作为其内在目标。换言之，个人应被视为道德和政治价值的基本主体。只有这样，通过提供个人以程序性权利来限制政府的权力才具有实质性的意义。当然，自由主义并非一种千人一面的政治学说，它可以表现为一系列不同的思潮，甚至有不同的分支。这些思潮和分支都对个人权利给予充分的关注，都有助于我们理解法律程序的尊严价值，也都有其18世纪的创立者和现代的代言人。为了重新论证尊严价值的理论基础，马修在众多的自由主义思潮当中选择了三种作为分析的对象：一是洛克-诺齐克的权利理论，二是边沁-密尔的功利主义理论，三是康德-罗尔斯的自由主义理论。当然，这三种理论在马修的分析中并不是毫无轻重之分的。他对前两种理论进行了极为简要的讨论，只是说明从这两种理论中引发出尊严价值具有可能性而已。而对最后一种理论，马修则进行了较为详细的论证和分析。因为它与法律程序的尊严价值之间存在直觉上的联系，而且康德-罗尔斯的政治理论已经对当代法律理论产生了重大的影响。

马修首先分析了洛克和诺齐克的权利理论。洛克的社会契约学说、有限政府理论和自然权利观念曾经在18世纪成为美国独立宣言和联邦宪法的哲学基础。诺齐克坚持了洛克的自然权利理论，并进行了发展。按照诺齐克的观点，国家不能有任何实在的（即再分配式的）职能，否则必然会使个人的权利受到侵犯；国家的唯一正当作用在于保护个人的自由和财产。据此，他提出了著名的最弱意义上的、“守夜人”式的国家观念。马修注意到，诺齐克理论中包含了程序合法性的观念。合法的程序只能有两个标志：要么它不会产生错误的结果（因而也就不会侵犯个人的实体性权利)，要么它能够保证与裁决结果有利害关系的当事者进行自由的协商和交涉。前者强调的是理性，后者则重视参与。马修认为，诺齐克尽管坚持个人权利和尊严应当在程序中得到维护的观点，但是他所强调的不过是个人的实体性权利，程序不过是用来实现实体性权利的手段，而不具有其本身独立的内在价值。看来，继承了洛克自然权利和有限政府学说的诺齐克，尽管已经产生了尊重人的权利和尊严的程序观念，但这种观念与马修所强调的从法律程序本身体现对人尊严的尊重的观点还存在一定的距离。

边沁和密尔的功利主义理论也受到了马修的重视。过去人们通常认为，功利主义所关心的主要是“如何最大限度地增加社会公共福利”，而不是“个人享有哪些权利”，因而与那种以维护个人权利和自由为宗旨的自由主义理论无关，甚至还存在一定程度的对立。马修则敏锐地注意到，功利主义与自由主义并非水火不相容的一对学说，因为功利主义所说的社会福利是以每一个人的幸福为前提的：我的幸福与你的幸福同样重要，社会福利的计算公式里已经暗含着人人平等的思想。同时，“社会福利”一词本身就意味着所有个人福利的总和。由此看来，功利主义理论中确实包含着一定的自由主义思想，不然就无法理解作为功利主义理论大师的密尔何以会写出《功利主义》和《论自由》这两部哲学名著。但是，功利主义理论对个人权利和尊严的维护究竟持什么样的态度呢？马修认为，功利主义者对个人权利正当性的证明存在着三种路径：一是密尔在《论自由》一书中提出的将个人与社会完全加以分离的思想。个人可以自由追求自己的理想，其思想和行为只要没有对他人产生较大的影响，他就没有必要接受基于社会福利的计算而采取的限制。第二种旨在对个人权利进行论证的是所谓的“规则功利主义”的理论。其核心观点是，特定的个人权利保障由于能使社会福利总和得到经常的扩大，因此应当具有规则的地位。坚持这一规则，会有助于社会福利的增加，因为遵守规则较之恪守那种模糊不清的社会福利计算公式而言，更容易减少发生错误的可能。第三种功利主义理论坚持了所谓的社会福利计算的观点。根据这一理论，有关程序对当事者快乐程度的影响的成本和收益计算，会涉及如何从分配公共资源到除程序改革以外的多重目标中获得更大快乐的问题。法律程序应当产生快乐而不是痛苦，或者仅仅造成尽可能小的痛苦。但这一理论无法对任何特定的程序或者程序价值提供正当化的理由。

马修注意到，以上两种自由主义理论都只是强调一些较为脆弱的程序性权利，如多数裁决规则（majority rule）、个人隐私、避免任意化等。无论是诺齐克的最弱意义上的“守夜人”式的国家观念，还是密尔的有关追求社会福利最大化的理论，都将当事者的程序性权利甚至包括参与、平等、理性等在内的程序价值视为实现实体性权利的工具，也都没有以令人满意的方式阐释个人的政治主体地位。而且前者还将政治纳入市场的逻辑之中，暗含着用经济学的视角界定自由和人的尊严的观点，后者则将权利纳入利益之中，也就是把快乐原则视为确定道德义务的法则。看来，以此作为尊严价值的理论基础是很难令人信服的。基于这一认识，马修开始了对康德–罗尔斯理论的分析。

在康德的道德哲学中，“绝对命令”（categorical imperatives）是一个十分重要的概念。它是指一种存在于规范理性结构之中，并可加以普遍化的道德义务。在这些道德义务中有一个著名的人性原则：“永远把人类——无论你亲自所为还是代表他人——当作目的，而绝不仅仅当作手段来对待。”马修认为，这一康德式的道德命令足以概括出自由主义思想的核心价值观念，并可以为法律程序上的尊严价值提供基本的理论基础。为了论证这一点，马修通过援引美国学者平科夫斯（Pincoffs）的观点指出，给予那些其权益会受到某一决定不利影响的人以参与制作该决定的机会，并且裁决者应向当事者陈述决定的理由，这绝不仅仅是出于效率的需要，而是正义的要求。因为当事者通过参与与其有关的决定的制作过程，影响裁决结论的产生，可使其作为人的尊严和道德主体地位得到维护，并且产生受尊重的感觉。因为他在这一法律程序中并没有仅仅被视为实现他人或者社会利益的工具，而是享有实体性权利并能够为维护这些权利而抗争的法律主体。正是由于这一点，参与、提供裁判理由等程序价值与维护人的尊严之间的联系才能得到合理的揭示。

对于罗尔斯的理论，马修进行了更为详尽的分析。从他的“初始状态”“无知之幕”等概念，到两个著名的正义原则等，马修都进行了简要的评析。总体上看，罗尔斯继承并发展了康德的绝对命令观念，主张“每个人都拥有基于正义的不可侵犯性，这种不可侵犯性即使以社会整体利益之名也不能逾越”，认为“正义否认为了一些人分享更大利益而剥夺另一些人的自由是正当的，不承认许多人享受的较大利益能够绰绰有余地补偿强加于少数人的牺牲”。这实际上是用另一种语言说明，应将所有人视为目的而不仅仅是手段。因为将任何人作为手段来对待，就等于否认了他生活目的的重要性，并使其自尊的基础受到破坏。在罗尔斯的《正义论》一书中，自尊的理念具有双重的作用：它一方面是罗尔斯用来论证有关适当交易的心理学命题的直觉基础，另一方面也是对有关规范契约程序的原则和制度设计在道德合法性和正当性方面进行检验的标准。

马修之所以要对罗尔斯的两个正义原则[①]进行分析，是因为他注意

---

① 罗尔斯提出的第一个正义原则是：“每个人对与其他人所拥有的最广泛的基本自由体系相容的类似自由体系都应有一种平等的权利”；第二个正义原则是：“社会和经济的不平等应当这样安排，即使它们（1）被合理地期望适合于每一个人的利益；并且（2）依系于地位和职务向所有人开放”。罗尔斯认为，这些原则主要适用于社会的基本结构，它们支配着权利和义务的分派，调节着社会和经济利益的分配。这两个正义原则构成了罗尔斯正义理论的基础。

到，“只有罗尔斯理论的这些方面，才可以为那些有关尊严性程序权利的直觉上的观念提供坚实的理论基础”。尤其是其中的第一项原则，更可以直接成为论证尊严价值和程序性权利正当性的根据。根据这一原则，每个人在拥有基本自由方面是绝对平等的。尽管这些自由的范围并不十分明晰，但它们至少包括与“多数裁决规则”有关的普遍的投票权，良心（道德的或者宗教信仰的）、言论和结社方面的自由，被法治所界定的不受任意逮捕的自由等。对这些自由的任何限制只能在它有助于增加所有人自由总量的情况下才能得到允许。这样，上述普遍的基本自由和权利就可以超越“多数裁决规则”的范围，任何宪法制度都必须优先满足这一原则的要求。因为这种对自由的平等拥有可以使人的自尊得到维护，即使是出于促进社会和经济发展方面的考虑，它们也不能被放弃或成为交易的对象，更不能基于“多数裁决规则”而被否决。对于这一点，马修理解得极为深刻：“无论我们拥有或者想要其他什么东西，基本自由都是我们所坚持要获得的。这样，除非超越多数裁决规则之外的程序性权利在基本自由中占有一席之地，否则它们就不能被允许对基于多数裁决规则的基本自由进行限制。”因此，正当程序原则所维护的应当被视为基本自由，而不仅仅是利益。

马修注意到，罗尔斯在对立法程序的分析中表达了最为明晰的程序性权利概念。所谓平等参与——也就是一人一票，按照多数意愿进行裁决，以及职位向所有人开放等——实际是平等的自由的基本组成部分。但当罗尔斯从投票转向对法律规则适用问题的分析时，法治（the rule of law）的功能问题引起了他的关注。实际上，罗尔斯提出的法治本身并非自由所包括的一个观念，而不过是实现自由的手段。除非法律在涉及人的权利和义务时表达得十分清楚，并通过一个理性的程序得到实施从而得到准确的适用，否则人们在平等地实现基本自由方面就不可能有确定的期待。当然，这种法治观念与程序价值之间并不是没有内在的联系，因为诸如可预测性、透明性和理性等直觉意义上的程序价值，实际上又是法治的形式化要求。这些价值既可以成为实现正确结果的工具，也是用以维护人的自尊的手段。人们或许以为，由于罗尔斯的正义概念中包含有保障首要的自尊价值的意味，因此在一个秩序良好或公正的社会里追求正确的结果与追求尊严价值是密不可分的。但实际上，罗尔斯并没有将好的裁判程序独立或直接地视为维护公民自尊感的基础。

马修以提供裁判理由这一理性要求为例，对正当程序原则的理论基础进行了总结性分析。他认为，至少在康德-罗尔斯式的自由主义理论中，人的尊严（human dignity）和自尊（self-respect）都属于合乎理性的概念。康德强调理性在道德行为中的双重作用：它既是人的善良意志得以形成的手段，也是在日常生活中实施善良行为的工具。违背上述任一理性要求的制度设计或安排都会被康德视为不道德的。而在法律程序中，任何一种使那些受裁决直接影响的人无法获知裁决理由的做法，都带有明显的模糊性和恣意性，也都会阻止个人成为自由和理性的个体的努力，因而是与理性的要求背道而驰的。这样一种程序如果与政府对公民生活的巨大干预结合起来，就会使那种将每一个人视为拥有尊严的、自治的道德主体的政治原则的基础受到破坏。当然，提供裁决理由所保障的是我们理解裁决过程和接受合理结论的能力。作为理性原则的一项基本内容，它所要求的是法律程序的可理解性（comprehensible）。这是维护当事者作为人的尊严的一项不可或缺的条件。

四、评价

研究英美法律程序价值理论的学者通常会注意到，在不少法学论著中，马修这一名字经常与萨默斯、贝勒斯、达夫等人并列在一起。英国学者格里根就认为：“在那些试图对‘程序价值’进行令人满意的论证的作者中，马修应当被特别提及。他的论文……以尊严和尊重的理念为基础，为程序公正提供了一种新的法理。”[①] 这种评价并无过分之处。如果说边沁在18—19世纪的工作开创了法律程序理论研究的先河的话，那么在此后相当长的一段时间里，法律程序理论的焦点一直集中在如何确保程序为某一外在目标服务这一点上，程序工具主义的盛行也就随之发生了。后来出现的所谓经济成本理论和道德成本理论，也不过是程序工具主义的变种而已。只有到了20世纪70年代以后，通过萨默斯和马修的研究工作，法律程序本身的内在价值问题才引起人们的广泛重视，程序正义或者程序公正的独立性也才真正取得人们的共识。可以这么说，在坚持程序正义价值的独立性上，萨默斯的“程序价值”理论具有开拓性的价值；而在论证程序正义价值的理论基础问题上，马修的“尊严理论”则具有里程碑的意义。

在20世纪70年代中期以后的英美法学界，随着萨默斯“程序价值”理论的提出和影响力的扩大，有关法律程序的独立内在价值问题逐渐成为法理学、宪法、程序法学研究中的一个热点问题。一些学者在认识到程序本身具有独立的价值标准的同时，也试图就这种内在价值的理论基础进行论证。例如，早在70年代中期，就有学者试图从康德的道德哲学中为正当程序原则寻找理论基础；还有学者则对程序性正当法律程序的合作性目标进行过探讨。但是，这些论证要么较为零散，要么缺乏说服力，因而难以引起人们普遍的关注。马修的“尊严理论”在吸收前人研究成果的基础上，对正当程序的理论基础进行了全面、系统、深入的论证。他敏锐地将正当程序植根于西方悠久的自由主义传

---

① D. J. Galligan, *Procedure*, pp. 1–5.

统之上，揭示了存在于这一观念背后的政治和道德基础。尤为引人注目的是，马修并没有就自由主义的学说进行空泛的分析，而是集中论述了三种影响甚大的自由主义思想；在论述中也没有对三种学说平均泼墨，而是在认识到前两种学说的局限性的前提下，对康德-罗尔斯的自由主义理论进行全面的剖析，以图更多地发现它们与尊严价值之间所存在的理论联系。如果说运用康德的道德哲学来论证正当程序的基础并非马修的首创的话，那么从罗尔斯博大精深的正义理论中仔细发掘尊严价值存在的根据，则马修确属第一人。这种分析对我们的最大启示在于，英美人所持有的浓厚的程序正义观念，根源于长期形成的以尊重人的尊严和自由为基本特征的道德和政治哲学传统；只有将程序正义与深厚的自由主义思想联结起来，才能为法律程序的内在价值提供一种坚实的理论基础。

由于对法律程序的尊严价值进行了详实的论证，这些价值就容易为人们所接受了。马修尊严理论的核心，其实就是强调在法律程序的设计和运作中应使那些利益受到直接影响的人获得基本的公正对待，从而具有人的尊严。这是必须通过法律程序本身得到实现的价值目标，也是衡量一项法律程序公正与否的基本尺度。马修这一尊严命题的提出，使得程序内在价值的独立性可以得到较为充分的论证。此前包括萨默斯在内的学者尽管通过实证分析，已经发现或者感觉到有一些价值可以通过法律程序本身得到实现，而与裁决结果的正确性无关，但并没有解释清楚维护这些价值的理由是什么。萨默斯就曾在面临程序工具主义者的非难时，无奈地强调实现所谓“程序价值”本身就是为了达到一种独立的善的目标，它本身是无须证明的。[①] 马修的研究则表明，包括参与、平等、理性等在内的程序价值的正当性是完全可以得到

① See Robert S. Summers, Evaluating and Improving Legal Process: A Plea for “Process Value”.

理论上的证明的，那就是它们从不同的角度维护了当事者的作为人的尊严，使他们真正成为积极参与裁决制作过程、主动影响裁决结果的程序主体，而不是消极等待官方处理、被动承受国家追究的程序客体，从而具有自主地决定个人命运的选择机会。换言之，获得程序上的公正对待，即使与当事者能否获得胜诉毫无关系，也有助于维护他作为人的尊严，使他受到一个道德主体所应得到的尊重；维护法律程序的内在道德性，即使对事实的查明和实体法的正确适用毫无影响和促进，也有利于论证程序本身的正当性。可以说，马修的尊严理论实际完成了萨默斯所没有完成的任务，赋予了程序的内在价值以全新的意义，彻底地坚持和论证了程序正义的独立性。考虑到我们长期以来一直存在着根深蒂固的程序工具主义的传统，理论、立法和司法领域中盛行着较为严重的程序虚无主义的现象，马修的尊严理论显然对于我们具有极大的启示作用。

马修的研究方法也是颇值一提的。他从古埃及的诗歌和虚拟的案例入手，描述了人们直觉上的程序价值观念。所谓“直觉”其实就是人们对程序公正与否的感性认识或者感觉。直觉因为还没有上升到人的理性认识的高度，有时往往并不可靠。但是直觉又是确实不能加以忽视的。罗尔斯在《正义论》中就曾对人们直觉意义上的正义观念进行过大量的分析，以便为其正义理论的分析设定社会心理学意义上的前提。这里存在着一个至为明显的道理：法学是一门实践性极强的科学，假如学者们所津津乐道的公平、正义观念，并不为一般的社会公众在日常生活中所感知，其意义是很难得到证明的。马修对人们直觉意义的程序价值观念的分析表明，尊严理论绝不是学者凭空拟造的，它实实在在地存在于普通人的日常生活之中，对尊严和受尊重的渴求几乎构成了人性的最低要求。法律制度在其构建和运作中所要做的就是满足人性之中固有的这种要求。当然，理论研究毕竟不是仅仅对社会生活实践的机械描述，而应从理性的角度进行重新分析、论证甚至评价。马修对自由主义思想的详细分析，从政治哲学的高度论证了人们直觉意义上的尊严价值观念的正确性。这就使他的尊严理论从感性直觉上升到理性认识，从而具有了更大的可信性和更为广泛的可接受性。这种研究方法对我们的启发在于：对任何理论问题的分析都应从活生生的社会生活实践入手，发现真正为人们所信奉的观念及其社会生活环境、文化传统因素，然后再进行理性的分析和评判。这种从社会中来而又超越社会生活的研究，较之那种从概念到概念的抽象分析而言，会更加具有理论生命力和吸引力。

当然，马修的理论也并非没有可挑剔之处。就写作技巧上来看，无论是他的论文还是著作，在行文上都充满了晦涩和含糊之处。作为一种在法律程序价值研究领域具有创新意义的理论，他的"尊严理论"并没有得到全面、系统的论述，以至于读者无法准确地把握其理论的全部内容。在对各项具体的"尊严价值"的分析上，也偏于解释参与、平等、理性等价值的局限性及相互间的矛盾，而缺乏正面的论述。这不禁会使人提出这样一个问题：既然要倡导一种新的"尊严理论"，就应当说清楚作为尊严价值的参与、平等、理性等的具体内涵，以让人在了解其含义的基础上接受这些价值；但论者一上来就对这些价值进行带有批判性的评论，那么读者有什么理由会接受这些价值呢？至于作为理论核心部分的有关自由主义思想的分析，也不太成功。这里的论述显得过于具体、零散，没有抓住所要讨论问题的本质：自由主义传统与程序上的尊严价值之间的关系。尤为令人遗憾的是，马修对自由主义思想究竟从哪些方面论证了程序上的尊严价值这一关键的问题，并没有进行集中、全面的分析。读者对此留下的印象往往只是各个自由主义论者都有关于程序、自由、法治等问题的论述而已。至于这些论述之间有什么内在的逻辑联系，各种自由主义理论有哪些共同的论点，这些论点对于论证尊严价值有何意义等，都被马修所忽略。从其理论的最后部分可以看出，马修确实在主张在适当的范围内超越自由主义理论，在个人自由的政治哲学中增加博爱的内容，以缓和个人与社会整体之间的对立和冲突。但他仍然偏于介绍、评价反自由主义论者的观点，而没有提出任何明确的观点。马修这种偏重分析、轻视归纳的论证方式，真可以说贯彻到了极致，并使其理论的深度和可接受性受到相当消极的影响。可以说，由于受其论证方式的影响，除了“尊严价值”和“尊严理论”这些概念以外，人们几乎已经不清楚马修自己究竟有哪些独创的理论和见解。“尊严理论”已经衍化成为一种符号和精神，而不是有着独立生命和内容的完整理论。看来，对于运用尊严理论的精神解释法律程序价值的任务，马修并没有全部完成。人们有理由期待着更具有说服力，也更具有实质内容的尊严理论。

第五章　贝勒斯的综合性程序价值理论

法律程序作为一种按照法定的方式、顺序和步骤形成实体法律决定的过程，究竟应确立什么样的价值目标？对于这个问题，西方法学界在相当长的时期内都没有给予充分的关注。除了英国学者边沁在19世纪早期曾对实体法和程序法的关系做出零散的论述，西方各种法学著作几乎很少论及法律程序的一般理论问题。[①] 但自20世纪60年代以来，随着美国联邦最高法院领导的“正当法律程序革命”的深入开展，英美学者开始对传统的“自然正义”和“正当法律程序”这两项程序原则的性质和意义进行反思，有关法律程序价值问题的研究逐渐引起人们的重视。到80年代末和90年代初，这种研究成为法理学和程序法学的一个热点，而这种研究达到高潮的标志则是美国学者贝勒斯的“程序正义”理论。

迈克尔·贝勒斯（Michael D. Bayles）为美国佛罗里达州立大学哲学教授，以其对各部门法中的法理学研究而闻名。在程序正义研究方面，他通过对英美学者20余年研究成果的总结，从更广泛的角度进行理论思考，提出了系统的“程序正义”理论。按照英国学者格里根的看法，正是通过贝勒斯的努力，一种在法理学中占有重要地位的综合性程序理论才得到发展。贝勒斯在这方面的贡献足以与大学者边沁相提并

---

① Gerald J. Postema, The Principle of Utility and the Law of Procedurs: Bentham' s Theory of Adjudication, p. 1393.

论。[①] 贝勒斯有关法律程序问题的代表作是《法律的原则——一个规范的分析》[②] 和《程序正义——分配于个人》[③]。前者通过对程序法、刑法、合同法、侵权法和财产法的分析，提出了评价法律程序的一般原则和价值标准。后者则对一般意义上的法律程序进行了全面的价值分析，集中体现了贝勒斯在程序正义问题上的理论建树。

本章拟以英美最近30年以来程序价值理论的发展为背景，对贝勒斯的程序正义理论做简要的介绍和评析。鉴于程序价值理论在我国向来不甚发达，法律程序自身的公正性也不被真正重视，立法、司法甚至法学界还存在着较为严重的"重实体、轻程序"甚至"程序虚无主义"的倾向，这种评析至少可对我国法律程序价值理论的重新构建具有一定的参考作用。

一、评价法律程序的价值标准

在贝勒斯看来，"程序正义问题遍及现代社会的各个方面"。在人们所熟悉的领域，比如作出一项集体决定、分配家务、教育、就业以及日常生活中，都充满了程序正义问题。尤其是在政府与个人发生关联的情况下，程序正义问题出现得更加频繁：从纳税财产的评估、驾驶执照的颁发和剥夺、实施刑罚，到官员和民意代表的选举以及法律的制定等，都有一个对作出决定的过程的公正性进行评价的问题。可以说，在

① D. J. Galligan, *Due Process and Fair Procedures: A Study of Administrative Procedures*, Oxford: Clarendon Press, 1996, p. 3.

② M. D. Bayles, *Principles of Law: A Normative Analysis*, Dordrecht: D. Reidel Publishing co., 1987. 国内已有中译本，参见〔美〕贝勒斯：《法律的原则——一个规范的分析》，张文星等译，中国大百科全书出版社1996年版。

③ M. D. Bayles, *Procedural Justice: Allocating to Individuals*, Kluwer Academic Publishers, 1990. 国内已经有中译本，参见〔美〕贝勒斯：《程序正义——向个人的分配》，邓海平等译，高等教育出版社2005年版。

国家的整个法律制度中，程序处于一种核心的地位。然而，“从亚里士多德以来的哲学著作都将正义区分为分配的正义和矫正的正义”，而“程序的正义在这一分类中甚至连一席之地都没有”。法律程序中的正义问题显然被哲学家们所忽略了。有些法学著作尽管也涉及法律程序的设计和评价的问题，但它们所关注的往往只是十分具体的问题，很少有人涉及一般性的程序正义理论。不过，贝勒斯并没有因此完全走向程序本位主义，而是对边沁的功利主义理论、波斯纳的经济成本理论、德沃金的道德成本理论以及萨默斯等人的程序价值理论进行了一次成功的综合，从而发展出一种综合性程序价值理论。

贝勒斯首先以裁判为视角分析了法律程序中的价值问题。在他看来，裁判的概念本身就蕴含着它所要实现的两个一般目的——解决争端和发现事实真相。法院之所以要对当事者提交的案件作出裁判，是因为它负有解决争端的使命。当然，即使经过最终的裁决，败诉的一方仍然可能坚持认为他应当获得胜诉，原告与被告之间的敌意可能依然存在。另一方面，裁判者要真正解决业已发生的争端，就必须将相关的法律原则和规则正确地适用到案件的事实上。但如果案件的事实真相不能得到正确的揭示，裁判者据以作出判断的证据材料有误，那么即使所适用的法律原则和规则是正确的，法院依然无法使争端得到适当的解决。因此，对于裁判者而言，解决争端和发现事实真相，都是需要在裁判过程中完成的基本任务。

贝勒斯认识到，解决争端和发现真相毕竟是包括程序法和实体法在内的所有法律的总目标，作为评价法律程序正当性的标准，它们过于抽象，无法为人们提供可操作的评价尺度。同时，法律与纯粹的科学不同，发现全部的真实并不是它的唯一目的。因为发现全部真实不仅成本极高，而且与解决争端的目标有时毫无关系。在有些情况下，裁判者任意的命令或者投掷硬币都可以成为有效地解决许多争端的方法。由此看来，要对法律程序的正当性作出适当的评价，还需要设计出若干项具体、明确的价值标准。

贝勒斯提出的第一个评价法律程序的标准是与经济效益概念有关的。他将经济学上的成本—收益、投入—产出关系原理直接运用于对法律程序的分析。贝勒斯吸收了波斯纳的研究成果，将法律程序运作过程中需要投入的经济成本分为“错误成本”和“直接成本”两大部分，并指出法律程序的第一个具体目标是最大限度地减少错误成本和直接成本的总和。①

尽管贝勒斯也承认法律的经济分析理论面临许多非议，而且这种经济分析不过是一种所谓的“单一价值工具主义”，但他仍然将此作为评价法律程序优劣得失的一项标准。他主张，没有正当的理由，人们不应增加程序中的经济成本。“在所有其他方面都相同的情况下，任何关心财富状况的人都有正当的理由欢迎经济成本的降低而不是增加，不论这种成本是错误成本还是直接成本。”

贝勒斯提出的第二项评价法律程序的价值标准是与“道德成本”这一概念有关的。他吸收了德沃金的研究成果，在自己的理论中引入了诸如“纯粹损害”“纯粹成本”“道德损害”“道德成本”等概念。对于德沃金的理论，贝勒斯称之为“多重价值工具主义”。② 与德沃金一样，贝勒斯也赞同这样一种观点：在两种错误成本之中，惩罚无罪者要比放纵有罪者更加不可接受，不论它们所带来的纯粹成本或经济损害如何。不过，贝勒斯对德沃金的观点也有所保留。他认为，道德成本并不必然与权利有关，它只不过是由于不能实现经济成本以外的目标而带来的成本，例如没有执行不合理的合同条款或者对于侵权行为没有

① Richard A. Posner, An Economic Approach to Legal Procedure and Judicial Administration, pp. 399–400.

② R. Dworkin, *A Matter of Principle*, pp. 73–103.

提供赔偿等。尽管如此，能否最大限度地降低道德成本仍然被贝勒斯视为评价和设计法律程序的价值标准。

贝勒斯敏锐地注意到，无论是道德成本还是经济成本，都是通过分析裁判结果的正确与否而对法律程序进行评价的指标。也就是说，适用这两种理论的共同前提是人们对法律程序所产生结论的正确性有明确的判断标准。假如某种程序所产生的结论无所谓正确或错误，不会带来错误成本的问题，那么经济成本理论和道德成本理论都会要求尽量降低直接成本的支出。按照这种逻辑，"人们不应获得法庭审判的机会，而只须投掷硬币或者采取其他较为经济的方法制作裁判，解决争端"。这种不会有正确答案的情况在一些案件中确实存在，有些类型的案件甚至永远也不会有正确的答案。另一方面，按照上述两种工具主义理论，实体与程序是紧密联系在一起的：案件涉及的实体事项越重要，可能支出的错误成本也就越大。例如，从经济学的角度来看，在两起涉及金额分别为 500 美元和 500000 美元的案件中，相似的裁判错误所带来的错误成本是不一样的；同样，对无罪者错误地判处 5 年监禁刑罚也要比判处 5 个月刑罚所带来的道德成本更大，因为权利被侵害的程度越严重，所造成的道德损害也就越大。结果，越是涉及实体事项不太重要的案件，就越要投入较少的直接成本，所适用的法律程序也就越简便、快捷。贝勒斯的结论是，由于经济成本理论和道德成本理论都主张避免错误裁判所带来的成本支出，它们都追求发现事实真相这一目标。"如果没有什么事实真相可以发现，法律程序就失去了存在的意义。它们关注争端解决的唯一理由是裁判能够对争端做出正确的结论。"但是，降低或者避免了经济成本和道德成本的过度支出，是否一定会使争端在心理和实践两个层面上得到解决呢？贝勒斯显然是持否定态度的。正因为如此，他又提出了用来评价法律程序的第三项价值标准——"程序价值"。

二、"内在价值"的性质和意义

贝勒斯所说的"程序价值"（process benefits 或 process values），是指通过法律程序本身体现出来、独立于裁判结果正确性的价值，如尊严、公平、参与等。这种价值可以称为"内在的程序价值"。尽管前面所讲的诸如经济成本和道德成本等评价法律程序的标准也属于价值标准，但贝勒斯这里所说的"程序价值"显然只是可用来对法律程序本身进行道德评价的标准，也就是他后来所讲的"程序正义"。本文为避免将这种"程序价值"与一般意义上的程序价值相混淆，在下面的论述中直接称之为"内在价值"。在贝勒斯看来，这些价值并不独立于法律程序的效果，而只是相对于裁判结果具有独立性。他强调指出："从法律程序到经济成本和道德成本之间的因果链条要包括裁判这一环节，而从程序到程序价值之间的因果链条则与裁判结果无关。"换言之，运用"内在价值"的标准对法律程序作出评价时，可以完全不必顾及裁判结果的正确性，也不必顾及错误成本的支出，而只须关注法律程序或者过程本身的情况。同时，"内在价值"尽管与直接成本一样都独立于裁判结果，并且都体现于程序运作过程之中，但它们从本质上也不是一回事。因为一项裁判的制作过程所需要的经济支出，与该过程是否符合"内在价值"的要求基本上没有关系。贝勒斯宣称："人们可能会喜欢一种程序胜过另一种，即使它们需要同样的直接成本且在产生理想结果方面同样有效，甚至即使它们可能支出同样的'错误成本'，仅仅出于这种法律程序更符合'内在价值'的标准。"①

在贝勒斯看来，将"内在价值"增列为评价法律程序的又一项价值标准，会避免工具主义所面临的一个理论困境。因为无论是经济成本

---

① M. D. Bayles, *Procedural Justice: Allocating to Individuals*, 1990.

理论还是道德成本理论，都坚持认为如果不存在什么正确的结果，就应当选择经济耗费最少的法律程序，而没有必要为其他任何价值而增加经济资源的投入。但是，如果接受“内在价值”这样一种独立的价值标准，并认识到这一价值的实现与保证裁判正确性具有同样的重要性，那么为此而增加大量的直接成本支出就并非没有必要了。事实上，建立一种复杂、昂贵的法律程序并不仅仅旨在保证裁判的正确性，而且更要保证“内在价值”的实现；追求“内在价值”本身就足以证明支出大量直接成本的必要性。当然，人们也许会进一步追问：既然这种价值如此重要，那么它的理论基础是什么？为什么要在设计和评价法律程序时重视这种价值标准？

贝勒斯的回答是，“内在价值”的理论基础存在于解决争端这一法律程序的内在目的之中。如果说程序工具主义理论关注于事实真相的发现而忽略了解决争端这一目的的话，“程序价值”理论则更注重争端在心理和实践这两个层面上的解决。也就是说，一项法律程序如果按照这些“程序价值”标准进行设计，争端各方在心理上就愿意接受裁判者提出的解决方案，各方也更容易化解敌意，达成合意和谅解，并对建立在法律规范基础之上的裁判结果产生信任和尊重。而且，法律程序的各项要素还可以不通过正确的裁判结果而自行发挥上述功能。这样，贝勒斯沿着萨默斯“程序价值”理论的思路，在论证了“内在价值”相对于结果正确性的独立性的同时，从一个崭新的角度揭示出“程序价值”赖以存在的理论基础。这显然就解决了萨氏理论所没有解决或者回避了的难题。[①]

对于“内在价值”的基本内容或原则，贝勒斯与萨默斯的归纳有一些相同之处。例如，两人都将所谓“和平性”“自愿性”“参与性”“公

---

① Robert S. Summers, Evaluating and Improving Legal Process: A Plea for “Process Values”, pp. 1–52.

平性”“及时性”“终结性”等原则，视为“程序价值”的基础要求，他们对各项原则内容的分析也具有相似性。但相比之下，贝勒斯的高明之处在于，他对每一项“内在价值”原则究竟是如何确保争端解决的问题，作出了明确的分析，而不是像萨氏那样仅仅抽象地谈论各项价值原则的独立性。例如，贝勒斯将程序的和平性视为整个法律制度的基础，认为与赤裸裸的暴力和私力救济相比，建立在法律基础之上的争端解决方案更容易为人们所接受；至少在民事诉讼中，让人们自愿而不受强迫地将争端提交司法机构依法解决，可以确保当事人得到权威性的裁判结论，促进争端的和平解决；让当事人富有意义地参与裁判的制作过程，可以使他们在不满意于裁判结果的情况下接受这种结果，同时也使当事人得到发表自己意见、不满和辩解的机会，对裁判结论的形成施加积极的影响，从而产生不被轻视而被看重的感觉；让控辩双方获得平等或对等的参与机会，也会使他们产生受尊重、不被歧视或被看轻的感觉；程序按照理性原则进行运作，会使具有理性能力的人更加理解程序本身和裁判结果据以做出的理由，他们会有一种被说服而不是被强制或压服的感觉，从而更愿意接受裁判结果；法律程序及时地产生裁判结果可以使各方尽快脱离讼累，而且对其权益在合理的时间内给予充分的关注，这容易使他们愿意接受裁决方案；等等。[①]

需要注意的是，贝勒斯在《程序正义》一书中又增加了一项新的“内在价值”：加强人们对法律程序的信任，或者在法律程序中体现表面的正义。这不禁使人想起一个古老的英国谚语：“正义不仅要得到实现，而且要以人们能看得见的方式实现。”这里的“表面的正义”显然就是指“看得见的正义”。贝勒斯在论述英美传统的程序原则——不偏袒时，曾将裁判者的偏袒区分为实际的偏袒和表面的偏袒两种，并认

---

① Jerry L. Mashaw, Administrative Due Process: The Quest for a Dignitary Theory, in *Boston University Law Review*, Vol. 61, 1981, pp. 885-931.

为后者也应在法律程序的设计中予以避免。如争端的解决结果不得涉及裁判者的个人利益，裁判者不得与争端的任何一方进行单方面接触等，都有着避免裁判者表面上的偏袒的意味。之所以要如此设计，是因为人们有时很难判定裁判者的不当行为是否会导致裁判结果的不公正，也很难判断表面的偏袒究竟是否会转化为实际的偏袒。在这种情况下，只有对一切表面上的偏袒均加以禁止，才能防止所有可能出现的偏袒行为。同时，裁判者的偏袒会削弱人们对裁判者甚至对法律程序本身的信任，导致社会公众对法律规则的不遵从，从而造成对法律制度的严重破坏。正因为如此，确保人们对法律程序公正性的信任和避免一切表面上的非正义，也应被视为一项重要的"内在价值"。这一价值确实有其非同寻常之处，它同时也是其他各项程序价值所赖以存在的基础之一。

至此，贝勒斯的程序正义理论就较前人有了更新的发展：他将法律程序的内在目标定位在发现事实真相和解决争端上。而要发现事实真相，首先就应避免裁判的错误结果，降低由此而来的经济成本和道德成本；同时，要从心理上而不是表面上、从实践上而不是形式上解决业已发生的争端，就必须在法律程序的设计中贯彻诸如参与、平等、理性、自愿、和平、及时、终结等"内在价值"标准。当然，这些价值目标还应在尽量合理地降低直接成本的前提下实现。这样，法律程序的一般目标就演变成为一个较之发现真相和解决争端更具有操作性的公式：最大限度地降低经济性错误成本、道德性错误成本和直接成本，最大限度地实现"内在价值"。这种"内在价值"也就是贝勒斯后来所说的"程序正义"。

三、对传统程序原则的总结和论证

在《程序正义——分配于个人》一书中，贝勒斯用大量篇幅对英美传统的程序原则进行了分析。这些程序原则包括无偏私、获得听审机会、提供裁判理由和形式正义等四项。它们有时被贝勒斯直接称为“程序正义原则”。它们的许多内容和要求不仅体现在英国普通法和美国联邦最高法院的判例之中，而且也被一些国家的成文法甚至国际人权公约所确认。系统地清理和总结这些起源于英美法的程序正义原则，对于构建一种一般性的程序正义理论显然是十分重要的。不过，贝勒斯在以后的论述中也明确承认，这些程序正义原则所赖以存在和发展的母体是英美对抗式裁判程序；而且其中有的原则（如形式正义原则）在普通法以外的法律文化环境中还不具有普遍的适用性。[①] 贝勒斯除了对这四项英美程序正义原则本身的含义及其所派生出来的各项程序规则进行了分析和总结以外，还运用前面提出的程序价值理论，对它们的正当性进行了重新论证。

无偏私原则要求法律决定的作出不得涉及裁判者个人的利益，裁判者也不得对任何受法律结论直接影响的人存有偏见或者有所偏袒，而应一视同仁，不偏不倚。实际上，英国“自然正义”的第一项原则所体现的也就是裁判者无偏私的精神。不过，要求裁判者做到绝对的无偏私几乎是不可能的。唯一可行的做法是在法律制度中确立若干最低限度的程序规则，并在设计、改革法律程序时贯彻这些规则的要求。贝勒斯通过分析那些导致裁判者产生偏私的情况，从无偏私原则中归纳出了三项重要的程序规则：一是裁判者不得有足以影响公正裁决的利益或偏见；二是裁判者应当在制作法律决定过程中保持独立自主性；三是裁判者不得与当事者任何一方进行单方面接触。其中第二项规则又包含以下具体要求：裁判者不得受与所要作出的决定有利害关系的当事者或组织的

---

① 贝勒斯总结的“程序价值”原则包括：和平解决争端；受裁判影响的人富有意义地参与裁判的制作过程；程序保持公平或对双方平等对待；程序具有可理解性；程序及时地提供裁判结论；程序对争端提供终结性的解决。当然，对于这些“程序价值”原则，贝勒斯在不同时期的著述中有不同的归纳和分析。在《程序正义》一书中，他又增加了一项新的原则：加强人们对法律程序的信任或体现表面上的正义。

控制;裁判者不得承担与其裁判角色不相容的职能,尤其是调查、侦查或起诉职能。确立这些程序规则不但有助于裁判者保持中立、无私的形象,减少因裁判错误而带来的错误成本,实现程序公平或对等,而且有助于维护当事者甚至其他有关人士对裁判者及其裁决结果的信任。

获得听审机会的原则与英国“自然正义”原则在有关裁判者必须同时听取当事者双方陈述的要求方面是一致的。这一原则要求,那些与裁决结果有着直接利害关系的人应当有机会直接向裁判者提出证据和进行陈述,并有机会对对方的陈述和证据进行反驳和评论。贝勒斯认为,这一原则对于刑事诉讼尤为重要,因为刑事诉讼的结果会使被告人的财产、自由甚至生命受到剥夺,使其受到极为消极的国家评价,因而会使当事者承受最大的不利影响或负担。正因为如此,一些国家的宪法和国际人权公约为确保被告人得到公正审判的机会,确立了一系列基本的程序保障。获得听审机会原则所包含的基本规则有:裁判过程必须公开;裁判者必须尽可能迅速地形成裁决结果;裁判者必须尽可能早地向当事者告知起诉的根据和理由;当事者有权获得律师的法律帮助;当事者应有机会向裁判者提交有利于自己的证据,并对不利于自己的证据作出反驳;裁判者对于自己作出裁决的过程应当制作书面记录,记录中尤其要载明其作出裁判的根据和理由;最后,当事者应当有对裁决提起上诉的机会。

贝勒斯认为,保证当事者获得听审机会有助于降低法律程序的错误成本。保证当事者获得听审机会,对于确保当事者充分而富有意义地参与裁判的制作过程也是极为重要的。这也是这一原则赖以存在的最充分的理由。在贝勒斯看来,即使参与并不会降低错误成本,它也会使当事者获得了解和反驳不利于自己的证据和主张的机会,从而使人格尊严受到应有的尊重。另外,保证当事者获得听审的机会还可以使他们了解和理解裁决的根据和理由,并使其争端得到及时的解决而不拖延。

提供裁决理由尽管不如前两项原则那么古老和悠久，但对于法律程序公正性的维护而言，却仍是一项极为重要的程序保障。按照贝勒斯的说法，如果裁判者在作出裁决结论时不提供任何理由，那么所谓无偏私和获得听审机会的原则都将失去其存在的价值。所谓提供裁决理由，是指将裁判所依据的实体法上的标准告知当事者，使其不仅了解裁决的结果，而且理解裁判者为什么会得出这种结论。贝勒斯认为，提供裁决理由这一原则的实现，关键在于裁判者在行使自由裁量权与遵守标准之间进行协调。他以行政程序为例，对裁判者自由裁量权的含义和意义进行了分析。行使自由裁量权也就是在若干项方案中进行选择的活动。裁判者在行使自由裁量权时如果没有任何标准可供遵守的话，就会造成判断上的任意性、不确定性、不可预测性。因此，至少对于涉及政府行为的决定而言，标准的确立对于限制裁判者的自由裁量权是极为重要的。但是，绝对明确的标准是不存在的，在具体裁判活动中经常有标准多元化和不可预测的特点，从而导致标准的功能局限于对选择的某种限制。要使裁判者的自由裁量权受到适当的限制，除了要求他按照相对明确的标准进行裁决以外，还应该促使他将这些标准连同作出裁决的其他理由一起明确提供出来，尤其是让那些受裁决结果直接影响的人了解裁判的根据。

裁判者为什么要对其裁决提供理由呢？贝勒斯提出了五个方面的解释：一是能够防止裁判者制作裁决的任意性；二是能够阻止错误裁决的作出；三是有助于确保裁决标准和结论的统一；四是当事者可以知道裁判者为什么作出这样的裁决，以及上诉是否确有必要；五是可以使那些受裁决不利影响的当事者更容易接受裁决。当然，提供裁判理由不可避免地会导致裁判活动效率的降低，增加程序的直接成本。这就需要在程序内在价值与直接成本之间进行一定的权衡。

英美传统程序正义原则的最后一项是形式正义原则。这一原则与提供裁决理由原则一起，构成了对裁判者自由裁量权的有效限制。这一原则包含三项基本要求：一致性、遵循先例和遵从规则。这些要求旨在确保那些受裁判影响者受到平等的对待，它们尽管不能对裁决的实体内容作出界定，却可以成为形式上的正义要求。一致性是理性的基本要求，其含义是：裁判者如果将同样的规范适用到相似的相关事实，就必须作出同样的裁决结论。不一致的裁决至少会使某一方当事者受到不公平的对待，即使这种裁决结果并没有使他受到不利的影响。遵循先例也包含有一致性的要求，不过这里的一致性不是对某一特定裁决事项的要求，而是要求裁判者对多个发生在不同时间的争端或其他需要裁决的事项，遇有事实基础相同或相似时，应适用相同的规范。遵循先例可以增加裁决结果的可预测性，提高裁决制作的效率，保证裁决结果和目标的一致性。遵从规则要求裁判者应根据事先宣布的规则作出裁决。在作出有关负担或利益分配的决定时，如果在分配的实体标准问题上有明确的规则，那么裁判者就可以通过遵从这些规则而保证裁决的可预测性、效率和前后一致性。另外，由于在一般的负担或利益分配决定过程中，裁判者通常就是制定、宣布规则的人，因此遵从规则还有助于维护其对事先宣布过的规则的承诺。

贝勒斯认为，无论是一致性、遵循先例还是遵从规则的要求，虽有助于降低程序的直接成本，但对于减少程序的错误成本几乎都不会发挥明显的作用；假如先前作出过的裁决出现错误，甚至还会导致错误成本的增加。然而，形式正义原则能够维护程序公平性、可理解性和及时性。这是它赖以存在的基础。

四、适用程序正义原则的法律限制

贝勒斯的程序正义理论包括了一项被前人所忽视而又极为重要的

部分:程序正义原则适用的法律界限和范围问题。例如,美国联邦最高法院在适用“正当法律程序”原则时,往往要确定它在哪些情况下是法律所要求的,以及这种要求的内容是什么。而英国法院在适用普通法上的自然正义原则时,也要确定这一原则适用于什么场合。这显然表明,法律并不要求程序正义的各项原则适用于所有的程序之中。至少在有些情况下,适用程序正义的原则仅仅是道德的要求,对于所发生的程序非正义情况并不需要给予法律上的制裁。贝勒斯并没有提出一项适用程序正义原则的明确规则,而只是通过分析美国联邦最高法院和英国法院所做的有关判例,总结出了几项影响程序正义的法律适用的标准或原则,要求人们在确定某一场合下应否适用程序正义的要求时,必须对这些标准或原则加以综合考虑。

程序正义原则所受的第一项法律限制是,它一般只适用于政府的行为,而不适用于个人的行为。换言之,只有在政府作出涉及负担或利益决定的场合,程序正义的原则才须在法律意义上得到遵从。贝勒斯这里所说的“政府”并不只是相对于国家立法权和司法权而行使行政权的机构,而是泛指一切官方机构或组织。贝勒斯认为,将程序正义原则的适用限制在政府或官方行为上,主要有三个方面的原因。一是因为个人受制于政府是非自愿的,或者可以说不具有较大的自由选择权。这就决定了个人与政府发生法律联系时也不具有自愿性。第二个理由是,政府应当成为所有公民的代表,一视同仁地对待他们,而不应在公民中间有特殊的朋友或敌人。而公民个人则可以给予自己的家庭成员或朋友以特殊的关照。因此,公平和不偏袒等程序正义原则只能是政府在对待公民时应该遵循的要求。最后,由于程序正义的要求对公民个人的适用要遵循自愿原则,因此政府违反程序正义的行为如果得不到法律的禁止,那么公民就不可能对程序正义原则保持应有的尊重。当然,程序正义的原则并非对所有的政府行为都适用。但一旦某一政府行为适用这一原则，政府就应在其作出有关法律决定过程中贯彻这些原则的要求；受裁判结果影响的公民面对程序上的非正义也可以通过行政机构或者法院寻求法律上的救济。

适用程序正义原则的第二项标准是有关法律决定是否产生对个人权益的不利影响。为了说明这一问题，贝勒斯对两种法律决定的后果进行了区分：那些有关科处负担或终止利益的决定都属于当事者永远不会获胜的决定，无论这种决定是否作出，当事者的情况都不可能变得更好而只能是不变甚至更糟；而那些有关授予利益和解除负担的决定则属于当事者永远不会输掉的决定，它们只会增加当事者的权益，即使这种决定没有作出，当事者也不会失去什么。一般而言，与授予利益和解除负担的决定相比，在科处负担和终止利益的决定制作过程中贯彻程序正义的要求显得更为重要。这是因为，负担的科处和利益的终止对当事者而言都是非自愿的，它们会对当事者的利益造成更大的剥夺，而且一个人一旦被依法科处了负担（如判处刑罚），或者被终止了利益（如被剥夺了律师执业资格），其个人品格就会因此受到消极的评价甚至遣责，而授予利益或解除负担的决定却不会给任何人带来污点或耻辱。但是，程序正义的要求并非绝对不能适用于有关授予利益或解除负担的决定中。在那些为政府所垄断、有关利益按照非竞争原则进行分配的场合，即便是授予利益的决定，也应当按照程序正义的要求对程序进行设计。

适用程序正义原则需要考虑的第三个因素是法律程序所涉及的利益的重要性。一般而言，受程序结果影响的利益越重要，所可能支出的错误成本也就越大，在法律程序的设计中所需要投入的直接成本也就应当相应地增加。因此，对于涉及利益甚小的程序并不需要按照程序正义的要求进行设计。贝勒斯认为，在授予利益或解除负担的场合下确定程序结果的错误所带来的道德成本，必须考虑有关决定是否会使当事者的利益得到更好的维护，否则道德成本就没有必要支出。另外，在一些更加注重爱、友谊、相互尊重和关怀等价值的非正式的场合下（如家庭之中或朋友之间），从法律上适用程序正义的要求会违背程序正义原则本身的宗旨。

在法律领域适用程序正义原则需要考虑的第四项要素是所要作出的法律决定的性质问题。贝勒斯以一个医学院学生因被排除于某一医学研究项目而提起诉讼的案件为例，分析了美国联邦最高法院在面对诸如该学生医学研究能力等复杂的学术或专业问题时，适用正当法律程序原则的困难。他认为，如果某一决定的性质涉及适用学术或专业评价的标准时，法律就不应提供充分的第一级评价标准，而至多要求程序遵循那些在专业领域通常适用的第二级标准。这样，法律程序的建立就应具有较大的自由裁量余地。贝勒斯还以某一机构的主管任命助手的情况为例，说明程序正义在另一场合下所受的限制；当对某一事项的裁判标准为裁判者的主观判断或偏好时，这种决定程序就不能在法律领域适用程序正义的要求。这样，行政主管作出任命或不任命助手的决定如果不遵守程序正义的要求，受决定影响者无权寻求法律上的救济。

贝勒斯提出的影响程序正义适用的最后一项要素，就是是否有可替代的保护措施。具体而言，在那些契约性的协商、自愿放弃某一行为的场合，当事者如果选择其他程序便可以保护自己的利益，程序正义的原则就不必在程序设计中加以体现。例如，政府雇员组织为更好地保护雇员的利益，在政府解除某一雇员职务时，可以在征得当事者同意的情况下主动放弃一些程序性权利，以换取对当事者更为重要的利益，如发放免职补偿金等。甚至在刑事审判过程中，被告人也可以用放弃包括获得律师帮助、不自证其罪、获得陪审团审判等在内的程序性权利，换取检察官从轻起诉。当然，当事者在上述情况下对程序性权利的放弃必须是自愿、自由和不受强迫的。而且，这种放弃必须有助于当事者获得更大的利益，而不放弃程序性权利会使得适用程序正义原则的本来目的无法实现。

五、评价

贝勒斯在继承前人研究成果的基础上，发展出一种新的综合性的程序正义理论。贝勒斯的程序正义理论不仅涉及程序正义价值的性质、独立性、标准、理论基础，而且涉及其适用范围和界限等重大课题。就研究的广度而言，他涉及了英美二十世纪六七十年代以来出现的几乎所有有关法律程序价值的理论、学说或观点。他的《程序正义》一书，完全可以被看作一部程序价值问题的“百科全书”。贝勒斯通过对英美法院的判例、成文法和国际人权公约中有关程序性问题的总结，归纳出了四项适用于英美对抗式裁判程序的程序正义原则，并对这四项传统程序原则的具体要求和规则进行了细致的分析。其中的一些内容尽管在普通法以外的法律环境中不具有普遍的适用性，但这些源于英美普通法的程序正义原则却代表了人类在探索法律程序领域的正义问题方面所取得的非凡成就，其中不少原则和要求也逐渐得到有着不同法律文化背景的社会的接受。通过贝勒斯的整理和总结，人们对英美法律中体现的“活生生”的程序正义要求及其存在的基础会有更加形象的认识。贝勒斯在发展程序正义理论方面综合了不少学者的观点。对于程序工具主义理论，如波斯纳的经济分析理论和德沃金的道德成本理论，他都不持简单的反对或者批判的态度，而是在分析其局限性的前提下，创造性地将其中合理的成分吸收到自己的理论体系之中。而对于萨默斯等人提出的“程序价值”理论，他也没有笼统地表示支持或者赞成，而是提出了自己独到的见解，并予以较大的发展和深化。可以说，正是通过贝勒斯的努力，20世纪中期以来英美学者提出的各种程序价值理论第一次以相互包容和和谐的形式出现于同一理论体系之下。而在此以前，这些理论或学说更多的则是以“势不两立”的态势存在于法学领域之中。贝勒斯以其研究成果向人们表明了，任何偏执于一端的理论只是在某一点上发现或者论证了真理，而完全没有必要排斥别人从另一不同角度进行的论证；不同的学说甚至学派也并非绝对“水火不相容”，而完全可以相互取长补短。面对学派林立的程序价值研究局面，实在需要从不同的角度和更高的层次进行理论的融合。

当然，也正是由于贝勒斯理论具有较为明显的综合性特征，他的理论往往带有罗列别人观点和思想的痕迹。在对经济成本理论、道德成本理论以及“程序价值”理论进行综合分析的过程中，贝勒斯将法律程序的目标直接定位于上述三种理论的相加，而没有对诸如经济效益与道德成本、经济成本与程序正义价值、道德成本与程序正义价值以至发现事实真相与解决争端之间的对立统一关系进行深入的讨论。尤其是在所谓“程序价值”或程序正义赖以存在的基础问题上，贝勒斯的分析较之卢卡斯、达夫和马修等人的研究而言，还缺乏必要的理论深度。事实上，仅仅将程序正义价值的基础定位于所谓“解决争端”上是不够的。因为正如贝勒斯本人所说的那样，即使按照不公正的程序进行诉讼，如果做出了令控辩双方信服的裁判结果，解决争端也并不是完全没有可能。程序正义的真正价值基础在于对被裁判者人格尊严和道德主体地位的尊重。正是由于这一点，法律程序的正义才摆脱实体或者结果的附庸的地位而具有独立的价值和意义。但对于这种早已在达夫和马修等人的论述中得到全面阐释的观点，贝勒斯不仅没有继续发展，反而在理论的彻底性上有所倒退。

贝勒斯理论的过分的综合倾向还使得很多重要的理论问题没能得到解决。贝氏总结出的四项传统的程序原则是否就是程序正义的基本原则？如果是的话，它们与后来提出的诸如参与、和平、平等、合理、及时等程序公正的价值目标之间究竟有何关系？在这些繁多的程序正义标准和原则中，哪些属于基本的程序公正理念，哪些又属于用以保障程序公正实现的法律规范？如果说道德成本和直接成本、错误成本的总和需要在法律程序的设计中减少到最低程度，那么道德成本与直接成本之间的此消彼长的冲突究竟有无解决的方案？经济成本的减少显然会损害程序内在价值的实现，那么为了达到一种最低的程序公正标准，经济效益与程序公正的协调界限应确定在什么地方？尤其是，长期以来为程序价值理论最为关心的实现实体正义与维护程序公正之间的对立和冲突有无协调的可能？这些对于构建一般性的程序正义理论至为关键的课题，曾经在萨默斯、马修、达夫的理论中提出过，但在贝勒斯的论证中仍然受到了忽略。

另外，贝勒斯理论的一般性和广泛的适用性，固然具有如笔者所说的很多优点，但也在一定程度上限制了理论分析的深度。因为贝勒斯所说的各种程序在构造形态上千差万别，在价值评价上也各有侧重，难有完全统一的标准。在理论上越是追求一般化和普适性，就越会出现浅尝辄止的问题。假如贝勒斯将其理论分析的视角略微调整，集中于诸如裁判程序、立法程序和行政程序等具有典型“法律程序”特征的程序形态，而不将那些非正式程序纳入其分析、评价的视野，或许他会发现更多的规律，得出更多富有独创性的结论来。

第六章　主观的程序正义理论
——程序正义的社会心理学研究

一、问题的提出

在程序正义的理论史上，法学界和社会学界存在着两种不同的研究路径。法学界提出了诸多方面的程序正义命题，社会学界则试图运用社会科学方法对这些命题进行科学验证。其中，对程序正义的社会心理学研究，就属于社会学界所做的独特贡献。按照这种研究，程序正义被区分为“客观的程序正义”与“主观的程序正义”。所谓客观的程序正义，是指一种程序符合客观的正义标准的能力，如消除某些明显无法令人接受的歧视或偏见，从而使得结果或者过程本身更加公正。而所谓主观的程序正义，则是指当事人对于程序是否公正的主观感受，也就是当事人对于自己是否受到公平对待的主观判断。人们通常所说的“公平感”或“非正义感”，指的就是主观的程序正义。当然，这两个层面的程序正义经常处于不一致的状态，一种客观上体现程序正义标准的程序，可能未必获得当事人的肯定评价；而为当事人所喜好的一种纠纷解决程序，可能在实现客观程序正义方面存在着某种缺陷或者瑕疵。

1975 年，美国学者蒂伯特和沃克出版了《程序正义——一个心理学研究》一书，开创了从社会心理学角度研究程序正义问题的先河。[①] 蒂伯特和沃克在主观程序正义的研究上做出了开创性的贡献，引领了美国程序正义的社会心理学研究的风潮。十几年过去了，来自不同领域的学者对主观程序正义问题展开了深入的实证研究，研究对象超越了最初的法律纠纷解决领域，还扩展到其他社会决策领域，如政治决策、雇主和雇员关系、医患关系、学生与学校当局的关系，等等。1988年，美国学者林德和泰勒出版了《程序正义的社会心理学》一书，在对上述社会心理学研究成果加以总结、分析和归纳的基础上，提出了自己的主观程序正义理论。[②] 该书提出了主观程序正义的两个模式：自利模式和群体价值模式，试图为程序正义提供更为系统的理论解释。2006年，泰勒出版了《人们为什么遵守法律》一书，运用实证研究方法，试图找到一种确保法律当局和法律本身获得人们认同，取得人们合作，从而维持社会秩序的方法，并证明这种方法是切实有效的。泰勒对美国芝加哥地区的居民进行了问卷调查，并对调查结果做出了初步的实证分析。他以这一实证调查结果为依据，提出并论证了一种非工具主义的程序正义理论。[③]

这些运用实证研究方法对程序正义的诸多命题加以验证的研究，形成了一种自成体系的学术脉络。尽管这些具有法学、社会学、心理学、政治学等多种社会科学背景的学者，经常流露出一种过于强烈的学术自信，甚至对哲学和法理学界所做的程序正义研究“不屑一顾”，但是，他们其实并没有提出新的程序正义命题，而只是对传统的程序正义

① Thibaut and Walker, *Procedural Justice: A Psychological Analysis*, Hillsdale, NJ: Erlbaum, 1975.

② 参见〔美〕艾伦·林德、汤姆·泰勒：《程序正义的社会心理学》，冯健鹏译，法律出版社2017年版，第207页以下。

③ 参见〔美〕汤姆·泰勒：《人们为什么遵守法律》，黄永译，中国法制出版社2015年版，第3—30页。

理论做出了验证。在一定程度上，程序正义的法学研究提出了诸多方面的命题，如程序正义的概念、构成要素、独立价值、理论基础、适用范围等，做出了开拓性的学术贡献。而程序正义的社会心理学研究则运用实验、田野调查、问卷调查、数据统计等社会学方法，对诸多程序正义命题进行了科学验证，所得出的结论基本没有超出法学家们提出的命题。当然，社会学家们的努力除了以科学方法验证程序正义命题以外，还做出了两个不可替代的工作：一是将程序正义研究从原有的法律程序和纠纷解决领域，扩展到政治、组织、教育、医疗甚至一般的社会交往领域之中，使程序正义理论在社会研究方面出现了一般化的发展趋势；二是从社会学、心理学、政治学等视角为程序正义价值提供了新的理论解释，使其理论根基得到强化。

二、蒂伯特和沃克的程序控制理论

蒂伯特和沃克的《程序正义——一个心理学研究》一书分为三个部分：第一部分讨论了第三方参与纠纷解决及其对人们主观评价的影响问题；第二部分分析了在理想化的纠问制和对抗式程序中，客观程序正义和主观程序正义的评价问题；第三部分则解释了在审判程序中程序正义的作用，讨论了人们偏好对抗式程序的深层原因，也就是当事人对过程控制的强化，对加强他们对程序公正性的主观评判。

（一）第三方参与纠纷解决问题

为验证第三方参与纠纷解决对人们主观评价的影响，蒂伯特和沃克曾作出过两项实证研究。这两项研究都涉及第三方介入纠纷解决的问题，探讨最能实现纠纷当事人需要的第三方介入方式。

在第一项研究中，蒂伯特和沃克关注的是纠纷是否以及何时通过调解解决的问题。经过一场实验，他们提出并验证了一项理论假设：假如纠纷解决的结果对于双方属于极度不相容的，也就是纠纷双方的利益存在严重排斥，以至于无法通过谈判寻求共同利益，调解就很难取得成功。在此情况下，就需要引入干预性更强的第三方程序，如仲裁、审判等程序，因为这些程序会存在一种强制各方接受有拘束力的第三方裁决的机制。

而在第二项研究中，蒂伯特和沃克将那种双方自行解决纠纷的协商程序作为参照系，对四种第三方参与的纠纷解决程序进行了验证，包括调解、居间磋商、仲裁和审判。如果将第三方对纠纷解决过程的控制程度作为基本标准的话，那么，上述五种程序就构成一条坐标轴上的五个点，其中，没有第三方参与的纠纷解决程序为坐标轴的最低点，然后自下而上依次是调解、居间磋商、仲裁和审判。研究者采用了三个比较因素，也就是“对迅速解决纠纷的需求”“结果相容的程度”和“纠纷解决中标准的明确程度”。研究结果显示，当事人对于仲裁程序的满意度最高，其后依次是居间磋商、调解、自行协商和审判；当事人确实需要第三方介入的纠纷解决程序，但通常会拒绝诸如审判这样的第三方高度控制纠纷解决过程的程序。

（二）客观程序正义与主观程序正义

蒂伯特和沃克通过实验方法，来验证人们对纠问式程序和对抗式程序的程序偏好，并对这种程序偏好作出进一步的解释。他们的研究分别对程序的客观结果与主观结果做出了验证。

通过几个实验，蒂伯特和沃克团队从客观程序正义的角度验证了对抗式程序和纠问式程序的优劣得失。在验证过程中，他们选取了客观程序正义的三个角度：一是降低审判前偏见的能力；二是降低由证据出示顺序所带来的偏见影响的能力；三是提高裁判者获得信息总量和信息准确性的能力。

首先，通过一个实验，研究团队检验了对抗式程序和纠问式程序在降低偏见影响方面的能力。结果显示，相对于纠问式程序而言，对抗式程序可以更为有效地降低审判前偏见。其次，通过另一个实验，研究者验证了证据调查顺序对于总体程序的影响。他们发现，最接近于无偏见结果的条件是控方先出示证据，被告方后出示证据的总体顺序，加上各方按照证据证明力由弱到强的顺序进行出示证据。因此，对抗式程序可以通过控辩双方的利己动力，将证据调查顺序所带来的偏见和影响降到最低程度。再次，研究者通过实验，验证了“对抗制下的律师在案件调查过程中相对于纠问制下的律师而言更为勤勉”的假设，使得裁判者可以获得更多更好的信息。但是，在确保案件事实信息的准确性方面，纠问制显然具有更大优势。而对抗制则会因案而异：在那些双方证据保持平衡的案件中，双方一般没有太大的偏见；而在那些双方证据处于不平衡状态的案件中，双方总是倾向于出示对本方有利的事实和证据，以至于影响裁判者所获事实信息的准确性。

在从客观的程序正义角度分析了这两种程序之后，蒂伯特和沃克团队还验证了主观的程序正义问题，也就是纠纷当事人和中立观察者对程序和裁判结果是否公正的主观判断。在他们看来，“主观正义是关键性的，因为法律程序的主要目标之一就是通过整合社会结构，鼓励人们以彼此间持续产品交换的方式解决冲突”，其中败诉方对诉讼程序的感受尤为关键，假如败诉方在获得了不利诉讼结局之后，仍然对这一纠纷解决程序感到满意的话，那么，这种程序的公正性无疑是值得肯定的。

通过一项复杂的实验，蒂伯特和沃克团队研究了程序变量是否会独立引起人们对审判程序和裁判结果公正性感受的改变。这个实验调查了对抗式程序和纠问式程序在一个虚拟审判实验过程中对于当事人公正性评价的影响。这项研究设置了一个实验状态,将受试者置于一个规则被破坏的冲突环境中,进而通过对抗式程序或者纠问式程序来解决这一冲突。结果显示,无论是被认定有罪的当事人,还是被认定为无罪的当事人,都对对抗式程序的公正性,给出了高于纠问式程序的评价;而那些被认定无罪的当事人,与被认定有罪的当事人相比,对于程序公正性的满意度更高一些。因此,程序因素与裁判结果因素一样,对于人们对审判的公平感和满意度都产生了独立影响。

(三)过程控制理论

过去,已经有研究表明,人们在对纠纷解决程序做出评价时,都将程序公正视为一个主要的决定因素。但这种观点一直处于假设状态,没有得到验证。蒂伯特和沃克通过一系列实验,验证了程序正义是决定人们对纠纷解决程序产生偏好的重要因素。

研究团队主要研究了人们对五种纠纷解决程序的偏好以及其他主观反应。他们实验的五种程序分别是“协商”“纠问式审判”“单一调查者审判”“双调查者审判”以及“纯粹的对抗式审判程序”。实验的对象既有美国大学生,也有来自英国、法国和西德的留学生。实验中的被测试者被告知这五种程序的特征,然后研究者从多个角度询问被测试者对于每种程序的感受,再要求他们对每种程序的偏好进行评分。研究结果表明,无论是来自普通法制度背景下的美国和英国学生,还是来自大陆法制度背景下的法国和西德学生,都对对抗式程序表现了更为强烈的偏好。其中,美国、英国和西德的学生,都将程序公正视为偏好对抗式程序的首要因素。而法国学生则将程序公正视为偏好对抗式程序的第二主要因素。

来自不同法律制度背景下的被测试者,不约而同地认同对抗式程序,其根本原因究竟是什么呢?蒂伯特和沃克在实证研究的基础上,做出了理论分析，提出了一种“过程控制”理论。他们认为，对抗式程序之所以要比纠问式程序更受人们的青睐，主要原因在于这两种程序在裁判过程中存在不同的控制权配置形态。实验结果表明，第三方对程序的控制权与人们对程序公正性的评价呈现出负相关关系，而当事人的程序控制权则与人们对程序公正性的评价具有正相关关系。这显然意味着，当事人更倾向于在解决纠纷的过程中掌握最大的控制权，而不是受制于第三方。当事人愿意接受第三方对判决结果的控制权，但他们更愿意保持对纠纷解决过程的控制权，也就是对于界定议题、搜集证据并在审判中展示证据的控制权。

蒂伯特和沃克区分了裁判控制和过程控制的概念，认为那种将过程控制权赋予当事人的程序，相对于那种裁判者享有这种控制权的程序而言，更具有公正性。对抗式程序之所以被视为一种更为公正的程序，原因就在于它更有利于当事人对于裁判过程的控制。不仅如此，当事人对过程的控制，既有助于加强人们对纠纷解决程序公正性的主观评价，也有助于实现客观的程序正义。因为在减少先入为主的预断和因为证据出示顺序所造成的偏见方面，对抗式程序具有更为明显的优势。

三、林德和泰勒的主观程序正义理论

与蒂伯特和沃克的研究不同，林德和泰勒对主观程序正义的研究，并没有运用实验室实验、情景研究、田野实验和调查等常见的实证方法，而是对20世纪70—80年代以来的相关研究，作出了综合性的总结和分析。在《程序正义的社会心理学》一书中，他们根据前人的研究，经过进一步抽象和概括，提出了主观程序正义的十一项结论；在已得到验证的结论的基础上，他们提出了四项重要的理论假设，为后来的主观程序正义研究指明了前沿性课题。尤为重要的是，林德和泰勒还将主观程序正义区分为自利模式和群体价值模式，从而对主观程序正义的理论根基做出了开创性的分析，做出了较大的理论贡献。

（一）有关程序正义的四项假设

根据既往社会心理学的研究结果，林德和泰勒总结了有关主观程序正义的若干结论。通过深入思考这些得到验证的结论，他们又大胆地往前走了一步，提出了四项带有假设性的命题。这四项假设性命题与上述结论具有密切的关系，但还需要在以后的研究中进行验证。

第一项假设是程序正义评价对于满意度的增强效果具有两个局限性：一是在结果非常有利的情况下，程序正义的效果会在一定程度上受到削弱。二是所谓的“挫败效应”，也就是表面上公正的程序，可能引发不利的结果，这种情况很容易令人怀疑程序是虚伪的。

第二项假设是程序正义可以增强个人对群体或机构的奉献和忠诚。现有的研究已经证明程序正义体验有助于增强人们对于当局和决策机构的积极评价，那么，程序正义可否增强人们对整个群体或机构的奉献和忠诚呢？对此，林德和泰勒提出了肯定性的假设，并期待着对此加以论证。

第三项假设是程序正义在所有社会环境中都会发挥作用。程序正义的重要性在法律纠纷解决、政治决策、工作组织、教育、医患关系等不同环境中可能会有所差异，但程序正义在所有这些环境中都是非常重要的。这个假设，尽管尚未得到验证，但可以成为将来研究的重要课题。

第四项假设是程序正义作用和效果的一般性超越了决策环境，在常规的社会交互行为中也发挥着积极作用。程序正义之所以成为一项法律价值，是因为人们可以受到他人的有礼貌的对待，其个人尊严也可以得到尊重。迄今为止，研究者已经在人们与当局打交道的各种环境中验证了这一结论。但是，在其他社会交互行为中，程序正义是否会产生这种效果呢？林德和泰勒提出了肯定的假设，并期待在将来的研究中验证这一假设。

（二）主观程序正义的两种模式

通过分析和反思既往的程序正义社会心理学研究，林德和泰勒提出了主观程序正义的双重模式理论，试图借此发展出一种一般性的程序正义理论。在他们看来，从蒂伯特和沃克开创的主观程序正义研究，属于一种自利模式（self-interest model），也就是"在与其他人互动过程中实现个人利益最大化"的观念。另一种程序正义模式则是群体价值模式（group value model），也就是将程序正义视为一种群体主观感受的观念。这两种模式都有其基本理论假设，有其对程序正义理论的影响，也有其各自的优劣得失。

1. 自利模式

在林德和泰勒看来，蒂伯特和沃克所提出的"控制理论"，表面上讨论了人们对结果的控制以及对纠纷解决过程的控制问题，但实质上坚持了一种行为模式理论，也就是人们为获得利益的最大化，寻求对诉讼结果的控制；而在无法解决纠纷的情况下，他们只能寻求第三方的帮助，并追求通过控制纠纷解决过程来间接地控制诉讼的结果。在这种控制理论的背后，其实存在着一种来自经济学、社会学、社会心理学、政治学等领域的自利哲学。从本质上说，蒂伯特和沃克对程序正义的看法，建立在利己主义的观念之上，是将程序正义视为追求自身利益最大化的理念在社会领域发展的结果。具体而言，人们之所以从追求结果控制转为寻求过程控制，主要是因为他们在与其他人的互动过程中，无法保持对结果的完全控制，他们唯有接受其他人对结果的取得，或者自身放弃或延迟取得符合其利益的结果，才能作为社会共同体的一员参与社会生活。

那么，人们为什么会接受这种社会互动呢？林德和泰勒用一种“明智的自利模型”来解释这种现象。具体而言，人们在群体互动中之所以愿意作出妥协，是因为他们通过合作所能获得的利益，明显高于他们各自为战所能获得的利益。也就是说，人们选择加入某一社会群体的原因在于他们相信这符合他们的长期收益。而要从社会合作中获得这种长期收益，人们就只能寄希望于公平的程序，这种程序既可以保证人们合理地预期长期的收益，还可以简化决策过程，适用所有成员都同意的程序，从而实现群体内部成员的和谐。这种将程序正义的关注与自我利益的长期考量联系起来的观点，在一些有关政治组织理论的研究中得到了验证。根据这些研究，林德和泰勒认为，当某一决定涉及人们对群体或某种关系的忠诚度时，他们往往会关注群体决定的产生方式。如果他们相信这些决定是通过公平的程序作出的，那么，群体成员就会更加倾向于接受群体内的长期奉献，因此，程序正义对于组织和机构的团结、内部冲突的减少以及群体内积极社会关系的长期维持，都是至关重要的。

自利模式究竟对程序正义理论产生了哪些影响呢？林德和泰勒总结了这一模式下对程序正义评价产生影响的四个因素：一是感受者对于程序的偏好；二是感受者对诉讼结果的控制程度；三是程序所提供的结果的公正性；四是适用于不同人群的程序的一致性。通常而言，根据基本的自利假设，人们更倾向于那种有助于直接促进其利益或者能促成更有利结果的程序，因此，程序偏好和结果控制显然会影响人们对于程序正义的评价。与此同时，结果公正之所以成为程序正义的决定因素，是因为为寻求长期利益而不得不牺牲自我利益时，人们会更为关注分配正义问题，并进而将公正结果的产生作为程序正义的主要考量因素。至于适用于不同人群的程序的一致性，之所以成为程序正义评价的另一因素，主要是因为基于程序有助于“促进和谐、减少冲突”的考虑，保持对不同人群的一致性，有助于改进程序本身的冲突。

自利模式可以解释程序正义如何发挥作用的问题，所提出的理论也得到了诸多实证研究的支持。尤其是在所作决定非常重要或者直接涉及社会和谐问题时，人们对于程序正义的关注就会更加强烈；程序正义的评价还对群体凝聚力和群体忠诚度产生强烈的影响。尽管如此，这种自利模式也存在一些显而易见的局限，这主要表现在两个方面：一是有些研究的结果表明，自利模式过分强调结果对于程序正义评价的重要性，这有时是不成立的。很多试验性研究都显示，即便在被测试者持续获得不利的结果，或者被测试者认为不可能获得任何有利结果的情况下，那种能够确保其充分参与决策过程的程序，仍然会获得较高的程序正义评价。二是还有一些研究则表明，在结果控制之外，诸如“表达”和“待人方式”等因素，对于程序正义评价具有重要的影响，过程控制以及意见表达对于人们公正感的增强具有独立影响。在很大程度上，程序正义深受“人们在程序中如何被对待”这一因素的影响。假如像自利模式所假设的那样，人们最关心的是程序的结果，那么，我们就很难理解上述研究所揭示的非工具主义因素的影响。

2. 群体价值模式

在自利模式之外，还有一种支撑主观程序正义的理论模式，这种模式认为，人们之所以关注程序正义价值，并不仅仅基于自身利益最大化的自利考虑，而是出于一种群体认同方面的考虑。对于这一模式，林德和泰勒称为“群体价值模式”。根据这一模式，人类社会生活具有群体性，群体内和群体间的情感关系和相关的认知结构，会强烈影响到人们作为群体成员的态度和行为。群体价值模式有两个基本的假设：一是强调人们的群体身份，也就是区别该群体与其他社会实体的因素；二是关注群体程序，亦即规范大多数群体行为的官民关系和社会过程。其中，群体身份界定了群体的外在特征，群体程序则决定了群体的内在特征。

林德和泰勒在分析了诸多相关方面的研究之后，概括了群体价值模式的基本理论框架：作为对群体的社会结构和过程发挥规范作用的程序，只有在符合群体和个人所接受的基本价值时，才会被评价为公正的程序。这些基本价值都是社会化的结果，都是为全体社会成员所接受的基础性价值。人们对某一程序是否公正的评价，取决于该程序与这些普遍价值相吻合的程度。与此同时，无论是对群体内的领袖，还是群体内的机构，只要所遵循的程序因为背离群体基本价值而被视为不公正的，那么，人们对这些领袖、机构或者群体的整体评价，都会受到消极的影响。

群体价值模式特别强调社会化的视角。根据这一视角，人们之所以产生某种程序偏好，通常是长期社会化的结果。人们在童年的社会化过程中逐渐产生了一定的情感基础，接受了某些特定的基础价值，并将其作为安身立命之本。人们成年之后，会拥有某些先于和独立于个人经历的程序正义信念，而这些信念通常成为某一群体成员共同接受的文化现象。这种社会化的过程，决定了那些即便在诉讼中获得不利结果的当事人，也通常不会改变他们对于诉讼程序公正性的看法。同时，生活在同一群体之中的人们，对于程序正义的基本内涵也会有着一致的看法。不仅如此，某些程序正义价值对于人类的群体生活具有如此重要的作用，以至于在所有的群体环境中，都可能成为一种基础性价值。例如，在任何一种群体生活中，为尊重每个人的参与机会和作为群体成员的资格，允许意见表达的程序都被视为公正的程序，因为这种表达意见的机会成为群体成员资格的重要标志，而不允许表达意见的程序则被视为不合时宜的和不公正的，因为这种程序无视群体成员参与群体过程的愿望，拒绝了这些表达不同意见的群体成员的权利。因此，这种允许参与和确认成员资格的程序，有可能产生两种积极的效果：一是由于符合某一基本价值而增强了人们所感受的公正性；二是促成了人们作为群体成员而产生的控制感。

那么，根据群体价值模式，对一项程序进行价值评价的因素就有哪些呢？林德和泰勒认为，研究者以往所揭示的程序正义评价的六项要素，包括一致性、抑制偏见、信息准确性、可修正性、代表性、伦理性，仍然可以成为程序正义评价的主要考量因素。但是，程序所提供的意见表达的程度和人们受到有尊严对待的程度，则属于程序正义评价的两项基础价值。因为这两项价值关系到一个人在一项群体程序中社会成员资格的承认问题。

相对于自利模式而言，群体价值模式可以为主观程序正义问题提供更加坚实的理论基础。尤其是对作为程序正义要素的意见表达和尊重他人的价值，从群体价值和群体社会化的角度提供了令人信服的解释。不仅如此，这一模式坚持了一种非工具主义的视角，将程序正义置于更为重要的地位，特别是揭示出程序正义的重要性有可能随着群体对于个人重要性的加强而有所提高。那些强烈坚持传统价值的群体成员会认为程序是重要的，而那些在群体中处于不确定地位的人们，也会对程序是否承认他们在群体中的地位更加看重，也更为敏感，并直接影响到他们对于程序的主观感受。当然，与自利模式一样，群体价值模式也有一些显而易见的局限性。其中，最为突出的是人们在承受不利的结果之后，对于程序正义的评价通常会有所降低。对于这一问题，群体价值模式很难做出解释。

四、泰勒的合法性理论

泰勒根据在美国芝加哥地区所做的实验研究，写成了《人们为什么遵守法律》一书，提出并论证了三个重要的结论：一是只要法律当局具有合法性，就能够促使人们主动遵守法律；二是对于法律当局是否具有合法性，人们是根据所适用的程序是否符合正义要求来加以判断的；三是几乎所有受访者都是以非工具主义标准来界定程序正义价值的。

（一）泰勒的实证研究方法

泰勒运用了社会科学的实证调研方法，对人们遵守法律与法律当局的合法性的关系、程序正义对合法性的影响以及程序正义的含义等问题做出了实证研究，验证了一些为别的学者所提出的假设性命题，也推翻了一些为人们所强调的传统观点。

泰勒在美国芝加哥地区随机选取了一些居民，对他们进行了访谈，并将访谈内容作为分析问题的样本。1984 年，他的研究团队通过电话，对 1575 名受访者进行了一对一的 25 分钟访谈。一年之后，研究者又在上述人员中，随机选取了 804 名受访者，对其进行了第二次访谈。随后，研究者通过两种方法对访谈所得数据进行了分析：一是横向分析，使用了从所有受访者那里所获取的全部数据，关注了同一时间点所获得的数据；二是纵向分析，使用了从 804 名受访者前后两次所获得的不同数据。泰勒所研究的主要是人们与司法机关，包括警察机构和法院打交道的经历，而不仅仅关注法院的审判活动。这种接触需要同时符合两个要求：一是受访者自身与法律当局进行过直接的个人接触；二是这些接触需要与受访者的自身利益有关。

（二）合法性是促使人们遵守法律的动机和力量

传统的社会学理论认为，人们之所以会遵守法律，主要是担心因违反法律而受到当局的惩罚。但在泰勒看来，人们基于逃避受到惩罚的风险而遵守法律，与他们基于对法律当局合法性的认同而遵守法律之间是存在区别的。一般情况下，人们之所以尊重法律，是出于一种自律,也就是具有自愿按照一定方式行事的愿望,认为遵守法律是一种社会责任,从而愿意承担遵守法律的义务。泰勒所要论证的结论是,相对于触犯法律后被抓获和受到惩罚的风险来说,合法性能够激发人们在遵守法律方面产生内在的动力,在促使人们遵守法律方面具有更大的影响。

那么,究竟什么是合法性呢?泰勒接受了西方社会学者的传统理论,将合法性界定为法律当局获得权威的规范主义价值基础。在他所做的实证研究中,合法性具有双重含义:一是人们将遵守法律视为自己应当承担的义务;二是人们在道德情感上对法律当局的支持态度。通过在芝加哥所做的问卷调查,泰勒对这两种合法性含义做出了实证检验。他的结论是,只要一项政策和制度具有合法性,法律当局的运作方式符合人们的道德价值观,那么,人们就会尊重法律制度,即便这些法律和制度对他们的利益和行为会有所限制。

(三)程序正义是法律当局具有合法性的基础

传统的工具主义理论将威慑作为促使人们遵守法律的基础,对于当局的评价主要是看其行为表现,也就是当局能否将资源分配给他们,或者是否作出符合他们期望的决策。但泰勒经过实证研究后发现,人们之所以会遵守法律,通常与裁判结果是否对自己有利或者是否公正没有关系,也与司法机关所执行的政策是否合理没有关联。相反,法律当局的合法性与其执行法律时所使用的程序是否公正具有非常密切的联系。

早在 1975 年,蒂伯特和沃克对程序正义所做的早期实证研究,就已经证明程序是否公正与人们是否会遵守法律之间具有一定的关联。在有关程序正义的其他一些早期研究中,研究者更多地关注法律当局所做裁决的程序是否公正以及如何使人们遵守司法裁决这一问题上。

泰勒的研究则往前走了一大步，考虑了人们对于法律和司法机关合法性的总体看法，而不只是研究他们对某一具体裁判的看法。经过这种扩展性的研究，泰勒将程序正义问题与人们为什么遵守社会规则、服从当局这一关键问题联系在一起，并从这一角度研究合法性问题。泰勒认为程序正义会促使人们认同当局的合法性，鼓励人们遵守法律；程序正义会提高人们对裁决结果的满意度，使人们忠诚于当局，产生遵守法律的内在动机。程序正义与合法性是促使人们在遵守法律方面产生自律的原因，只要将人们对法律的遵守建立在当局执行法律程序的公正性基础之上，我们就能解释人们为什么更愿意长久地遵守法律。

（四）程序正义的含义

在程序正义的含义问题上，一直存在着工具主义和非工具主义的观点。蒂伯特和沃克曾对此做出过工具主义的解释，也就是根据过程控制和结果控制的理论，认为人们在判断一项程序是否公正时，主要依据是自己在多大程度上影响第三方所作出的裁决。换言之，法律当局之所以要建立公正的程序，主要是为了作出公正的处理结果。与他们不同的是，泰勒以实证方法验证了程序正义含义的规范主义的观点。他发现，人们在评价一项程序是否公正时，所使用的评价标准是多维度的；除了结果是否令人满意以及人们是否实现了对结果的控制这两点以外，程序正义的含义还包含着其他很多方面的内容。

根据程序正义的规范主义观点，人们除了关心案件的处理结果以外，还会关心他们个人经历中与处理结果无关的那些方面，这主要包括裁判者的中立性、无偏见、诚实、礼貌以及尊重人们的权利，等等。泰勒通过芝加哥的问卷调查，验证了过去为研究者所提出的带有假设性质的几项程序正义要素。第一，要使人们感觉程序是公正的，就要使介入这一程序的各方当事人相信自己有充分机会参与裁决作出的过程。

第二，人们对程序公正性的评价，与他们是否觉得裁判者保持中立地位有很大关系，裁判者唯有保持中立，无偏私，诚信，并完全依据与案件有关的客观信息作出裁决，人们才能相信程序的公正性。第三，人们对程序公正性的评价，也受到裁决过程中与各种人际关系有关的因素的影响，包括他们是否受到有礼貌的对待，其权利是否得到应有的尊重。第四，在判断一项程序是否符合正义标准时，人们会对当局的行为动机做出推测，这说明人们认为一项程序具有合法性，很大程度上取决于他们对当局是否具有归属感。

当然，泰勒的研究也发现，人们对程序公正性的判断，也与他们对程序能否形成公正结果的认识具有密切关系。程序问题与结果问题并不是完全无关的。人们对公正程序的期待，也包括了他们希望通过这一程序获得公正的处理结果。否则，对于一种一直产生不公正结果的程序，人们会本能地认为是不公正的。

五、主观程序正义研究的贡献与局限

在程序正义理论的学术史上，主观程序正义的研究是一种不可忽视的学术思潮。这一研究脉络将程序正义区分为主观的程序正义与客观的程序正义，将法律哲学界有关程序正义的若干理论假设视为未经证明的假说，试图将有关研究引到人们对法律程序的“正义感”这一领域中来，强调只有人们能够感知到的程序正义，才是真正的程序正义。为做出相对客观的分析，研究者引入了田野调查、访谈、问卷调查、制度实验等社会科学方法，特别是运用了社会心理学的方法，研究不同族群和不同文化背景的人们，对于法律程序、程序公正性、结果公正性的主观评价标准，对那些公认的程序正义标准进行验证，从而得出了一些全新的结论。这种研究运用了社会科学的方法，不固守那些约定俗成的理论教条，所得出的结论得到了社会学和心理学上的验证。研究者不仅仅局限于对诉讼程序乃至法律程序的分析，而是将研究领域扩大到教育、医疗、商业交易乃至所有与官方打交道的场合，大大拓展了程序正义的研究视野，发展出了一种一般性的程序正义理论，使得程序正义的研究正式进入社会科学的领域。本来，无论是正义，还是程序正义，都属于主观性较强的研究领域，传统研究一直属于哲学研究者的领域。而经过社会学者的努力，程序正义研究终于回归社会科学的轨道，具有了相对客观的理论分析和知识总结。以上，可能是主观程序正义研究者的主要学术贡献。

但是，对于主观程序正义研究者所做的贡献，也应给予实事求是的评价，而不宜给予不切实际的褒扬。其实，任何一种法律价值，作为一种体现法律制度道德性的品质，都同时具有客观性和主观性，两者是不可或缺的。对于程序正义价值而言，不同文化背景下的人们似乎有着一些约定俗成的共识。早在罗马法时期，“不得担任自己案件的法官”以及“听取双方陈述”，就成为法律程序正义性的基本要求。在英国法中，这两项法律谚语甚至被视为“自然正义”的法则，具有不证自明的意义。在美国宪法中，“正当法律程序”条款被写入两个主要条款之中，成为美国人权保障的宪法基石。“二战”以后，无论是联合国通过的国际人权公约，还是欧洲、美洲等区域性国际人权公约，都确立了“受刑事控告者”所享有的最低限度人权保障，其中，大部分保障都是“公正审判”的准则，体现了程序正义的基本要求。可以说，无论是程序正义的理论，还是程序正义（或公正审判）的制度保障，都包含着一系列较为明确的价值要求，诸如参与性、中立性、对等性、合理性、及时性、终结性等程序正义要素，已经在理论上得到普遍的接受，并贯彻在国际人权法、各国宪法、诉讼法以及相关程序法之中，成为法律制度和法律条文背后的重要“制约因素”。对于上述事实，研究者应当给予基本的承认和尊重。

至于人们对于法律程序公正性的主观感受，包括普通社会公众和利害关系人对于某一法律程序公正性的评价，以及对于程序正义内容的选择，的确也是值得高度重视的问题。在这一方面，研究者引入社会科学的方法，通过实验、问卷统计、田野调查、即兴访谈等研究方法，获取相关的数据，对不同文化背景下的人们对于程序正义的主观偏好，作出带有客观性的测量、分析和评估，这也是值得肯定的学术探索。但是，研究者在此过程中切莫本末倒置，将上述社会科学方法“神圣化”，将得到验证的结论奉为“唯一科学的结论”，而批评甚至拒绝接受那些“尚未得到验证的结论”。其实，在法律价值领域，要使所有价值要素都进行科学的验证，这又谈何容易？研究者所收集的样本是十分有限的，所要调研访谈的对象也是经过选择的，这种实证研究的典型性、随机性和代表性都是大可质疑的。研究者纵然有证据证明“一万只天鹅是白天鹅”，也无法得出“所有天鹅是白天鹅”这一普遍的结论。实证研究的主要贡献不是证实某一理论结论，而是帮助研究者提出一项新的假设，或者挑战某一约定俗成的结论。

另一方面，主观程序正义的研究者似乎热衷于发展出一种“一般性”的程序正义理论，不限于对法律诉讼程序的分析，而寻求将人类社会中主要涉及“当局如何对待利害关系人”的领域都作为研究对象。这种研究努力的确是一种值得重视的理论尝试，也有益于提炼出一种普遍性的程序正义理论。但是，学术研究越是追求一般化，就越可能流于“肤浅化”和“常识化”。研究者唯有将某一专门领域的问题给予深入的解释，才有可能提出深刻的理论命题，然后将该命题放置到别的领域中加以验证。这似乎是科学发展的一般规律。主观程序正义研究者将那些为人们约定俗成的程序正义命题，动辄放置到教育、医疗、警政、招投标等一系列迥然不同的社会生活领域之中，来认识人们对于程序公正性的主观评价，这就有可能忽视了各种不同领域的差异，往往得出泛泛的结论，而难以提出更为深入的命题。其实，程序正义理论最初的关注点还是法律程序，尤其是刑事诉讼领域的裁判程序。因为只有在这一领域中，国家与个人处于利益对立的状态，作为第三方的裁判者保持独立和中立才变得非常重要，也经常受到多方面的挑战，被追诉者如何有效地参与诉讼过程，与公诉方进行平等、理性且富有意义的对抗或者协商，从而对裁判结果的形成施加积极有效的影响，这才成为一个直接关注的重大课题。这也是“二战”后的诸多国际人权公约都将程序正义（公正审判）视为刑事被告人的最低限度人权保障，美国联邦宪法第五和第十四修正案所确立的正当法律程序条款也主要适用于刑事诉讼领域的重要原因。

第二部分　程序正义的理论

第七章　作为法律价值的程序正义

一、法律程序价值概说

“价值”一词本为经济学上的一个专门术语，意为交换价值或使用价值。十九世纪，在许多思想家和各种哲学流派的影响和推动下，价值这一概念开始延伸到哲学和社会科学的各个领域。作为哲学一大重要分支的伦理学，即把价值问题作为其重要研究对象。《不列颠百科全书》的解释是：价值即是“善”（the good），即值得人们向往和追求的善。“人们通常（将价值）区分为工具价值与固有价值，即作为方法的善和作为目的的善。”[①] 价值即是善，那么“善”又是什么呢？《牛津英语辞典》认为，善是“最普通的褒义形容词，意指一种高尚的、至少是令人满意的品质的存在，它们或者本身是值得羡慕的，或者对于某种目的来说是有用的”。[②] 一般而言，我们说一事物有价值或者是善的，可分别依据两项独立的判断标准：一是看它对于实现某一外在目的而言是否有用和必要，当然这种外在目的本身的善有着另外独立的判断标准；二是看该事物本身是否具有一些内在善的品质，这种品质的有无应

① 《不列颠百科全书》第4卷，“价值学”条，中国大百科全书出版社1985年版，第306页。

② 〔美〕弗兰克纳：《伦理学》，关键译，生活·读书·新知三联书店1987年版，第166页。

从该事物本身而不是从任何外在的事物身上来判断。这样，我们可以将价值区分为两个基本层面：

一为“外在价值”，又可称为“工具价值”，即如果某一事物是达到或实现某一外在目的的必要或充分的手段，那么它就是有价值，或者是善的。美国学者弗兰克纳又将这种工具价值区分为两种：一是功利价值，即事物对某种外在目的是有用的，而不论这一目的本身是否善；二是通常所说的“外在价值”，即该事物是达到一个善的目的的必要、充分或既必要又充分的手段，“这是指一种外在的或有益的善，或作为一种手段的善”[①]。在通常情况下，人们所说的“外在价值”是就上述第二种意义而言的。因为只有当事物用以实现的外在目的本身是善的时候，作为手段或工具的该事物的有用性才能超越纯粹技术性意义的范围，成为伦理学意义上的善。

二为“内在价值”，又可称为“目的价值”，即某一事物自身所拥有的一些独立的内在优秀品质。英国哲学家穆尔就此认为：“说一类价值是内在的，仅仅意味一物是否具有它，在何种程度上具有它，单独依靠该物的内在性质。”弗兰克纳则将内在价值定义为“由于其内在特征本身是善的事物”，即某种事物“作为目的，本身就是内在善的，值得向往的，或有价值的”。[②]这样，判断一事物是否具有此类价值的标准就不再是它对于实现任何外在目的是否有用，而是它本身是否具有独立的善的品质。比如我们在对人的价值进行判断时，不能仅仅着眼于该人对于他人或社会是否有过贡献或是否有用这一标准（即是否具有外在价值），而更要重视他的人格尊严或内在价值。即使一个人对于他人或社会贡献不大或者毫无用处，我们也不应否认他的人格尊严或内在价值。

---

① G. E. Moore, Philosophical Studies, p . 266.

② 〔美〕弗兰克纳：《伦理学》，第166页。

当然，有关外在价值和内在价值的分类毕竟是相对的，它只能在一定范围内适用。因为特定“善”本身如果不是一种手段，就是一种目标。一事物在一定意义上是作为目的存在的，但从更大范围内看，它又是用以实现某一更高目的的手段。“我们可以把人类社会中各种的‘善’或‘价值’按照层次加以区分，因此其中有些只是追求较高价值的一种手段，而全体则在导向某种终极的‘善’。”相对于所谓“终极价值”而言，外在价值和内在价值的区分似乎就不必要了，因为具有这两种价值的事物都不过是终极价值的直接或间接的手段。不过，本书不拟就此问题过深地论述下去，而仅仅将有关价值的上述涵义分析和层面划分理论在可行的范围内应用于对刑事审判程序价值的分析。

在法哲学中，“价值”一词通常在以下两种意义上使用：一方面它是指法律制度的伦理目标或道德理想，即法律制度赖以存在的道德根据及其在运作中所要实现的理想结果，如正义、自由、平等、秩序、安全、公共福利等。另一方面，价值又可以指人们据以确定或判断一项好的法律制度和法律程序的标准，它在对法律制度和法律程序进行评价过程中是作为具体的准据而存在的，而且人们在重新构建一项法律制度和法律程序时也会把它作为具体的尺度。法律价值的上述两方面意义是密切相关的。一项价值目标或价值理想一旦在人们的观念中确立，人们往往会在具体法律规范的设计中为其创造得以实现的条件，并在法律实施过程中力图使其得到实现。换言之，法律价值是人们进行立法和法律实施活动时均要努力实现的道德目标。但是，许多价值目标往往是十分抽象的。为了使它们成为可操作的评价标准，人们还需要将它们物化为若干个具体的目标，从而为评价一项既存的法律制度以及重新构建一项法律制度提供具体的尺度和准据。因此，价值目标一经具体化，即可成为用于价值判断的标准。在本书中，笔者不仅仅要分析和研究那些抽象、一般的价值目标，而且还将为人们评价和构建刑事审判程序提供几项具体的价值标准。

所谓刑事审判程序价值，既是指一项刑事审判程序在具体运转过程中所要实现的价值目标，又是人们据以评价和判断一项刑事审判程序是否正当、合理的价值标准。根据价值层面划分的一般理论，刑事审判程序的价值同样可以分为两个基本层面：一是程序的外在价值，二为程序的内在价值。

刑事审判程序的外在价值是指我们据以评价和判断一项刑事审判程序在形成某一公正裁判结果方面是否有用和有效的价值标准。在这里，评价程序结果的标准是独立的，它们主要是实体正义、和平、安全、秩序等价值。实现这些价值目标的要求相对于作为手段的程序而言，是一种外在的更高目标。一项刑事审判程序如果能够产生好的结果或具备产生好结果的能力，我们就会说它具有一种外在的善，即作为手段和工具的价值。换言之，刑事审判程序的这种价值是从程序结果那里派生出来的。例如，某法院在收到检察机关的起诉书后，不举行公开的庭审程序，而是委派一名法官进行阅卷，并独自秘密地讯问被告人。在获取被告人的有罪供述之后，该法官即以这种供述以及案卷为根据，对被告人秘密地作出了有罪判决。结果，法院经常对那些无罪的人错误地定罪和判刑。在这一例子中，法院审判的结果是不好的，因为它是不公正的：惩罚无辜本身就是一种非正义。同时这种刑事审判程序本身也是不好的，因为它没能给予控辩双方实际参与裁判制作过程的机会，使被告人没有机会提出证据并对不利于自己的证据予以反驳和质证。这种程序不能确保法官对证据进行客观、全面而无偏见的审查，极易导致错判无辜，因而不具备产生公正结果的能力。

刑事审判程序的内在价值是指我们据以判断一项刑事审判程序本身是否具有善的品质的标准。一项刑事审判程序无论是否具有产生好结果的能力，只要它本身具备一些独立的价值标准，我们就可以认为它具有一种内在的善,即作为目的的价值。在这里,判断程序本身是否正当、合理的标准要独立于用于评价程序结果的价值标准。法官依据一项刑事审判程序从事对案件的审判,即使最终使有罪者受到定罪,使无辜者免受追究,我们也不能对这项程序不加分析地一味加以肯定,而要客观地分析它是否具备一些公认的内在价值标准。换言之,程序结果是否公正,并不能直接证明程序本身是否正当、合理。为了说明这一问题,笔者对下面的例子作一分析。根据某项法律规定,法院和检察部门负有完全相同的调查权。法官在庭审过程中一旦发现不能查明事实真相,即单独从事庭外调查活动,并收集到大量对被告人不利的新证据。在制作裁判时,法官将这些自行收集而来的新证据直接用作对被告人定罪的主要根据。结果,法官能够发现许多为侦查部门所忽略的有罪证据,并使许多本来会逃脱法网的犯罪分子受到定罪和判刑。在这一例子中,刑事审判的结果是好的,因为法院对那些犯罪人作出了有罪裁判,没有冤枉无辜,实现了实体正义。但是这种刑事审判程序本身却是不好的,因为法官没有给予诉讼各方对他自行收集的证据进行质证和辩论的机会,剥夺了那些与案件结果有利害关系的人有效参与裁判过程的机会,因而这一程序不符合最低限度的程序公正标准。在这里,法院的判决是好的,但法院据以制作判决的程序却是不好的。

二、法律程序的正义价值

(一)提出程序内在价值标准的必要性

马克思曾就审判程序与实体法的关系作出过以下著名的论述:“实体法……具有本身特有的必要的诉讼形式,……审判程序和法二者之间的联系如此密切,就像植物的外形和植物的联系,动物的外形和动物的血肉的联系一样。审判程序和法律应该具有同样的精神，因为审判程序只是法律的生命形式，因而也是法律内部生命的表现。”[①] 我国许多学者根据这一论述得出了审判程序只具有工具性价值的结论。但他们忽略了马克思在同一文章中还有以下的告诫：“如果审判程序只归结为一种毫无内容的形式，那么这种空洞的形式就没有任何独立的价值了。”[②] 事实上，如同其他所有法律程序一样，刑事审判程序不仅仅是用以实现实体法的工具、手段或形式，它本身也是目的：它具有一种独立于程序结果的内在价值。

人类刑事诉讼制度的发展史在一定程度上可以被视为程序内在价值从无到有，从依附到独立的发展史。自从国家追诉制度产生以来，人们起初把诉讼仅视为追诉犯罪的过程，着重强调程序的工具性价值。例如在中世纪的西欧各国，法官是国王的臣属，是当权者的统治工具，法律的首要目的是实现公共安宁，即“无论如何、不惜任何代价也要维持治安”[③]。法律程序连同法律本身都仅仅被视为当权者实现其政治利益的工具和手段，当权者在必要时可以不择手段。在这种制度中，绝对工具主义程序观念的出现是不足为怪的。随着社会的进步，尤其是经过近代一系列影响深远的政治改革和司法改革运动，法律与政治开始分离，独立的法官成为法治秩序的维护者。同时，随着一系列现代诉讼原则和制度的确立，程序成为“法律的中心”和“公正适用法律规则”的保障，成为对其他国家权力进行约束的一种重要力量。结果，“开始是作为一种机构需要的东西变成了一种提高自身价值的美德”，“正当程序和公平是法院自信和信用的主要渊源”，而且“手段的道德性逐渐

① 《马克思恩格斯全集》第1卷，人民出版社1956年版，第178页。

② 同上。

③ 〔美〕诺内特、塞尔兹尼克：《转变中的法律与社会：迈向回应型法》，张志铭译，中国政法大学出版社1994年版，第74页。

包含合法性和正义的整体”。[①] 这样，体现程序自身内在品质的公正性和合理性价值就成为不依附于结果而独立存在的程序价值。可以说，承认刑事审判程序具有其独立的内在价值符合刑事诉讼制度发展的内在逻辑。

程序价值标准尽管最初出现于英美学者的程序本位主义理论之中，但它目前已为许多原来信奉程序工具主义理论的学者所接受。一位法律学者在分析大陆法系国家刑事程序的发展趋势时即着重指出：“刑法必须通过一个正式（formalized）和理性的（rational）程序才能得到适用。在这种程序中，司法机关的支配地位被被告人所拥有的权利保障所平衡；最终的裁决属于一个无偏见和独立的法院的权力；公平和正义将在最大程度上得到保障。如果程序满足了这些基本要求，我们就会相信判决的公正性。否则我们就会怀疑这一判决的合理性，其原因仅仅在于我们不能同意判决所赖以产生的程序。”[②] 日本学者目前也广泛接受了所谓“正当程序”理论。平野龙一认为：“法律的正当程序，比起真实的发现这一结果，重视其认定的过程。”田宫裕也认为：“正当程序并非无限地探求真实，一方面它重视发现真实的程序，同时信赖这一程序而把依照正当法律程序达到的结果作为正确的结果来对待”，“基于这种思想，它是相对主义、程序主义。”[③] 我国台湾学者黄东熊明确指出：“刑事诉讼法所期求者，乃有实体面之正义与程序面之正义。实体面之正义，乃以进行刑事诉讼为手段而求实现，而程序面之正义，则在刑事诉讼之过程本身求实现。”[④]

笔者认为，刑事诉讼（包括刑事审判）是一种认识活动，但又不仅

① 〔美〕诺内特、塞尔兹尼克：《转变中的法律与社会：迈向回应型法》，张志铭译，中国政法大学出版社1994年版，第74页。

② *Comparative Law Yearbook*, Vol. 9, pp. 4–5.

③ 〔日〕田宫裕：《最近的正当程序争论》，研修340号（1976），第3页。

④ 黄东熊：《刑事诉讼法论》，台湾三民书局印行，第5页。

仅是一种认识活动。说它是一种认识活动，是因为警察、检察官和法官在这一活动过程中确实要运用证据揭示那些与刑事追诉有关的案件事实真相，从而为适用刑事实体法创造一个具体的事实情境。不仅如此，被告人、被害人、证人、辩护人等对诉讼活动的参与也确实在一定意义上有助于事实真相的揭示，他们参与诉讼活动的目的之一也有着确保真正有罪者受到定罪判刑、使无罪者免受刑事追究的意味。说诉讼活动不仅仅是一种认识活动，是因为这一活动同时包含了两种相互作用、相互联系的动态的过程，即事实真相的认识过程及程序自身独立价值的实现和选择过程。例如在刑事审判过程中，法官与检察官、被告人、被害人等一起共同进行诉讼活动并在诉讼过程中制作司法裁判。抛开法官的裁判结果暂且不谈，在这种裁判结果的制作和形成过程中，法官要时时刻刻面临着对检察官与被告人、被害人之间的诉讼权利和诉讼地位进行协调的问题，也时时要在国家利益与个人利益之间进行权衡和选择。这是因为，实体利益与诉讼权利是密切相关的，承认一个诉讼主体在诉讼中拥有独立的实体权益，如被告人不受错误定罪的权利，被害人要求惩罚犯罪者、赔偿自身损失的权利，等等，就必须确保该诉讼主体富有意义地参与到诉讼过程中来，使他们与法官一起进行理性的争辩和说服，并对裁判结局共同发挥影响、制约作用。一个法官在审判过程中要时刻面临着如何对待被告人和被害人的问题。如果法官否认他们的诉讼主体地位，排除他们参与裁判制作过程的可能，就等于将他们的实体权益置于无足轻重的地位，而完全站在国家追诉犯罪的立场上。这样，审判程序就不可能具备最低限度的公正性和合理性，法官的裁判也难以得到被告人以及其他社会成员的认同和满意。相反，作为裁判者的法官如果承认和尊重被告人、被害人的诉讼主体地位，就会给予他们获得公正听审的机会，使他们充分而有效地参与到裁判制作过程中来，成为自身实体权益乃至自身命运的决定者和控制者。在这种情况下，被告人、被害人的实体权益就会与国家利益一起，受到裁判者的尊重和关注，他们的人格尊严也会受到尊重和得到承认，审判程序将符合正义的要求，被告人、被害人及其他社会成员也会对这一审判过程的公正性和合法性产生信任和尊重。

因此，刑事诉讼（包括刑事审判）活动不仅仅是一种以恢复过去发生的事实真相为目标的认识活动，而且也包含着一种程序道德价值目标的选择和实现过程。一项刑事诉讼程序相对于另一项刑事诉讼程序而言，即使在形成案件事实真相方面并没有任何劣势，但如果它使被告人、被害人的诉讼主体地位和人格尊严受到贬损，使他们受到不公正的对待，那么人们也会因此对该程序本身作出“不公正”“不合理”等道德评价。那种仅仅把刑事诉讼活动视同认识活动、仅仅承认刑事诉讼程序工具性意义的观点，事实上并不能完全否认刑事诉讼活动是一种价值实现和选择过程，只不过它仅仅承认程序的工具性价值而完全忽略了程序的独立内在价值。其实，刑事审判活动旨在实现一种多元的程序价值目标，这些目标或者通过刑事审判过程本身，或者通过裁判结果本身而得到实现。笔者将着重分析刑事审判程序所具有的独立内在价值，这一价值是程序自身所具有的，而与程序结果无关。

（二）程序参与原则

程序公正的第一项要素是程序参与原则，又称为“获得法庭审判机会”的原则，其核心思想是，那些权益可能会受到刑事裁判或诉讼结局直接影响的主体应当有充分的机会富有意义地参与刑事裁判的制作过程，并对裁判结果的形成发挥其有效的影响和作用。所谓“权益可能受到刑事裁判直接影响的主体”，主要是指国家、刑事被告人、被害人等各方。国家（通过检察官）是刑事诉讼的发动者和犯罪的追诉者，法庭制作的刑事裁判能否对被告人定罪判刑，涉及犯罪者能否受到惩罚和谴责的问题，这与国家的利益密切相关。被告人是受到国家专门机关刑事追诉的人，他的刑事责任要通过法庭的裁判加以确定。一旦被法庭定罪判刑，被告人的自由、财产、名誉乃至生命等权益就可能遭到国家的合法剥夺。被害人作为犯罪行为的被侵害者，一般对犯罪者有着强烈的复仇和索赔愿望，也因此具有参与追诉活动的欲望。法庭的刑事裁判一旦对被告人作出了有罪处理，被害人往往会产生一定的心理满足，并有可能获得民事赔偿或精神损失补偿。因此，国家、被告人、被害人因犯罪行为的发生及刑事诉讼的进行而与法庭裁判结果有着直接的利害关系，其利益会受到裁判结果的直接影响。为了论述的方便，笔者在本章中将这些“与法庭刑事裁判有着直接利害关系的主体”统称为“程序参与者”。

程序参与者为什么要充分而富有意义地参与法庭裁判的制作过程？程序参与原则有哪些具体要求？要回答这些问题，我们首先应对“参与”的含义作一分析。

“参与”(participation)一词经常出现在政治学著作中。在政治学家看来，参与是指“一种行为，政治制度中的普通成员通过它来影响或试图影响某种结果”。[①] 一般而言，普通公民对政治活动尤其是政治决策活动的参与是民主社会的一个重要标志。参与作为一种活动，同时包含着以下几项基本要素：第一，参与是一种行为，而不是单纯的心理感应或欲望的冲动，参与者必须亲自通过身体活动参加到一种过程中来，而不能只是作为旁观者静观过程的进行而无所作为；第二，参与的目的在于影响或改变结果的状态，使其按照自己喜欢的标准得以形成，亦即以达到满足自己欲望和要求的结果为目的；第三，参与必须是自主和自愿的，而不能是被迫、非自愿或由他人以各种方式控制的。参与不

① Jack H. Nagel, *Participation*, Prentice Hall, Inc., 1987, pp. 1–5.

同于一般所谓的“参加”或“在场”的重要之处，就在于它包含着“自主、自治地参加”这一涵义。因此，一个人在一种国家职能活动中如果能够参与其中，就意味着他作为一个积极主动的道德主体通过具体的行为促使这一过程产生符合自己真实意愿的结果；同时，作为参与者，他还必须按照自己的自主意志发动行为、影响结局，而不是仅仅作为一种客体被动地承受别人强行为自己安排的结果或命运。

刑事审判程序作为法院刑事裁判结果形成的过程，是由诉讼各方参与进行而不是仅由法官单独实施的活动过程。这里的“参与”也与一般意义上的参与一样，要求参与者须作为自主的主体，通过积极、主动和自愿的行为，对法官的裁判结果实施有效的影响。由于程序参与者既包括作为普通公民的被告人和被害人，也包括强大的国家专门机关的代表——检察官，而且裁判的制作者又是国家审判机关的代表——法官或陪审官，因此确保程序参与者富有意义地参与裁判的制作过程对于程序公正的实现具有极为重要的意义。

在通常情况下，由那些与案件有着直接利害关系的主体充分而富有意义地参与裁判制作过程之中，对于确保裁判结果的客观性和公正性是有利的，因为“如果诉讼各方在一个法律适用过程中都能提出证据、阐述并证明自己的主张，真相就更可能产生，法律也可得到正确的适用，从而使程序产生好的结果”。[①] 但是，程序参与原则无论是否具有上述工具性意义，它都有着独立的内在价值：“因为各方一旦能够参与到程序过程中来，就更可能接受裁判结果；尽管他们可能对这一判决的内容并不同意，但他们更可能遵从它。”[②] 一些学者进行的实证研究显

① Robert. S. Summers, Evaluating and Improving Legal Process: A Plea for “Process Values”, pp. 25–26.

② M. D. Bayles, Principles for Legal Procedure, in *Law and Philosophy* 5 (1986), D. Reidel Publishing Company, pp. 33–57.

示，一个人在对自己利益有着影响的判决制作以前，如果不能向法庭提出自己的主张和证据，不能与其他各方及法官展开有意义的辩论、证明和说服等，就会产生强烈的不公正感，这种感觉源于他的权益受到了裁判者的忽视，他的道德主体地位遭受法官的否定，他的人格尊严遭到了贬损。[①] 因此，程序参与原则对于程序公正的实现是一项十分必要的前提条件，没有这一原则的保障，刑事审判程序的公正性是不可能实现的。

程序参与原则有下面几项基本的要求：一是程序参与者应在裁判制作过程中始终到场；二是程序参与者应富有意义地（meaningfully）参与裁判的制作过程；三是程序参与者应有充分的机会参与诉讼活动并有效地影响裁判结果；四是程序参与者应在参与过程中具有人的尊严，并受到人道的对待。笔者下面对上述四方面的要求加以展开分析。

首先，法院应当确保检察官（国家利益的代表）、被告人和被害人自始至终地到庭出席法庭审判。这一要求又可称为“到庭原则”。它是保证程序参与者实际参与法庭审判的前提。根据这一要求，被告人、检察官和被害人不仅应参与法庭审判的全部过程，而且在法庭举行的庭外调查或准备活动中也应直接参加和到场；法官一般不得在某一方程序参与者缺席的情况下举行审判活动，也不得在一方参与者不在场的情况下听取其他各方的意见和证据。

其次，程序参与者应“富有意义”地参与。所谓“富有意义”地参与，是指程序参与者应有机会发表本方的意见、观点和主张，提出据以支持其主张的证据和论据，并拥有为进行这些活动所必需的便利和程序保障，从而对裁判结果的形成发挥有效的作用。程序参与者如果只

---

① M. D. Bayles, Principles for Legal Procedure, pp. 33–57.

是在庭审中始终保持沉默，或者被动地听任法官单方面地进行调查，而不向裁判者陈述观点和论据，那么这种“参与”是没有任何意义的，因为他们无法通过积极的行为对法官的裁判发挥任何影响，“参与”不会产生任何效果。要使程序参与者的参与不流于形式而富有意义，裁判者必须做到以下几点：(1)确保各方向法庭提出有利于本方的主张、意见和证据，并对其他各方提出的证据和主张进行质证、反驳和评论，从而拥有充分的参与机会；(2)确保各方拥有充分的时间和便利进行抗辩准备，及时将各方的证据告知其他各方，尤其要及时告知被告人、被害人有关控诉的内容和理由，确保每一方均有为反驳其他各方主张和证据进行准备的机会，确保被告人、被害人获得有效的律师协助，从而拥有足够的参与能力；(3)确保各方的主张和证据均得到考虑和采纳，在各方同时在场的情况下听取每一方的主张和证据，并将裁判结论直接建立在根据这些主张、证据、辩论等所进行的理性推论的基础上，从而使各方的参与产生实际的参与效果。

再次，程序参与者应“充分”地参与法庭审判过程之中。所谓“充分”参与，不仅是指各方有机会详尽地向法庭提出意见和证据、对其他各方的意见和证据提出质证，而不受任何不适当的限制，而且要求法院赋予各方获得重新参与审判活动的机会。对“充分”参与的最主要保障是程序参与者可通过上诉或申诉获得在就同一案件进行的复审程序中富有意义地参与的机会。

最后，法院还应在审判过程中对各方参与者给予人道的对待。这项要求可以说是“自主、自治地参与”所固有的。从参与的目的来看，程序参与者要想自主地对裁判结果产生影响，就必须自愿地进行诉讼行为，不受人身、精神上的强制或胁迫。被告人、被害人如果在参与过程中不拥有人的尊严，而是时时受到非人道的对待——如人身侮辱、暴力胁迫、精神压制等——那么他们的参与即使再充分、再富有意义也是毫无价值的，因为这违背了参与者应为具有主体资格的人而非被动的客体这一基本参与原则。

（三）中立原则与程序对等原则

这两项相互联系的程序公正标准都要求裁判者对各方程序参与者一视同仁、平等对待。所谓中立原则，是指裁判者应在发生争端的各方参与者之间保持一种超然和无偏袒的态度和地位，而不得对任何一方存有偏见和歧视。这一原则是对裁判者个人地位和态度的要求，又可称为“静态的平等对待”。程序对等原则要求裁判者在刑事审判过程中给予各方参与者以平等参与的机会，对各方的主张、意见和证据予以同等的尊重和关注。由于这一原则是对裁判者在庭审过程中态度的要求，因而又可称为“动态的平等对待”。

平等对待是“给予每个人以应得权益”这一正义原则的基本要求。英国有句古老的法律格言：“正义不仅应当得到实现，而且还应以人们能够看得见的方式得到实现”（justice must not only be done, but must be seen to be done）。只有这样，争端各方才能确信自己受到了公正对待。中立原则和程序对等原则即是保障“正义以人们能看得见的方式”得到实现的两项价值标准。这两项原则都能够确保裁判者通过抑止自己的偏见并给予各方平等参与机会的方式，使各方受到公正的待遇。法官一旦不保持中立或使各方不能平等参与，就可能在认定事实和评定证据方面产生预断，形成偏执，以至于作出错误的裁判。但是，裁判者这种对各方的不平等对待，无论是否直接导致裁判的错误或参与者的实体权益受到损害，也无论这种程序是否会产生不公正的结果，它都具有一种内在的不公正性。因此，中立原则和程序对等原则具有一种独立于程序结果的内在价值：使各方参与者受到并确信他们受到了公正的待遇。

中立原则是一种消极性原则，它旨在通过排除若干种程序不公正的情况来发挥其程序内在价值的作用。这一价值标准包括以下三项具体要求：(1)与案件有牵连的人不得成为该案的裁判官；(2)法官不得与案件结果或争议各方有任何利益上或其他方面的关系；(3)裁判者不应存有支持或反对某一方参与者的偏见。笔者在此仅对上述第(3)项要求作一分析。

裁判者对某一方程序参与者存有偏见，可能来源于其个人情感上的好恶，也可能源于其先入之见或预断。法官形成第一种偏见的前提条件是他不适当地偏向某一方参与者而对其他各方怀有敌意或存在歧视。如果法官头脑中存有这种偏见，由此所产生的个人情感上的好恶就会妨碍他公正地对待程序参与者各方。法官之所以形成第二种偏见，往往是因为他对案件事实或裁判结果在庭审前即产生判断。法官的先入之见和预断往往是对某一方程序参与者不利的。因为这种偏见会妨碍法官平等地关注程序参与者的意见、主张和证据，并且在评价证据和认定事实时产生专断和偏执。上述两种偏见不仅会导致法官的中立地位受到损害，而且会使得程序参与者无法受到公正的对待。

程序对等原则也有两项基本的要求：一是程序参与者应在参与法庭审判过程方面拥有平等的机会、便利和手段；二是法官应当对各方的意见和证据予以平等的关注，并在制作裁判时将各方的观点均考虑在内。但是，程序对等原则要求程序参与者不仅拥有形式上的参与权，而且还应拥有实质上平等的参与能力和参与机会。为此，法院应确保参与能力较弱的一方享有一些必要的"特权"，以纠正各方事实上所存在的不平等现象。

(四)程序理性原则

人是一种理性的动物。人们在安排自己事务时一般愿意通过理性而不是通过那种随机和任意的行为或赤裸裸的暴力来进行。理性是人的本质属性之一，理性能力是指人类所具有的以推理或积极的行为来实现其有目的结果的能力。一个人被认为具有理性主要是指他具备了最低限度的理性能力；而一项判断和结论也只有在它是以确定、可靠和明确的认识为基础的情况下，才能被认为是"理性的"或"合理的"。[1]程序理性原则又可称为程序合理性原则，它要求法官制作裁判的程序在运作过程中必须符合理性的要求，而不能是任意的和随机的。

美国学者L. 富勒曾指出：程序理性原则要求制作司法裁判的法官在审判过程中须做到：(1)"仔细地收集证据并对各项论点进行讨论"；(2)"仔细地对这些证据和论点进行衡量"；(3)"冷静而详细地对案件做出评议"；(4)"公正而无偏见地解决问题并以事实为根据"；(5)"对判决和决定提供充足的理由"。[2]很显然，法官按照上述要求从事审判活动，更易发现案件事实真相。这表明程序理性原则与其他各项程序公正标准一样，也具有一种工具性价值：合理的程序往往会产生合理、正确的判决结果。但是，无论这种程序能否产生正确的结果，它都具有一种独立的内在价值：它能使程序参与者有机会获知程序的进程、判决结果的内容以及判决据以形成的理由和根据，从而更能从心理上接受判决结果；同时，理性的程序能够对判决结果做出充分的合理性证明，使程序参与者确信自己受到了公正的对待。笔者下面拟对程序理性原则的诸项具体要求逐一加以说明。

首先，程序理性原则要求法官据以作出判决的事实必须经过合理的证明。按照理性的要求，人们作出任何一项判断和结论都必须以可靠的事实或知识为根据，并须经过推理和证明。法官要得出对被告人

---

① Robert. S. Summers, Evaluating and Improving Legal Process: A Plea for "Process Values", pp. 25–26.

② 同上。

有利或不利的结论，也必须将其判决建立在可靠的事实基础上。但法官的身份决定了他只能在法庭上通过审查控辩双方的证据和主张及其自行调查的证据来认定事实，这种事实的可靠性必须经过举证、质证、辩论等诸多环节才能得到确定。可以说，现代刑事审判程序所包含的举证责任分担、证明标准以及无罪推定等项规则均旨在确保法官的结论建立在经过证明的合理根据基础上。

其次，程序理性原则要求法官在制作裁判之前必须进行冷静、详细和适当的评议。评议是法官对各方证据、主张及案件主要争议点等集中进行总结、整理和讨论的活动，也是法官在直接的听审之后将其对案件事实的感性认识上升为理性认识的过程。通过评议，全体参与审判的法官在事实认定和法律适用方面的意见构成了最终裁判的基础，裁判结果也因此具备事实和法律上的根据。因此，适当的评议是法官裁判结论及其理由的直接来源，也是使法官抵御外界的干预和压力、确保判决结果具有合理根据的重要保障。

第三，程序理性原则要求法官的裁判必须以法庭调查和采纳的所有证据为根据。在人类诉讼史上曾出现过许多在今天的人们看来与理性要求相悖的审判方式。例如欧洲人曾通过宣誓（a wager of law）、神明裁判（the trial by ordeal）、决斗（the trial by battle）等方式来判定被告人是否有罪，从而将其裁判结论的形成直接寄托在上帝或神的启示上。根据史书记载，中国古代也有“以神兽触罪者”的审判方式。如东汉王充曾说：“皋陶治狱，其罪疑者，令羊触之，有罪则触，无罪则不触。”[1] 正是“证据裁判主义”制度的产生，才结束了上述宗教色彩很浓的判决方式，使人类审判活动建立在理性要求的基础上。但是，法官的裁判不仅要建立在证据基础上，而且还须满足下面几项要求，才能符合理性要

① ［东汉］王充：《论衡·是应》。

求:(1)据以形成裁判的证据必须由法官在法庭审判过程中进行了合理的调查,其客观性和相关性得到充分的证实和揭示;(2)证据必须包括程序参与者各方提出的证据,法官不得任意地将某一方证据排除在外;(3)所有据以作出裁判的证据均须经过各方的质证和辩论。

第四,法官应明确陈述其据以制作裁判的根据和理由。法官可能自己确信裁判具有合理、充分的根据,但如果不能将其根据和理由以明确的方式陈述出来,那么正义仍无法以人们能看得见的方式得到实现。"陈述判决理由是公平之精髓","受到判决的人有权知道判决是如何作出的……"[①] 因此,判决必须附有明确的理由,以使受判决影响的人了解并检验判决的合理性;判决理由也必须得到明确的表述,以使人们对判决形成信任。

(五)程序及时和终结原则

刑事审判程序公正性的这一项价值标准实际包含着两方面的要求:一是审判程序应当产生及时(timely)的裁判结果;二是刑事审判程序应通过产生一项最终的(final)裁判而告终结。这两方面的要求可分别简称为"及时性原则"和"终结性原则"。

当我们说一项刑事审判程序的运行过程过于迟缓或过于急速时,实际是在用"及时性原则"对程序进行评价。"及时性是在过于急速和过于缓慢这两个极端之间的一种中间状态"。[②] 这一原则要求审判活动不能过于急速地进行,否则程序参与者无法充分和富有意义地进行,法官也难以进行充分的庭审准备、从容不迫的听审和冷静细致的评议。因此审判的进行需要耗费一定的时间,以使法官有足够的时间听取各

① 彼得·斯坦、约翰·香德:《西方社会的法律价值》,王献平译,中国人民公安大学出版社 1990 年版,第 99 页。

② M. D. Bayles, Principles for Legal Procedure, pp. 33–57.

方的陈述和辩论，审查各方提出的证据，并进行适当的评议。实证研究的结果表明，那些匆匆忙忙地从事刑事审判的法官很难对各方的证据和主张进行全面、细致的权衡、评价和采纳，因而极易对案件事实的认定及实体法的适用形成错误的判断，以至于作出错误的判决。同时，过于急速的审判由于使法官来不及进行充分适当的评议，因而可能导致案件裁判结论得不到合理的证明，被告人、被害人也无法获知判决据以制作的根据和理由，以至于损害了程序理性原则。不仅如此，过于急速的审判还使被告人、被害人乃至检察官难以提出有力的主张、证据和论证，也难以对法官的裁判结论进行有效的影响，因为他们既无法进行充分的攻击或防御准备，也无法从容地进行参与。这样，刑事审判程序公正性就难以得到保障。另一方面，及时性原则也要求审判活动不能过于缓慢地进行，否则程序正义也难以得到实现。英国有句古老的谚语："迟来的正义为非正义"，讲的就是诉讼拖延的消极后果。人们通常认为，审判拖延不仅浪费了司法资源，对社会公共福利造成了损害，而且可能导致审判程序产生不公正的裁判结果。因为随着审判的拖延，案件的结案期间得到不适当的延长，而这会导致证据无可挽回地流失，证人的记忆力也会减退，案件事实真相的查明将变得更加困难。但是，无论诉讼拖延是否会导致不公正结果的产生，它都会对程序公正带来消极的影响。因为审判的不适当延长会使被告人、被害人的利益得不到适当的关注，他们往往会产生受忽视的感觉；而且拖延会使法官难以向程序参与者各方就裁判结论作出合理性证明，他们在说服控辩各方从心理上接受裁判的合法性和正当性方面产生困难。

由此可见，审判既不能过于急速，也不能过于缓慢地进行，否则程序的公正性和合理性会因此而受到消极影响；刑事审判活动的进行只有保持在一个适当及时的限度内，法官的裁判结论才能得到合理的证明，程序参与者也才能避免受到另一种形式的不公正对待。

“终结性原则”是一项与“及时性原则”有着密切联系的要求。一项刑事审判程序如果永远没有终结之时，或者它可以随时无限期地被法官重新启动，那么被告人的刑事责任问题就将永远得不到最终的确定，这种刑事审判程序的存在和运作也就失去了意义。因此，必须有一个标志着被告人的刑事责任得到最终确定、刑事审判程序的运作得以终结的状态，它意味着刑事审判过程的最终结束。“及时性原则”要求裁判者不过分拖延审判的过程，使裁判得以及时地产生，这事实上与程序终结原则的要求和效果有着一致之处。

“终结性原则”对程序结果的作用是不明显的，因为刑事审判程序的终结并不意味着裁判者必然得出正确的结论、制作公正的裁判。相反，“终结性原则”在很多场合下对裁判结果的正确性构成了一种妨碍：它使裁判者对自己已作出的判决的公正性不可能进行无限制的重新审查，使被告人、检察官等各方参与者不可能反复提出开启审判程序的申请，从而导致一些裁判结果的错误得不到最终的纠正。尽管如此，“终结性原则”仍具有一种完全独立于程序结果的内在价值：它旨在克服和防止审判程序的任意启动，使程序的开启和运作符合理性的要求；同时，它旨在对被告人、被害人等程序参与者的利益给予适当的关注，防止出现因被告人的刑事责任被反复审查而使被告人、被害人的生活得不到安定，其利益始终处于待判定状态这样一种局面。因此，刑事审判程序的及时终结构成了程序公正、合理的一项必要条件。

（六）程序公正的意义

在前面的论述中，笔者提出了六项刑事审判程序公正的标准，并对每一项公正标准均进行了简要的分析。我们可以看到，坚持这些公正标准，可以使程序本身具备一种独立于结果的内在善的品质；我们可以据此使刑事审判程序达到最低限度的公正性和合理性。但是分析和论述似乎还不能到此为止。人们有理由提出这样一个问题：确保刑事审判程序具备最低限度的公正标准，这本身究竟有什么意义？换言之，在对一个公民定罪和判刑之前，法院为什么要给予他获得公正审判的机会？

笔者认为，从总体客观效果来看，坚持前述程序公正标准要比不坚持这些标准更有助于刑事实体公正的实现，即确保有罪者受到定罪，使无罪者免受刑事追究。但是，采用公正的程序无论在个案中能否有助于达到上述效果，它从总体上都具有一种独立的意义：它有助于使那些受法庭裁判结果直接影响的人真正拥有独立的诉讼主体地位，他们的人格尊严及其内在价值得到承认和尊重。

关于人的内在价值和人格尊严问题，康德曾提出过一项“作为普遍最低道德标准之基础的人性原则”，即“永远把人类——无论你亲自所为，还是代表他人——当作目的而绝不要仅仅当作手段来对待”。康德认为，任何用以满足人们需要的对象，作为手段，都只具有“有条件的价值”，而作为目的本身而存在的人则具有“绝对的价值”；把人仅仅作为手段来对待，就是把他当作只具有外在或实用的价值而毫无内在价值的人对待，而永远把他当作目的来对待，就是永远把他当作具有内在价值的人来对待，无论他是否可能恰巧具有任何外在价值。那么，把人当作永远具有内在价值的人来对待究竟意味着什么呢？康德指出，它要求把人当作一个自主的行为者，即一个能够表达并追求自己目标的人来尊重。①

康德的这一思想对后世的法哲学家产生了深远的影响。德国学者施塔姆勒即在此基础上提出了所谓“尊重和参与”的原则，并由此归纳出“正当法律”的几项绝对要求，其中最重要的是：一个人的意志内容

---

① 〔德〕康德：《道德形而上学原理》英译本，转引自〔美〕博登海默：《法理学——法律哲学与法律方法》，第81、181页。

绝不能受制于他人的专制权力；在对任何人提出法律要求或实施控制时，必须使承担义务者保持其人格尊严。只有这样，才能将每一个社会成员都看作一种目的，而不是仅被当作专横意志的对象和实现他人目的的手段。① 意大利法学家韦基奥也指出，尊重人的人格独立性乃是正义的基础，每个人据此都可以要求他人不把他当作一个工具或对象来对待。将人作为目的的原则要求尊重“人的绝对价值、所有人的平等自由，每个人在联合体中所具有的能动而非被动地参与立法的权利、良心自由……”②

无论康德及后来的学者阐述的这种关于人的内在价值的理论及其根据能否成立，这一理论所得出的结论却得到了各国学者的普遍承认和接受。对于任何一个社会而言，如果一个社会成员仅仅被当作用以实现他人或社会整体目的、利益的手段来对待，就等于从根本上否认他是社会的一员，因为这种对待意味着他的人格尊严没有得到承认和尊重，意味着他的应得权益和应得地位——作为主体人的地位——遭到了无理的否定，这就违背了正义的基本要求。《世界人权宣言》和《公民权利及政治权利国际盟约》在序言中均强调，对每个人固有的人格尊严及平等权利的确认是实现世界自由、正义及和平的基础，并且承认每个人作为主体人的地位和尊严也是保障其生命、自由和财产等权益的基础。人们可能都会认识到一个人的生命、自由、财产、隐私等具有某种基于人的本质特性而产生的内在价值，而不仅仅具有对于社会、他人乃至其本人有着某种效用的外在价值。但是，所有这些权益均建立在对作为道德主体的人的人格尊严加以尊重的基础上。对于一个仅被视为手段而不具备主体地位的人而言，其生命、自由、名誉、隐私等权益是不具有现实基础的。因此，这种不得将任何人当作手段来对待的

① 〔美〕博登海默：《法理学——法哲学及其方法》，第199页。

② 同上。

人性原则，就成为普遍适用于每一个文明社会的最低道德标准。任何一项法律制度或法律程序都必须满足这一道德标准，否则就是不公正、不合理和不人道的。

那么，在刑事审判领域中，公正的程序是如何使程序参与者的内在价值和人格尊严受到尊重的呢？根据笔者的分析，刑事审判程序的各项最低限度公正要求分别从以下五个方面产生这种效果。

（1）公正的程序通过确保诉讼各方对审判程序的控制及其对裁判结果的影响，使他们的人格尊严和自主意志得到保障。美国学者萨默斯曾指出，参与往往意味着公民能够自主地主宰自己的命运。“在现代民主社会中，大部分公民宁愿自行管理自己的事务，也不愿由别人主宰自己的命运，哪怕别人做得要比自己更好。参与性统治（participatory governmance）的反面是奴隶制、政治服从或军事管制。”[①] 在刑事审判活动中，参与原则确保各方参与者充分发表自己的观点、主张和论据，并进行一些积极的交涉和抗辩，这在很大程度上使他们拥有对审判程序进行控制、对裁判结果的形成施加积极影响的机会。尤其是对于被告人而言，获得参与的机会有助于使他的人格尊严受到尊重。因为被告人通过积极的参与，可与其他各方及法官进行理性的交涉、对话和说服，并促使法官在制作裁判时充分考虑他的意见和证据。这在很大程度上使被告人成为法官在制作裁判方面的协商者、对话者和被说服者。被告人尽管不能像法官那样直接制作裁判，但他通过影响裁判内容，使自己拥有自主决定自己命运的权利。这就使被告人的主体地位得到了体现：他的人格尊严和自主意志受到承认和尊重，他不是一个其命运受法庭任意摆弄和处置的被追究者和受惩罚者，也不是被法官用作维护社会治安的工具或牺牲品，而是一个独立的权利主体。

---

① Robert. S. Summers, Evaluating and Improving Legal Process: A Plea for “Process Values”, pp. 25–26.

（2）公正的程序通过使程序参与者各方受到平等的对待，来确保他的主体地位和人格尊严受到尊重。一般而言，受到平等对待的要求，乃是源于“人类希望受到尊重的愿望”，“当那些认为自己同他人平等的人在法律上得到了不平等的待遇时，他们就会产生一种卑微感，亦即产生一种他们的人格与共同的人性受到侵损的感觉。”而“促使法律朝平等方向发展的力量乃是人类不愿受他人统治的欲望”。[①] 法官对控辩双方的平等对待对被告人而言具有重要的意义：这意味着他与国家追诉机构在诉讼地位上处于平等的状态，他的诉讼请求、实体权益将会受到与控方同等的尊重，这有助于使被告人产生公平感和受尊重的感觉。这种感觉有利于被告人的主体地位和人格尊严受到切实的尊重和承认。

（3）公正的程序可通过合乎理性的运作，使程序参与者成为理性的、负责任的道德主体。一项合乎理性的程序能够使那些受到判决结果直接影响的人获知和理解法院据以定案的根据、判决的内容以及程序产生裁判结果的途径和方式，并且通过确保他们了解判决的理由和根据，使其最终理解他们的参与是富有意义的。这些都显示出法院对程序参与者应得权利和应得地位的尊重，因为理性的程序实际要求我们在对某一社会成员作出不利决定时应尽可能地慎重，使任何一项对其不利的决定既具有合理性、必要性又向他进行了充分的论证，从而使他确信判决的合理性和公正性。

（4）公正的程序通过使裁判直接在审判程序中形成，确保程序参与者的人格尊严受到尊重。程序的自治性在很大程度上是使程序的价值和意义得到保障的集中体现。而程序的价值往往是与程序参与者的内在价值紧密相关的。尊重程序的自治性就是确保程序相对于实体的

① 〔美〕博登海默：《法理学——法哲学及其方法》，第280页。

独立自主性以及程序对实体的绝对决定作用。程序的这种自治性和独立性程度愈高，程序参与者的内在价值和人格尊严就愈能得到现实的保障。对于这一点，如果我们能从“程序即是对参与者权利的保障和对国家权力的限制”这一方面来认识，就显得更好理解了。事实上，程序的完全工具化也必然会导致被告人、被害人等人格尊严的工具化。

（5）公正的程序通过及时地形成裁判结果并使刑事审判过程得到终结，使各方程序参与者的利益受到尊重和关注，其人格尊严和道德主体地位得以具备。程序及时和终结原则防止被告人、被害人因审判的过于迟缓或急速以及审判程序的反复任意开启而受到不公正的对待，使他们的主体地位得到加强，并避免使他们居于被动地承受裁判者处置和对待的地位。这样，被告人、被害人在一定程度上可以避免成为他人或国家用以实现某种外在目标的工具或手段，而成为具有独立自主意志的“目的”。

通过上述分析，我们可以对刑事审判公正的非工具性意义作一概括：它旨在表达一种最基本的思想：一个人要真正被视为一个主体而不是一件物品，至少应能够处于一种可与法官就如何对待他的问题进行协商的地位，即强调尊重程序参与者作为自主、负责和理性的主体之地位：“我们必须与他一起共同参与判决制作的程序”，“向他证明我们判决的合理性”，并给予他以充分的尊重和关注。[①] 这样，程序参与者的人格尊严或内在价值就可以得到承认和尊重。

当然，坚持程序公正标准还有一种附带的间接意义：它有助于使被告人、被害人从心理上接受和承认判决结果的公正性和合理性，使社会公众对程序及裁判结果产生信服和满意。美国学者贝勒斯曾对此作过精辟的分析，他认为，法律程序的内在价值并不能完全独立于程序的一

① R. A. Duff, *Trial and Punishment*, pp. 99–119.

切后果（effects），而只是独立于法官的判决结果（decision outcomes）："从程序到程序内在价值的因果链条并不经过判决这一环节"，程序的内在价值可通过程序本身得到实现，但坚持程序内在价值标准有助于使诉讼各方从心理上对裁判结果表示服从和确认，即使这种结果对他不利。[①]

这种观点从一个角度上揭示了程序公正的间接意义。对于与法庭裁判结局有着直接利害关系的被告人、被害人等各方而言，法庭所作的公正裁判结果与他们所受的公正对待都具有至关重要的意义。尤其是在那些诉讼结局至为明显的刑事案件中，诉讼各方能否受到公正对待，往往决定着他们是否对审判程序及裁判结果作出积极、肯定的评价。一个坚持程序公正标准的法庭在审判过程中能够使被告人、被害人等产生较强的受尊重感，因为他们应得的权益受到了法庭的重视和关注，他们与法官一样成为裁判制作过程的平等协商者、对话者和受说服者，而不是被动的受压服者和被追究者。诉讼各方由于能够受到平等的尊重，因而对程序及法庭裁判从心理上主动产生信服和确认，被告人也会因此而自愿认罪服判，积极接受改造。这种状态最有利于国家法律的实施，并使法院裁判得到尊重和遵守。

不仅如此，审判以公正的方式进行，还可以唤起社会公众对国家实施刑事制裁措施的认同感，促使他们自觉承认和尊重法院、审判制度乃至国家法律制度的威信和权威，使国家法律实施过程产生良好的社会效果，从而促使社会形成一种良好的法治秩序。审判公正的这种意义已明显超过了刑事诉讼领域，成为国家法治秩序赖以存在和维持的重要保障。

---

① M. D. Bayles, Principles for Legal Procedure, pp. 33-57.

三、法律程序的工具价值

（一）程序结果公正的标准

在对一项刑事审判程序进行评价时，人们除了看它本身是否具有内在价值以外，还要看它是否具有产生公正结果的能力。如果它不具备这种能力——例如，通过这种程序，法官几乎总是形成误判无辜的结果——那么我们可以断定它不是一项好的审判程序。刑事审判程序的这种外在价值是一种工具性价值，因为这种价值的存在取决于程序产生了公正的结果，程序在这里是作为实现好结果的工具或手段而发挥作用的。但是，要评断一种程序是否具有外在价值，我们首先应确定什么是公正的结果，以及程序结果公正的具体标准是什么。

所谓公正的结果，是指法庭通过刑事审判活动所制作的裁决符合刑事实体正义和形式正义的要求。公正的裁判结果是法庭通过整个刑事审判过程所要达到的一种理想结果，它主要体现在法院所作的刑事裁判上面。如果我们从所谓"给予每个人以应得的对待"这一意义上来理解正义的话，那么公正的结果就是指法院对刑事被告人作出他所应得的处理，如对他宣布应得的定罪或判处应得的刑事处罚等。在以下的分析中，笔者拟提出四项结果公正的标准；任何一项刑事裁决都必须同时符合这四项公正标准，否则就违背了正义的要求。

首先，裁决必须是客观或准确的。换言之，刑事审判程序所产生的裁决结果必须具有客观的案件事实基础，并且将刑事实体法的原则和规则合理地适用到这一事实上。这一标准可简称为"客观性标准"。

法院要对一个公民作出定罪或判刑，就必须确定他实施了某一触犯刑律的行为，构成了犯罪。但这种确定必须建立在客观的案件事实基础之上。只有这样，裁决中所涉及的定罪或判刑才是符合正义要求的。相反，如果法院不以客观的事实作为定案的根据，就必然会导致无辜者受到惩罚或者有罪者逃避法律的制裁。而惩罚无辜和放纵犯罪都是非正义的裁判结果。

康德曾明确指出，除非一个人已犯有当罚之罪，否则就不应当对他定罪和处刑。“一个人的生命绝不能仅仅被作为达到某种目标的手段而受摆布……，他的内在人格（即他作为一个人的权利）保护他免受这种摆布，即使的确可以谴责他丧失了文明人格。在对他或他的同胞作出施加刑罚的任何考虑之前，我们必须找到他应受刑罚的罪行。”[①] 在现代法治社会里，确定某人犯有罪行的唯一正当根据就是他确实实施了某种为刑法所禁止的行为。这里既有事实的认定也有法律的适用问题。法官必须首先根据经验和理性判定某人是否已实施了某一行为，然后根据刑事实体法判定这种行为是否构成犯罪。如果法官错误地认定案件事实，如认定某一无辜者实施了某项犯罪行为，或认定某人实施的合法行为构成犯罪，那么他所作的有罪裁判就失去了正当的根据。这种没有正当根据的定罪和处刑即使对维护社会利益非常有效，它都违背了“给予每个人以应得的对待”这一正义原则，因为它把无辜者的生命、自由、名誉等都只当作实现某种外在目的的手段，将他视同没有人格尊严和正当权利的客体。

裁判的客观性一旦不能得到实现，这不仅可能使无辜者受到惩罚，而且可能使真正的有罪者逃脱法网。与惩罚无辜一样，放纵有罪者也是有违正义要求的结果，因为正像报应主义刑罚论者所强调的那样，当罪犯蓄意违犯刑法的时候，他相对于他周围的守法公民来说便获得了不公平的利益。这种“道义上的不平衡”必须通过定罪和处刑来加以矫正。放纵罪犯实际上就等于默许他通过剥夺或侵犯其他社会成员的

---

① 〔美〕戈尔丁：《法律哲学》，齐海滨译，生活·读书·新知三联书店 1987 年版，第 179 页。

应得权益获得其不应得的权益，因而是一种内在的非正义。对此，康德也曾作出过这样一种强调："即使一个文明社会要……自行解体，最后一个仍在狱中的杀人者也必须被处决，以使每个人都将充分地获得他的行动所赋予的价值，以使血腥罪行因之而不会归咎于未能坚持实现惩罚的人们。"否则，"他们就可能被看作是这种公开违反合法正义行为的同谋。"①

裁判的客观性尽管对于维护结果的公正性是不可或缺的，但它本身却是"很难得到完全实现的"。有人甚至认为，在刑事审判中实现"绝对的客观真实"，既不可能，也没有必要。这是因为，法官通过刑事审判所认定的事实是他主观上所形成的认识，他只能尽力使自己的主观认识符合客观真实，却很难使已成为历史事件的案件事实完全地恢复和再现。受认识手段、认识能力以及审判时限的限制，法官不可能无休止地对案件事实的全部细节进行探究；受审判程序原则和规则的约束，法官也不可能无限制地推翻原有结论，而随意开启审判程序。这就使法院所确定的案件事实只具有相对的客观性，这种相对的客观性又可称为法律上或程序上的客观性。因为只有法官在经过正当审判程序之后认定的事实才能成为据以裁判的基础，也才具备"法律事实"（而非客观事实）的资格。

程序结果公正的第二项标准是，裁决结果不得违背形式正义原则的要求。这一标准也可简称为"形式正义标准"。

法院的刑事裁判不仅要建立在客观事实基础之上，而且也要遵守形式正义原则：属于相同情况的人或案件应得到同样的对待，而属于不同情况的案件或个人则应得到与这种不同情况相适应的差别对待。这一原则是确保结果公正的必要条件。

---

① 〔美〕戈尔丁：《法律哲学》，第176页。

在刑事审判活动中，形式正义原则对法院的定罪和判刑裁判都是适用的。就定罪决定而言，形式正义原则要求法院对所犯罪行性质相同的犯罪人均应予以定罪，并且应对他们判定相同的罪名。就判刑决定而言，形式正义原则要求法院对所犯罪行具有同等危害程度的犯罪人适用相同的刑罚。法院所作的刑事裁判一旦违反了上述形式正义原则，就会使当事者产生强烈的不公正感，从而导致裁判的合理性和正当性受到消极影响。

但是，罪行的性质及其危害程度仅仅是法院在适用刑罚时所要考虑和权衡的一部分因素。除此之外，法院还要考虑犯罪人的个人情况，如年龄、性别、身体状况、再犯可能、可改造性等，以及当时的社会治安状况和国家的刑事政策，等等。形式正义原则并不要求对一切犯罪人绝对地一视同仁，因为以同样的方式对待不同的情况与那种以不同方式对待同样情况的做法一样，都是非正义的。形式正义也允许法院在必要时对不同的犯罪人采取适当的差别对待，但它要求法院对上述诸多方面的因素进行综合考虑和对照，使差别对待具备合理的根据，保持适当的限度。

程序结果公正的第三项标准是，裁判结果必须在严格适用法律规则与适当行使自由裁量权之间保持平衡。

一般而言，刑事实体法的原则和规则都是一般性的规范，而刑事案件的事实和情节则是千差万别的，机械地适用实体法原则和规则不仅无法使实体正义目标从抽象走向具体、从理想走向现实，而且在许多情况下还会导致非正义结果的产生。因此，法官在制作刑事裁判时必须拥有必要的自由裁量权，使刑事规则得到公正的适用。法官拥有适当的自由裁量权对于他作出公正的判刑尤其重要。

在诸如杀人、强奸等恶性刑事案件中，每个案件的实际情况往往都存在很大的差别，刑法一般对这些犯罪规定了从短期监禁到无期徒刑乃至死刑的量刑幅度。一般而言，法官只要在这一巨大幅度内选择和确定刑罚，就没有违反刑法的规定。但是，正义要求法官必须充分考虑刑事案件的具体情况，给予每个犯罪人以应得的刑罚处罚。在确定某一犯罪人的刑罚时，法官必须综合考虑各种责任分配标准，并在这些标准之间达成协调。"法官有意把刑罚与已经认定的罪行的严重性联系起来——这可以说是'按劳取酬'的表现——但是，他们又不得不考虑被告人的个人情况，特别是被告人可能在何种程度上对某种矫正措施（如缓刑）产生积极反应——这一点又与'按需取酬'相似。"同时，法官还必须谨慎地审查被告人重新犯罪的可能性以及保护公众不受侵害的必要性。此外，"法官们还必须考虑舆论对本案的评价可能对公众产生什么影响，以及判处的刑罚能在何种程度上起到震慑他人的作用。"[①] 如果不对上述标准进行综合考虑和协调，法官要对犯罪人确定适当的刑罚几乎是不可能的。

拥有适当的自由裁量权固然对法官作出公正的判决十分重要，但这种裁量权一旦不适当地行使，就会使各方面情况基本相似的犯罪人受到差别很大的刑事处罚，从而违背了形式正义原则。因此，法官在严格适用实体法规则与行使自由裁量权之间必须保持适当的平衡。这种平衡一旦被打破，那么无论哪一方得到不合理的强调或忽视，都会导致法官作出不公正的裁决。

程序结果公正的最后一项标准是，裁判结果必须在个人正义和社会目标之间保持平衡。

在传统的刑罚理论中，报应主义论者较为强调刑罚的内在正义标准：给予每个犯罪人以应得的刑事处罚；而功利主义论者则更加重视刑罚的外在价值目标：通过刑罚实现对社会整体利益的维护和保障。当

① 彼得·斯坦、约翰·香德：《西方社会的法律价值》，第94—95页。

代的法学家们越来越深刻地认识到，报应主义和功利主义理论都只是强调了刑罚目的的一个方面，并将它们片面地加以绝对化了。对于法官而言，他对任何犯罪人所作的判刑都必须同时兼顾刑罚的个人正义目标和刑罚的社会效果，而不能偏重于其中任何一个方面。

为了实现刑罚的个人正义目标，法官必须对犯罪人判处与其罪行的性质和危害程度大体相当的刑罚。换言之，刑罚的严厉程度必须与犯罪人已实施的犯罪行为的危害性相适应。因为正义要求犯罪人应当承受与其罪行在道德上的可谴责性相适应的刑罚。正义也要求法院所判处的刑罚必须有一个最高限度，即不违背“罪刑相适应”的量刑原则。正如程序公正旨在尊重程序参与者的人格一样，刑罚的个人正义目标也旨在承认和尊重犯罪人的人格尊严和道德主体地位，而不是仅仅把他当做实现社会和国家利益的手段。但是，法官在制作刑事裁判时仅仅关注个人正义目标的实现是不够的，因为这极易使刑罚变成赤裸裸的报复，以至于忽略了社会整体的利益。

为了实现刑罚的社会目标，法官必须通过判刑来有效地防止犯罪者本人以及其他社会成员犯下新的罪行。法官必须采取“向前看”的态度，在适用刑罚时充分考虑犯罪人的可改造性以及犯罪所造成的社会影响，并且要考虑采用多大幅度的刑罚才能震慑那些潜在的犯罪人，使其免于犯罪。但是，刑罚的社会目标同样也不能成为法官在判刑时所要考虑的唯一因素，否则就可能带来惩罚无辜、严刑峻罚等不公正结果。因此，法官在制作刑事裁判时应对刑罚的个人正义目标和社会目标同时予以兼顾，并进行适当的平衡。

（二）程序的工具意义

既然程序是一种旨在确保公正的结果得以实现的工具或手段，那么这种工具或手段是否可以被其他别的工具或手段取代呢？换言之，作为实现结果公正性的工具，程序是不是可有可无的呢？要回答这一问题，我们首先应对程序的工具意义作一分析。

现代西方新程序主义理论认为，实体正义的相对概念是形式正义，而程序并不等同于形式。程序的基础是过程，其实质是反思理性；程序是相对于结果而言的，但程序合成物也包含实体的内容。程序在使实体内容兼备实体正义和形式正义的层次上获得了一种新的内涵。[①] 我国学者也认为，程序绝非只是单纯的手段和形式，因为程序所促进的社会理性秩序乃是正义的重要内容，它有相当的价值因素；程序是实现实质性正义的前提，实质性正义从理论到现实的合乎理性的转化过程只有通过程序才能予以实现；程序是设定理性或合理规则，引导正义由理想状态到现实状态的转化过程，这一过程乃是动态的。[②] 可见，上述两种理论都认为，程序是一种动态的过程，它在确保实体正义实现的问题上拥有独立的意义，而不是可有可无的手段或形式。

实际上，刑事审判程序作为一种旨在对被告人刑事责任问题作出最终裁决的动态过程，仍然具有一种工具或手段的意义。将刑事审判程序视为工具并没有贬低它的地位和意义，程序的工具意义是程序价值的一个重要方面。但是，与一般的工具或手段不同，刑事审判程序在形成公正结果方面具有一种不可替代性和无可选择性：对于所有的刑事案件，法官都必须在有关各方的参与下按照法定的方式、步骤、顺序进行审理，并在进行完这种正式的审判过程之后作出一项权威的裁判；程序一旦启动，法官与其他各方主体就具有相对固定的诉讼角色，并按照角色分工进行特定的诉讼行为；各方必须在程序原则和规则的约束下进行活动，而不能抛开程序任意进行活动。因此，刑事审判程序能够以一种独立的方式确保刑事实体正义的实现。

---

① 季卫东：《程序比较论》，《比较法研究》1993 年第 1 号。

② 龚祥瑞：《西方国家司法制度》，北京大学出版社 1993 年版，第 153 页。

那么这种“独立的方式”究竟是什么样的呢？换言之，刑事审判程序是怎样产生公正结果的呢？

首先，刑事审判程序能够使裁判结果具备合法性和权威性。

现代各国的宪法和法律几乎都确立了这样一种观念：“未经公正的法庭审判程序，任何人也不能被定罪或判刑。”美国宪法将此表述为：“未经正当法律程序，任何人也不能被剥夺生命、财产或自由。”这种观念强调了程序的内在价值，即给予每一个其权益受判定的公民以获得公正审判的机会。同时它也强调了程序的另一方面的重要意义，即程序对于裁判结果合法性和权威性的保障意义。这种保障意义具体表现在：无论被告人事实上是否有罪，也无论被告人事实上是否实施了某一行为，法院依法定程序所作出的有罪裁判或无罪裁判对其刑事责任的确定具有合法和权威的效力。这样，事实上有罪与法律上有罪就得到明确的区分，法院的裁判意味着国家从法律上判定某人是否有罪。

通过法定的审判程序确保刑事实体正义的实现，这是法治的基本要求。定罪是一种国家以权威的方式对个人实施的谴责，它极可能会导致个人的自由乃至生命被国家剥夺，并给犯罪人及其亲友带来消极的后果。为了防止定罪活动任意地进行，现代法治国家一般均设有种种法律机制对此加以限制，以确保定罪的适当性、必要性和合理性。刑事审判程序即为这些法律机制中最为重要的环节。[①] 通过刑事审判活动，法官的裁决可望建立在经过合理证明的案件事实基础上，有罪被告人的罪行可得到充分的证明。同时，国家法律所设定的种种原则和规则对法官的权力给予各方面的限制，并使被告人和其他参与者获得申明观点和主张的机会。经过法庭审判程序，法官一旦确认被告人的罪行得到了合理证明，即可以权威的方式向社会宣告他“在法律上有

---

① R. A. Duff, *Trial and Punishment*, pp. 99–119.

罪”，这种宣告具有法律的约束力。法官如果断定被告人的罪行没能得到合理的证明，或者认为被告人确实无罪，那么他也可以正式向社会宣告该被告人“在法律上无罪”，从而解除对他的指控和怀疑。

在许多国家，刑事审判程序对于确保裁判结果的合法性和权威具有如此重要的意义，以至于法官一旦违反了程序法原则和规则，即可能导致其有罪裁断被上级法院推翻或撤销。

刑事审判程序的第二项工具性意义在于，它确保法院的裁判结果合乎理性的要求。

刑事审判程序对裁判结果合理性的保障主要通过三个机制来进行：一是审判程序的多方参与机制，二是刑事证明机制，三是刑事救济机制。

刑事审判是一种在法官与诉讼各方共同参与下进行的确定被告人刑事责任活动。这种多方参与性可确保诉讼各方从不同的角度提出主张、证据和事实，法官可同时接触多方面的证据，并全面地确定刑事案件的事实。这可以确保裁判建立在经多方提出和调查而形成的事实基础上。同时，多方参与还为各方的理性交涉创造了条件。法官的裁判是对刑事案件作出权威解决的理性方案，多方参与可防止裁判由法官一人任意或随机地制作，确保法官与被告方、控告方以及其他有关各方进行理性的协商、论证的说服，使法官在其他各方的对席辩论基础上形成一种吸收各方意见和观点的裁决。从另一个角度来看，刑事审判又是一种特殊的证明活动。在法庭上，控辩双方围绕“被告人有罪”这一事实和论题进行证实和证伪活动，作为裁判者的法官或其他裁判者在听取或参加这种证明活动的基础上，判定被告人的罪行是否已得到证明。经过这种证明，法官只对那些其罪行已得到合理、合法证明的被告人定罪，而对于那些罪行尚未得到合理证明的被告人则判定无罪。这种裁判可以促使有罪者认罪服判，使社会公众对判决产生信服，并对有罪者被判罪的理由有明确的认识和理解。因此，通过多方参与和理性的证明活动，法院所作的裁判可最大限度地符合理性的要求。不仅如此，现代各国普遍建立的刑事救济程序还为上级法院对下级法院的裁判进行事实和法律上的审查创造了条件。通过这种审查，法院可尽量发现裁判中的错误和不公正之处，使裁判结果符合正义的要求。

刑事审判程序的第三项工具性意义在于，它确保刑事实体法的规定从抽象走向现实，使实体法所包含的各项价值目标得到具体的实现。

刑事审判不仅是一种认识活动，而且更是一种价值的实现和选择过程。法院通过刑事审判，不仅要合理地确定案件事实真相，判定被告人的行为是否构成犯罪，而且可以通过一个正式和权威的方式宣告被告人有罪或无罪，并在确定他有罪之后以国家的名义对他进行谴责。

刑事审判程序的这一意义是其他任何一种所谓的工具或手段都无法取代的。通过对一个公民构成犯罪这一事实进行正式的宣告和谴责，我们可望加强公众对法律的尊重和遵守，警戒那些潜在的犯罪人认真承担法律义务，消除公众和社会舆论对于诸如犯罪是否确曾发生、被告人是否构成犯罪等问题的疑问，并向那些已被定罪的人或潜在的犯罪人传达一种信息：遵守法律可以避免受到法院的定罪和谴责。同时，刑事审判程序还要求我们将每一个公民均视为一种理性、负责任的道德主体，而不是将他仅仅视为用以实现国家和社会利益的工具；它还要求我们只对那些我们能够证明他负有刑事责任的违法者予以定罪。法院通过刑事审判活动，除了要确定被告人是否构成犯罪并宣告法律的要求以外，更重要的是通过理性的方式，证明它所作决定的合理性，说服被定罪者接受法律的谴责和制裁，服从法律的要求。

这样，法院通过刑事审判程序，不仅可使刑事实体法的规定得到现实的实现，而且可以表达和实现这一法律所包含的正义、秩序、安全、公共福利等各项法律价值。

刑事审判程序的第四项工具性意义在于，它可确保刑事实体正义目标得到适当的选择。

程序结果公正性的诸项具体要求得到全面实现，这是一种最为理想的状态。但在具体的刑事审判活动中，这些要求的实现有时是不可能的，一旦两项结果公正标准之间发生冲突，法官必须对它们进行适当的权衡和协调，以使由这种价值选择所带来的损失及付出的代价降低到最小程度。笔者在此不拟对刑事审判结果中的价值选择问题进行全面论述，而仅就程序在对不惩罚无辜与不放纵有罪这两项公正目标进行选择方面的作用加以分析。

实际上，确保有罪者受到应得的惩罚、无罪者免受刑事处罚，是正义的基本要求。惩罚无罪者和放纵有罪者都违背了实体正义的要求，都是法院通过刑事审判所要尽力避免的结果。但在两者无法同时得到避免的情况下，法院应当以不惩罚无罪者作为优先的价值选择。英国有句古老的箴言“宁可放纵九十九个罪犯，也不冤枉一个无罪的人”，说的就是法官在刑事审判过程中应以不枉作为其裁判的基本着眼点。

英国学者特纳曾就此指出：“定罪的后果是非常可怕的，在人们的眼中，一个无辜的人被定罪，这无论如何都是一场巨大的灾难。”[1] 法院对公民的定罪之所以可怕，是因为它不仅仅是对该公民的行为在性质上所作的权威结论，而且更标志着国家对公民的一种法律评价：它是对公民本人的谴责以及对公民行为正当性的否定，也是国家对公民实施惩罚的直接根据。一个人一旦被贴上“罪犯”的标签，即意味着他将在相当长时间内——甚至终生——遭受一种耻辱。而且，定罪还往往伴

---

① 〔英〕特纳：《肯尼刑法原理》，王国庆等译，华夏出版社1989年版，第484页。

随着刑罚的实施，使公民的生命、自由、财产等权益受到剥夺。正是因为定罪会给一个公民的命运和前途带来如此巨大的影响，因此它一旦发生错误——如对一名无辜者予以定罪、判刑——就会给该公民及其亲友乃至国家和社会均带来极为严重的消极后果。它使国家的法律制度和司法程序的威信和尊严受到巨大的损害，破坏了被定罪者及其他社会公众对法律制度的尊重和信任，甚至导致国家与社会成员产生根深蒂固的矛盾。因此，如果说放纵有罪者会使国家和社会的暂时性利益受到损害的话，那么相比之下，惩罚无辜则会使国家根本利益和社会整体利益受到危害。法官在不能确保"不枉不纵"得到实现的情况下，应当优先选择不枉无辜，即使这样做会使一些实际有罪者逃脱法网。

刑事审判的进行一般会受到严格的时间限制。法官一旦在法定时间内不能对被告人有罪这一结论形成确定的认识，检察官如果不能将被告人有罪这一论题证明到法定的程度和标准，法庭即应对被告人判处无罪。这一从法律上对被告人无罪的判定，并不一定意味着被告人事实上无罪，它只是法官根据在刑事审判中被告人罪行没能得到证明这一事实，对刑事案件所做出的一种法律解决方案。即使是一名被人在犯罪现场抓获的现行犯，法官也不能不经审判即对他定罪和判刑，而仍应按照法定程序对他的罪行能否有充足证据加以证明这一点进行审查。因为法院要对一个人判决有罪，必须有充分和合理的根据，并且要向该人以及全体社会公众证明他的罪行。这种建立在证据裁判主义基础上的刑事审判程序，固然会使一些真正有罪的人因为其罪行得不到充分证明而逃脱法网，但它有助于确保无罪的人免受不公正的定罪和判刑，因而对于刑事实体正义的适当选择是具有保障作用的。

刑事审判程序的最后一项工具性意义表现在，一项科学、公正的审判程序较之不公正的程序而言，能够大大提高产生公正裁判结果的能力。换言之，在一般情况下，公正的程序比不公正的程序更有可能产生公正的裁判结果。这样，那些作为最低限度程序公正标准的原则就具有了一种工具性意义：按照这种程序公正标准设计和构建的程序将成为用以实现刑事实体正义的更好的手段。程序的公正性与程序的工具性由此也会形成一种和谐一致的状态。

四、法律程序的经济价值

（一）程序经济性的含义与标准

所谓程序的经济性，是指刑事审判程序的设计和运作应当符合经济效益的要求。在现代汉语中，经济性又称为经济效益性，是指用较少的人力、物力和时间获得最大的成果。经济学家往往用“经济效益”一词来描述生产者或消费者之间的均衡。如果一个生产过程以最少的总成本投入生产出既定水平的产出，或者一个生产过程可使既定的投入组合达到最大的产出水平，那么这一过程在生产上就是有效益的。[①] 可见经济性涉及两个基本概念：投入和产出，前者是指投入的各种资源，如人力、物力、财力等；后者则是指获得的成果或效果。要使一种行为或过程符合经济性的要求，就必须同时做到两点：一是使投入的资源得到最大限度的节约；二是使产出的成果达到最大化。同样，一项刑事审判程序要符合经济效益的要求，也必须确保司法资源的耗费降低到最小程度，同时使最大量的刑事案件尽快地得以处理。因此，刑事审判程序的经济性不单纯等于司法资源的节约，也不单纯等于程序的简易或审判的快速进行，而是同时包含这两个方面。

传统的法学理论一般只关注法律程序的正义目标。有些学者即

---

① 〔美〕阿瑟·奥肯：《平等与效率：重大的抉择》，王奔洲等译，华夏出版社 1987 年版，第 2 页。

使提出了法律程序的经济效益问题，也往往是把它作为正义的附属价值来看待的。如一些学者认为，如果说正义是一个与权利有关的价值（a right-related value）的话，那么效益则是一种与目的有关的价值（a goal-related value），即达到一项有价值的目标的最好、最快、最廉价且损失最小的手段，这样程序的经济性充其量只能是对其他法律价值的保障，它本身对于刑事审判程序而言没有独立的价值。[①]但是这些学者实际上把程序的经济性同诉讼的社会效益相混同了。诉讼的社会效益是指刑事审判程序在实现程序正义与实体正义等价值方面所达到的社会效果，即刑事审判活动所产生的一种间接结果，它与诉讼的经济效益具有十分不同的含义。正因为如此，我们不把刑事审判程序的经济性标准界定为一般意义上的所谓诉讼效益或效率，而是专门用它来指诉讼的经济效益标准。正如本节将要着力阐明的那样，程序的经济性既与程序的内在价值和外在价值密切相关，它本身也是一项评断刑事审判程序合理性的独立价值标准。随着 20 世纪 70 年代以来西方经济分析法学的兴起，法律程序中的经济效益因素逐渐受到人们的重视。尽管在一些经济分析法学家的著述中，经济效益因素被片面地强调到绝对化的程度，但目前几乎所有法学家都已认识到：程序的经济性同程序本身的内在价值及其外在价值一样，都是在评价和重建一项刑事审判程序时所要考虑的重要标准。正如匈牙利学者阿尔培德·欧德（Arpad Erdei）所说的那样："在我们当今的时代里，几乎所有刑事司法程序改革都有两个基本目标：一是发现实施一种迅速、简便和成功程序的新方式和新途径，换言之，使刑事诉讼活动的进行更有效率；二是确保诉讼参与人（participants）的权利，这与公正的要求密切相联。"[②]贝勒斯教授也认为，经济效益问题是我们在对法律程序进行评价时所要考虑的

---

① *Comparative Law Yearbook*, Vol. 9, pp. 4-5.

② 同上。

一项重要因素,“没有正当的理由,人们不能使程序在运作过程中的经济耗费增大”;同时“在其他条件相同的情况下,任何一位关心公共福利的人都有理由选择其经济耗费较低的程序”。[①] 我国台湾地区学者陈朴生也曾正确指出:“刑事诉讼法之机能,在维持公共福祉,保障基本人权。……惟为寻求事实真相,维持公共福祉,或为保全程序的公正,保障基本人权,不计程序之繁琐,进行之迟缓,亦属于个人无益,于国家社会有损。故诉讼经济于诉讼制度之建立实不可忽视。”[②]

程序的经济性标准既适用于对单个刑事案件审判过程的评价,也适用于对国家整个刑事审判制度的评价。对于前者,程序经济原则要求审判过程的经济成本要降到最低的程度,这种经济成本基本上类似于经济分析学家们所谓的“直接成本”(DC)。而对于后者,程序经济原则则要求国家合理地配置刑事司法资源,使刑事审判程序的运作从整体上同时符合资源节约和产出最大化的要求。刑事审判过程中所耗费的司法资源主要包括以下四个方面的内容:(1)人力资源。如进行刑事审判活动需要有相当数量的专职法官、书记官、翻译官、法警等。在实行陪审制的情况下还要有一定数量的非专职审判人员。(2)物力资源。如为进行正常的审判活动所必备的法庭设施、通信及交通设备等。(3)财力资源。如法官、陪审员、书记官等的薪金,司法鉴定费用,对出庭作证的证人所支付的报酬和补偿费用等。(4)时间资源。在审判过程中,时间的浪费往往意味着法院在单位时间内审判活动效率的降低,并导致对单个案件的审判所耗费的经济费用的增加,因此在刑事审判程序运作过程中,时间已成为一种与经济耗费有关的司法资源。这些司法资源相当于国家在刑事审判方面所进行的必要投入。那么,一项刑事审判程序怎样才能使这种司法资源投入或耗费得到最大限度

① M. D. Bayles, Principles for Legal Procedure, pp. 33–57.

② 陈朴生:《刑事经济学》,中国台湾正中书局 1975 年印行,第 327—386 页。

的节约而同时又使产出“成果”达到最大化呢？在这里，我们有必要设立一些具体的程序经济性标准，以便对一项审判程序的经济效益作出准确的测量和评定。

首先，刑事审判程序的设立应保证审判活动的迅速有效进行。很多国家的宪法均确立了刑事被告人获得迅速审判的权利。迅速的审判使法院得以早日对案件作出裁判，使司法资源的耗费得以降低，因而有利于社会公共利益的维护；同时它也可以使被告人等程序参与者早日脱离或减少讼累。所谓迅速，是指法院在审判过程中应尽量避免任何不必要的拖延，但审判的迅速进行有其固有的限度：它不得妨碍审判活动的公正进行。为确保审判活动的迅速进行，刑事审判程序应按下列规则设计：（1）减少不必要的审级；（2）适当减少参加法庭审判的审判官；（3）对程序参与者所提出的申请及时作出处分；（4）对实施诉讼行为和作出决定确立严格的时间限制；等等。

其次，刑事审判程序应当尽量简化。一项刑事审判程序设计得愈繁琐、复杂，法官在审判中所受到的限制则愈多，审判过程中的经济耗费也就愈大。这是因为繁杂的程序不仅会降低审判活动的速度，而且也容易使单位时间内的人力、物力和财力投入受到更大的耗费。因此，刑事审判程序应力求简捷便利，以节省不必要的耗费。但是程序的简化与迅速审判一样，也有一个必要的限度，即不妨碍审判的公正进行。那么刑事审判程序怎样才能得到简化呢？陈朴生教授曾就此提出了两项规则：一为不“过剩”，即减少不必要的程序，如调查证据、询问、传唤等如属于不必要的，则不得为之；二为“不重复”，即已经起诉的同一案件在同一或不同一法院再行起诉者，应“谕知不受理之判决，以终结其诉讼关系”。[①] 需要指出的是，这里所指的程序的简化并

① 陈朴生：《刑事经济学》，第327—386页。

不等于采取简易程序，而是对普通程序在具体环节上所作的必要的简化处理。

再次，刑事审判程序应保证司法资源的合理配置。在一定时期以内，国家对刑事审判活动的司法资源投入一般是相对固定和有限的。国家只有使这些资源得到最佳的合理配置，才能在不损害正义目标实现的前提下提高审判活动的经济效益。司法资源不合理配置的情况主要有两种：一是在审判过程中对所有的刑事案件平均分配司法资源，采用繁杂程度基本相同的程序，而不论案件所涉及的被控罪行是否严重和复杂，不论案件事实是否已十分清楚，也不论被告人是否已供认了犯罪事实等；二是在审判过程中本末倒置，对所涉罪行较为严重、社会影响较大的案件分配较少的司法资源，采用简便迅速的程序加以处理，而对那些较为轻微、事实清楚的案件则分配较多的司法资源，采用较为繁杂的程序处理。在这两种情况下，国家对刑事案件的审判所投入的司法资源同其产出的“成果”相比都是不相适应的。因为案件愈是重大复杂，公正的刑事审判活动所产生的社会效益愈大，国家对这些案件的审判投入也就应当相应地增大。同时，对于那些涉及轻微罪行、控方已掌握相当充分的有罪证据的案件，司法部门如果仍按照较为正规、繁杂的程序进行审判，则会造成一些不必要的司法浪费。因此，国家有必要根据一定的标准，在不同类型的刑事案件中建立相应的繁简程度不一的审判程序，而不应对所有案件一视同仁，更不应本末倒置。

（二）程序经济性的意义

对程序经济性目标的追求在很大程度上是由于国家对刑事审判活动的资源投入是十分有限的，如果不在审判过程中提高经济效益，那么司法机关就无法顺利履行其审判职能，大量刑事案件就可能因为来不及审判而造成积压。因此，实现审判过程的经济性具有一种客观的或被动的意义。但是我们可以设想这样一个社会：在那里，国家极其富裕，它对刑事审判活动的资源投入是巨大的——国家可以根据刑事案件增长情况和审判活动的必要性增加司法资源，如增加审判官人数，增设法庭，延长审判时间，等等——在这种情况下，国家是不是就没有必要，也没有动力去提高审判过程的经济效益了呢？

回答是否定的。因为无论国家多么富裕，它每年的财政收入和可供支配的资源总有一个相对固定的数量。在一个设有基本财政管理制度的国家里，为进行刑事审判活动所需要的年度费用一般与其他支出项目如经济投资、教育投资、社会福利费用、国防投资等一起都进行预算，司法机关不能随意突破预算所规定的司法资源投入数额。即使在那些财政管理制度不健全的国家里，为进行刑事审判活动所投入的司法资源也不可能无限地增长，否则国家的其他项目的投资就会受到影响。因此，对程序经济性目标的追求具有积极的意义。

程序经济原则要求法院适当地加快刑事审判活动的速度，避免不必要和不合理的拖延。司法拖延不仅会造成大量刑事案件无法得到及时处理从而导致严重的积压，以至于影响司法机关职能的履行，而且也会导致案件的事实真相无法得到查明。因为刑事审判开始得越晚，持续得越长，证据就越可能灭失，如随着时间的流逝，证人对案件事实的记忆会逐渐模糊甚至消失，他对案件事实的描述也会越来越不准确甚至与原来的陈述产生矛盾。同时，法院作出判决与案件发生的时间间隔越长，刑罚就越难以发挥其预期的威慑效果。因为刑罚实施得越迅速及时，它的合理性就会愈加明显，已实施犯罪的人和潜在的犯罪人所受的威慑力和恐惧感就愈加强烈，社会公众对刑事审判结果的公正性就越会形成一种共识。

另一方面，司法拖延会严重损害被告人和被害人的利益。审判开始得愈晚，持续时间愈长，被告人对其生活和事业的安排就会受到愈加严重的消极影响。在法院的生效裁判作出之前，被告人的自由、财产乃至生命等实体权益处于待判定的状态，他本人也处于犯罪嫌疑人的地位，这会影响他的名誉和信誉，也会影响他与别人的正常交往以及他的事业和前途。而对于那些被羁押的被告人而言，司法拖延还意味着他的人身自由被限制的期间的延长。司法拖延问题还会使被害人的权益得不到及时的保障。被害人在刑事审判中一般拥有强烈的追诉愿望，他愿意看到被告人被迅速定罪并处以刑罚，这种愿望如果得不到及时满足，他所受到的精神创伤就无法得到愈合。同时，对于被害人而言，严重的司法拖延还会使其产生强烈的受到不公正待遇的感觉，因为司法机构对他的主张和要求没能及时给予充分的关注，对他的权益保障乃至人格尊严的维护也没有显示出应有的关心和尊重。

由此可见，坚持刑事审判程序的经济效益标准不仅对提高社会福利水平、维护全体社会成员的利益具有一定的保障作用，而且对于确保程序工具性价值和内在价值目标的实现也具有较大的促进作用。严格说来，刑事审判程序的经济效益价值的这种意义基本上也属于工具性的，因为程序在这里是被作为用以提高社会公共福利、降低国家司法资源消耗的手段而得到强调的。但提高刑事审判活动的经济效益毕竟不是国家进行刑事审判的终极目标，它只能是用以确保正义这一最高法律价值在审判过程以及裁判结果中同时得以实现的工具。正因为如此，这一价值标准就不能与程序的外在价值和内在价值居于同一层次和等级上，而只能算作一种“次级价值”。将程序的经济效益价值视为一种“次级价值”，并不是说这一价值不重要或可有可无，而是强调它在诸价值标准的选择中不具有绝对的优先权。国家在构建和设计刑事审判程序时应优先考虑实现正义的要求，然后才能适当顾及提高经济效益的问题。

五、程序价值的三元结构

刑事审判程序的三项价值目标之间存在着复杂的对立统一关系。从本质上看,刑事审判不仅仅是一个运用证据查明案件事实真相的认识过程,它更是一个价值选择和实现的过程。刑事审判活动旨在实现一种多元的程序价值目标。这三项程序价值目标相互之间尽管可能存在着种种冲突和矛盾,它们的作用方向也不尽一致,但刑事审判的目的不是仅仅强调其中的任何一个或两个,而是通过对三项价值进行适当的协调和平衡,追求三者之间的“合力”,即最大限度的统一。无论是立法部门对国家的刑事审判制度进行重新规划和设计,抑或是司法部门对具体刑事案件进行审判活动,程序的三项价值目标均应同时得到考虑和实现。即使是人们对一项刑事审判程序进行价值评价,也应当把这三项价值同时作为具体的标准。目前,这三项程序价值已超越了法律传统的界限,成为各国在进行现代意义上的刑事审判活动时所普遍采用的价值标准。在结束本章的论述之前,我们有必要从宏观的角度对这三项程序价值标准和目标作出综合性评价。

我们先从刑事审判程序的外在价值总结起。由于犯罪是一种严重危害社会整体利益的违法行为,任何一个现代文明社会都要建立一整套法律制度来有组织地预防这种行为的发生,并且在这种行为实际发生以后通过对行为人的生命、自由、财产等权益进行有组织的剥夺和限制,从而谴责和惩罚行为人并抑止这种行为的继续发生。但要成功地对这种触犯法律的犯罪人予以处理,国家不仅要通过法律对犯罪和构成犯罪的条件以及对各种犯罪的刑罚处罚方式作出明确的规定,而且也要建立一种旨在使这种法律规定得以在具体案件中实施的法律机制。这种法律实施机制包括很多环节,刑事审判程序便是其中最为重要和最为关键的一个环节。即使把通过确保实体法的遵守和实施来维护社会公共利益置于我们首要的关注点，我们也有理由建立一套完备的刑事审判制度。因为通过刑事审判活动，我们不仅可以合理地认定案件的事实真相，确定被告人的行为是否构成犯罪和应否受到刑罚处罚，而且可以提供一个正式和权威的方式宣告被告人有罪或无罪，并在确定他有罪之后以国家的名义对他的行为予以谴责。

通过实施刑事实体法来实现我们所遵奉的价值目标，这是刑事审判制度作为一种工具和手段所要实现的主要目标之一。但即使是在实现其外在价值的过程中，刑事审判程序也是一种不可替代并具有独立意义的工具。换言之，这种工具旨在以其独立的作用方式来实现刑事实体法的目的。例如，无论是古代的神明裁判，中世纪的纠问式审判程序，抑或是现代的刑事审判程序，均把查明案件事实真相视为其运作的基本外在目标，但是几乎所有的现代法学理论都不会赞同中世纪的价值观念：为了查明事实真相可不择手段或不考虑任何代价。因此，作为实现刑事实体法的工具，刑事审判程序并不是可有可无的，也不完全依附于它所要达到的目的。司法人员要遵循其内在的规律性和合理性，使其工具性价值按照理性的要求得以实现。

刑事审判程序的内在价值反映了正义观念对审判过程在品质上的一种基本要求。法律不仅要向公众施加其要求、义务和命令，而且要把公众视为负责任的理性主体，向其证明这种要求、义务、命令的合理性。与此同时，司法部门在法律实施过程中也要对与案件有利害关系的公民予以适当的尊重，对其要求、主张予以充分的关注，使其受到公正的对待。这种过程的正当性并不完全依附于结果的可接受性，而具有其独立的意义。公正的审判程序将包括被告人、被害人在内的所有程序参与者均视为诉讼的主体：法官在制作裁判过程中要将他们均视为可进行协商、探讨、交涉的对话者和参与者，要向他们证明和显示其判决、裁定、决定的合理性和正当性，并尽力以理性的方式说服他们接受和承认裁决的权威性；同时，他们尽管不能亲自制作有关自己权益问题的裁决，但法官在判决时至少应把他们的观点、立场、证据等充分、平等地考虑在内，并使裁判的结果完全建立在法庭上进行的所有合理交涉活动的基础上。这样，获得法庭审判的机会对所有程序参与者而言都意味着获得法律的尊重和保障。无论审判的最后结果是否对自己有利，法庭审判的整个过程对每一方程序参与者而言都具有独立的意义。

刑事审判活动不仅要在程序运作过程和裁判结果中实现正义的要求，而且还应尽量通过最少的司法资源投入产生最佳的效果。程序的经济效益价值是对刑事审判程序量的要求，它不仅对程序公正和结果公正的实现具有一定的保障作用，而且有利于国家司法资源的节省。正义与效益尽管可能会发生种种矛盾和冲突，但它们至少应被视为各自独立的程序价值标准，然后在优先确保正义实现的前提下，使程序富有效益。

第八章　程序正义的自主性价值（Ⅰ）

——程序正义的非工具价值

一、程序正义价值的独立性

我们从程序本位主义者那里已经得到这样的见解：程序正义是要在法律程序本身或者法律实施过程中得到实现的价值，它与程序所要形成的结果没有关系。但是，要使“程序正义属于法律程序本身的内在优秀品质”这一点得到普遍地接受，我们还必须证明这种“内在优秀品质”确实存在，并且是独立而非依附于程序的工具性之中的。换言之，我们需要回答：程序正义究竟存在于何处？它以怎样的方式存在着？然而，长期以来，我国法学界、立法界和司法界几乎都坚持了程序工具主义的观点，将法律程序视为可用来形成“正确结果”的工具、手段或方法，将法律程序的意义定位于实现裁判结果正确的有用性和有效性方面。似乎除了这种依附于结果的价值以外，法律程序就没有其他独立价值了。接受这种“主流”观点的人士对于“法律程序究竟为了什么而存在”的问题，似乎也很少进行深入、细致的思考，而是想当然地认为程序法就是实施实体法的工具。在刑事诉讼领域，这一问题显得尤为突出。按照“主流”的观点，司法机关在进行刑事诉讼时之所以要遵守法律程序，目的只有一个——查明案件的事实真相，在此基础上正确适用刑事实体法，惩罚有罪的人，保障无罪的人不受刑事追究。简言之，就是“不枉不纵”，“实事求是”，“有错必纠”。当然，“工欲善其事，必先利其器”。要想达到这一目的，立法者必须设计出较为科学、合理的刑事诉讼程序。即使是那些旨在加强刑事诉讼中人权保障的立法努力，也往往被视为准确发现犯罪事实、避免冤枉无辜者的举措。在这种情况下，所谓法律程序的“内在优秀品质”即使确实存在着，也不过是工具性价值或有用性的代名词而已，而不具有独立的意义。

那么，法律程序除了具有产生正确结果的效用以外，究竟是否还具有其他方面的价值？对法律程序正当性的评价，除了从它对实现正确结果的有用性或有效性角度加以进行以外，是否还有其他独立的标准？换言之，法律程序所具有的独立的“内在优秀品质”究竟是什么？为了使这一问题的讨论更具有针对性，而不至于过于空泛和抽象，笔者将结合几个例证加以分析。

例一　法官A长期从事审判工作。他有一个根深蒂固的观念：凡是被起诉到法院来的被告人绝大多数都是有罪的人。一次，当地发生了一起恶性凶杀案，涉嫌此案的嫌疑人W被警方逮捕。在检察机关将该案提起公诉之后，法院指派A负责对此案进行审理。A接收案件以后，首先进行全案阅卷，然后就案件的几个关键问题进行了庭外调查，并将收集来的新证据直接载入案卷，随后与负责办理此案的侦查人员就案件所涉及的几个疑难问题进行了私下会谈。结果，A对W构成犯罪这一点深信不疑。在法庭审理中，A既不听取被告人W的辩解，也拒绝调查辩护律师所提交的无罪证据。他甚至不传唤任何证人、被害人出庭作证，而是摘要宣读检控方所提交的各种案卷笔录，并简要介绍了自己庭外调查所得的证据情况。对于被告人W就侦查人员对其“刑讯逼供”的情况所作的辩解，A也置之不理。经过两个小时的法庭审理，法庭迅速对W作出了有罪判决。但是，一年以后，真正的凶手落入法网，无辜的W由于在审判中没有获得申辩的机会而被证明遭到误判。

在这一例子中，审判程序与审判的结果都是不好的。审判结果不好，是因为法院将一个事实上无罪的人误判为有罪，而错判无辜是一种公认的非正义：它使一个无辜的人受到不应得的谴责和惩罚。审判程序本身是不好的，是因为法官在审判开始之前即已对被告人构成犯罪这一点产生了先入为主的预断，而这对被告人显然是不公正的；法官在审判过程中没有对控辩双方的证据和意见给予一视同仁的对待，使被告人无法充分有效地参与到裁判结论的制作过程中来，无法对裁判结论的形成施加积极的影响。很显然，这种审判程序并不具有产生好结果的能力。人们很容易做出这样的推断：假如法官不刚愎自用，自觉地抑制自己的偏见和预断，假如他给予被告人及其辩护人充分地提交本方证据和观点的机会，或许他可以避免作出如此错误的判决结论。由此看来，相对于法官所遵循的上述程序而言，那种能够保证法官庭审前不产生预断并使得控辩双方平等对抗的审判程序，可能更具有产生好结果的能力。

例二　在现代已建立基本司法制度的社会中，警察机构、检察机关和法院都有一种基本的职能分工。但是，某一国家在政治、经济和社会各个方面正处于大转型时期，传统的管理模式和社会控制模式都失去了效力，犯罪急剧增加，杀人越货现象在光天化日之下大量地发生，人民失去了最基本的安全感，正统的法律机构已经无法维持基本的社会秩序。在这种情况下，该国的警察机构取代检察机关和法院，成为唯一的执法机构。警察不仅拥有拘捕嫌疑

> 人、调查犯罪证据的权力，而且有权对嫌疑人直接进行审讯、定罪和判处刑罚。而且警察的定罪、判刑的结论一旦作出，就立即发生法律效力。为了达到维持社会治安的目的，警察可以在未经任何法律手续的情况下侵入公民的住宅进行搜查，并对公民私人物品和文件进行扣押，对公民的电话进行窃听，甚至为获得有罪供述而经常采用酷刑等非法手段。结果，警察机构经常对那些本来无罪的人定罪和判刑，冤假错案的发生比较频繁。

在这一例子中，由警察所主导的法律实施过程以及由这种法律程序所产生的结果都是不好的。这种结果不好，是因为警察经常对无罪的人加以定罪科刑，而这种对无辜者的滥施刑罚显然违背了正义的基本要求。这种法律程序不好，则是因为它无法提供一种由中立的司法裁判者通过听取控辩双方的举证、质证和辩论来作出最终裁决的机制，使得警察同时充当了调查者、起诉者和裁判者等不同的诉讼角色，导致控诉和裁判职能的集中和混淆。而根据基本的司法经验，当一个同时充当刑事追诉者和司法裁判者的机构，对自行搜集的证据和事实加以审查时，它在认定事实上发生错误的几率显然就大大增加了。很明显，这种法律程序并不具有形成公正结果的能力。

例一和例二的情况表明，人们对法律程序所要形成的结果进行评价是有具体的价值标准的，那就是为人们所熟悉的正义、秩序、安全、公共福利等实体性价值。对于那种符合这些法律价值的裁判结果，人们一般会承认其正当性和合法性，并将其视为“好”的结果。同时，人们对法律程序本身似乎也有一套具体的价值评价标准，那就是它对于“好”结果的实现是有用的和有效的。而如果一种程序对于形成“好”结果是富有意义的，这种程序也就应被视为“好”的程序。不难看出，这是一种为程序工具主义论者所主张的法律程序观。

然而，对法律程序的评价除了有上述工具性价值标准以外，是否还应有其他独立的价值标准？我们可否从法律程序本身的内在优秀品质方面对其作出价值评价呢？在上述两个例子中，法律程序本身似乎就存在着一些缺乏正当性、公正性和人道性的地方。例一中的法官在审判开始之前就对被告人有罪问题形成了预断，对被告人产生了偏见，而且在审判过程中也没有给予被告人与检控方进行平等参与的机会，这显然违反了最基本的程序正义原则。毕竟，任何裁判者都不能对控辩双方存在偏袒或者歧视，否则就等于"充当自己案件的法官"；任何裁判者在作出可能使某人的利益受到不利影响的裁决之前，也必须听取他的申辩并给予他参与裁判制作过程的机会，否则就等于"没有听取双方的陈述"。这种程序无论导致了怎样的裁判结果，其本身都是不公正的。因为它使被告人成为消极等待国家处理、被动承受国家追究的诉讼客体，其人格尊严和道德主体资格遭到否定。同样，例二中的警察集侦查、起诉和裁判等诸项权力于一身，对自己所调查的证据和事实进行审查，等于在进行"自我裁判"，剥夺了辩护所本具有的独立空间。因为"如果原告本身就是法官，那只有上帝才能充当辩护人"。这种程序不仅仅造就了一个充满预断和偏见的裁判者，而且从根本上消灭了"法庭审判"的机制。不仅如此，警察在搜集证据过程中采取了任意搜查、扣押、窃听以及残酷的刑讯手段，他们不尊重嫌疑人的人格尊严、个人隐私和人身自由，将嫌疑人视为可加以任意处置的诉讼客体，这当然是极不公正的。无论这种由警察所主导的法律程序是否具有产生"好"结果的能力，其本身都具有内在的不公正性和非正义性。

由此看来，对法律程序的评价还可以有另外独立的价值标准，那就是法律程序自身的公正性、人道性和正当性。对于法律程序的这种内在优秀品质，我们统称为"程序正义"。"程序正义"是与程序的工具价值相并列的价值，其存在并不取决于程序所要达到的裁判结果，而取决于法律程序本身。对于这种符合程序正义或者具有内在优秀品质的法律程序，我们可以称其为“公正的程序”。但是，这种程序正义价值是否具有独立性呢？程序工具主义论者会说，你所说的程序正义也好，程序的内在优秀品质也罢，充其量不过是程序工具性的另外一种表述而已。因为法律程序失去了公正性也就成了无用的程序，程序不具有这种优秀品质也就无法保证结果的正确性。这种价值评价仍然是从程序与其所要达成的结果的关系那里来寻找价值标准的。看来，不对这种疑问作出有力的回应，我们仍然无法令人信服地相信程序正义之相对于程序工具价值的独立性。

要回答程序工具主义论者的诘难，紧紧围绕上述两个例子来分析还是远远不够的。对于论证程序正义的独立性而言，这两个例子具有一种不可避免的局限性。因为法律程序所形成的结果都是不好的，法律程序本身也有着明显的缺陷，人们很容易想当然地将结果的不正确归结于法律程序自身的不公正，从而不经分析地认同不公正的程序与不好的结果之间的逻辑因果关系。要使人们承认程序正义是独立于程序工具价值的内在优秀品质，我们必须证明，至少在裁判结果具有正当性的情况下，法律程序仍然有可能是不公正的。换言之，某一法律程序所达成的结果尽管是正确的，符合“好”结果的标准，但法律程序本身仍然不具有正当性，是难以为人们所接受的。这种在具备产生“好”结果能力的情况下所欠缺的“内在优秀品质”，恰恰就是程序正义的独立价值之所在。为了完成这种证明活动，我们可以来分析下面三个例子。

例三 法官B素以办案公正廉洁、不徇私情而著称。一次，检察机关指控其亲属M犯有贪污罪。法院受理此案后，B自告奋勇，主动要求担任该案件的承办法官，并保证严格依法办案，铁面无私，决不徇私舞弊。在法院其他全体法官和社会公众参加旁听的情况下，B果然不负众望，通过公开听取控辩双方的陈述和意见，依法组织法庭调查和法庭辩论，最终依法对M作出了有罪判决。由于此案事实清楚、证据确实充分，被告人M也深知罪孽深重，因而也认罪服判。结果，法官B这种通过“大义灭亲”为社会伸张正义的举动赢得了旁听者的一致好评，他本人也因为秉公执法而获得多项表彰。

在这一案件中，法庭审判的结果是好的，因为法官在正确认定案件事实的基础上，准确适用了刑事实体法，使被告人受到了应得的定罪和判刑，维护了刑法的公正实施，维护了国家和社会的利益，这显然符合秩序、安全等实体性价值。但是，法官据以作出裁判的法律程序本身却是不好的，因为法官尽管没有徇私枉法，但他作为裁判者，与案件的被告人存在着亲属关系，也因此与案件具有一定的利害关系。法官作为案件的承办人，无疑违反了回避制度，从而在客观上“充当了自己案件的法官”。当然，法官本人并没有因为与案件当事人存在亲属关系而对其有所偏袒，但他与当事人之间所具有的这种亲属关系，却足以使人对其审判的公正性产生合理的怀疑。“正义根植于信赖。”审判程序一旦无法消除公众对法官的合理怀疑，其本身的内在优秀品质也就遭到了破坏，程序也就无法符合正义的要求。

例四　按照法律规定，可能被判处死刑的被告人如果没有委托辩护人，法院应当指定承担法律援助义务的律师为其无偿提供法律帮助。某法院在对被告人T涉嫌盗窃一案进行审判时，T因为经济困难而无力委托辩护人。法院以其不符合法律援助的条件为由，拒绝为其指定辩护。然而，在审判过程中，检察机关依法追加了新的指控，要求法院对其所涉嫌的故意杀人罪一并加以审理。

法院在对盗窃和杀人两项指控合并审理过程中，没有告知被告人有获得指定辩护的权利。最后，法院判决两项指控罪名都成立，并按照数罪并罚的原则，判处被告人死刑。

在本案中，法院对被告人所作的定罪和判刑并没有明显的偏颇，因为被告人T罪当其罚，罪有应得，法院所判死刑之刑罚与其所犯罪行相适应。但是，法院据以作出这种判决的法律程序本身却是不好的，因为它没有依法为被告人指定辩护人，使得被告人在没有获得有效辩护的情况下即被剥夺了生命。这显然意味着被告人在面临国家对其作出最严厉的刑事处罚时，竟然无法充分有效地进行辩护活动，也无法对法院的裁判结论施加积极有效的影响，从而根本不可能获得“公正的审判”。这种审判程序本身显然是不公正的。

例五　某地公安机关长期奉行以口供为中心的办案模式，在刑事侦查中将获取嫌疑人有罪供述作为核心环节，然后再根据口供去寻找物证、书证、证人以及其他证据。一次，当地发生了一起严重的凶杀案，一个家庭的三口人同时遇害。按照“命案必破”的政策，当地政府为公安机关下达了“限期破案”的指示，而负责侦破此案的刑事警察则与公安机关订立了“破案奖惩协议书”。由于案件的报案耽误了一段时间，现场遭到了一定的破坏，侦查人员难以获得对破案有帮助的证据，而只有采取原始的“排队摸底”方法，终于将犯罪嫌疑最大的K拿获归案。在预审过程中，侦查人员连续五天五夜进行“突审”，采取包括酷刑、威胁、利诱、欺骗等在内的各种非法手段，终于击破了K的心理防线，获取了K的有罪供述。根据K的供述，侦查人员又先后获取了犯罪的凶器、赃物等证据。案件由此告破。在法庭审理过程中，被告人K推翻了原来所作的有罪供述，并详细陈述了侦查人员对其“刑讯逼供”的事实，其辩护人也不失时机地要求法庭“审查侦查人员刑讯逼供的问题”，并申请法庭“将侦查人员非法所得的证据予以排除”。法庭最终没有采纳辩护方的意见，而是对检控方提交的有罪供述和由此所得的物证一并加以采纳，并对被告人作出了定罪判刑。

在这一案件中，法律程序所形成的结果是好的，因为侦查人员成功地侦破了案件，为法院作出正确的有罪判决奠定了基础。而法院的有罪判决则使得犯有重大命案的被告人受到严惩，伸张了正义，维护了法律的尊严。但是，侦查人员的办案程序和法院的审判程序本身却是极不公正的。因为侦查人员对被告人实施了一系列不人道、不文明的侦查手段，被告人的人格尊严受到了贬损，而法院竟然对这种违反法律程序的侦查手段不做任何司法审查，也不宣告其为非法侦查行为，更没有将这种非法所得的证据排除于法庭之外，这无形之中等于容忍和纵容了侦查人员的非法取证行为。

上述例子有一个共同之处：法院或者侦查机关按照不公正的法律程序作出了“好”的法律决定。这些法律程序都违背了基本的正义原则，它们要么限制了被告人参与裁判制作过程的机会，要么可能使人对法官的公正性产生合理的怀疑，要么不符合最起码的人道原则，构成对人类良知和文明司法制度的严重挑战。很显然，这些法律程序即使在违反程序正义原则的情况下，仍然不妨碍案件达成正确的裁判结果，其工具价值和有用性并没有受到消极的影响。从例三的情况来看，无论与案件当事人有着亲属关系的法官B是否以及在何种程度上作出了“正确”的判决，这种法律程序本身都是不公正的，因为这种程序违反中立无偏的裁判这一程序正义价值，而这种程序价值是与程序的工具价值没有关系的。例四的情况也是如此：法院所作的有罪判决固然具有正确性和合法性,但这种审判程序本身却由于法院没有履行指定辩护律师的义务而失去了公正性。这种不公正性源于裁判者对被告人人格尊严的不尊重,源于被告人被剥夺有效参与案件裁判过程的权利,而与它能否形成正确的裁判结果没有关系。例五的情况有些特殊:侦查人员不是最终的裁判者,他们的违法取证行为对程序正义的违反似乎是间接的。但问题在于法院最终并没有宣告这种依靠酷刑取证行为的非法性,也没有宣告这种非法所得的证据的无效性,其审判程序仍然是不公正的。这种法律程序的不公正性乃是起因于被告人作为人的尊严和意志自由遭到严重的破坏,被告人在整个侦查和审判过程中没有得到善待和尊重。而这种不公正性似乎也不影响法院正确裁判的达成,甚至还构成一种推波助澜的力量。无论如何,在"好"的裁判结果是从"不好"的法律程序中形成的情况下,人们用来评价法律程序自身公正性的价值标准,要独立于用来评价其工具价值的标准。

通过上述分析,我们不难找到回击程序工具主义论者诘难的论点:法律程序本身的公正性并不是为增强其工具性或有用性而存在的,因为至少在一部分场合下这种公正性的欠缺或者丧失并不影响"好"结果的形成;"好"结果的形成要取决于一系列复杂的因素,公正的法律程序本身在有些场合下或许可以成为促成"好"结果之形成的积极力量,但这并不是在任何情况下都会出现的现象。公正的程序在不少情况下不仅不能成为"好"结果得以形成的促进力量,反而可能成为导致一种"坏"结果出现的重要因素。当然,这种"坏"结果的出现在一定程度上也是为了避免另一种更"坏"的结果的形成。例如,公正的程序可能更容易导致"放纵有罪者",这与"冤枉无辜者"一样,都属于"坏"的结果,但这是"两害相权取其轻"的结果。无论如何,程序正义价值的实现,在一些场合下有助于"好"结果的形成,并不能证明它在所有场合下都有助于正确裁判的达成,更不能证明法律程序的内在优秀品质只是为了增强其产生正确结果的能力而存在。

反过来，一种不公正的法律程序却完全可能成为正确裁判结果的积极促进因素。尤其是考虑到程序正义的诸多方面对于避免被告人受到不公正的定罪是有意义的，但对于防止有罪者逃脱法网而言，却是意义不大或者没有积极作用的，因此，按照人类司法活动的基本经验，程序的不公正有时完全可以成为裁判者摆脱法律限制的保证。典型的例子是法院采纳侦查人员依靠酷刑所得的证据，尽管违背了程序正义的原则，却没有放纵有罪的人。这显然表明，一味地强调法律程序的工具价值，只能根据裁判结果的"好坏"来判定法律程序的正义与否，这注定会违背人类最基本的共识和良知，也不符合人类司法活动的基本经验。其实，法律程序是否具备内在的优秀品质，与其所要达成的裁判结果没有必然的因果关系。裁判结果"不好"，不一定由此推断出法律程序的非正义；反之，裁判结果的"正确"和"合法"，也不能由此推断出法律程序的公正性。公正的法律程序与正确的裁判结果之间并不是一一对应、因果相承的关系。

总之，程序正义是一种独立的法律价值。从普遍意义上讲，它与其所要达成的裁判结果的正确性和合法性没有必然的关系。这就是笔者通过上述分析所要得出的一个简单但未必在法学者中达成共识的结论。

二、程序正义与其他正义形态的关系

一般而言，正义是一种为人类社会所普遍珍视的美德和理想，它本身属于道德目标或道德价值的范畴。古罗马的查士丁尼安认为，"正义乃是使每个人获得其应得的东西的永恒不变的意志"。西塞罗也将正义定义为"使每个人获得其所应得东西的人类精神意向"。但究竟什么是指“每个人所应得的东西”呢？按照一些西方学者的一般解释，“一个人所应得的，就是他有权得到的。”[①] 正义是一个以权利为基础的价值目标，它要求确保每个人获得其所应得的利益，这种利益不仅来自于现实法律的规定，而且也来自自然法的要求。正义要求将每个人都视为负责任的道德主体和权利主体，也就是视为一个目的，而不是用以实现他人或者社会整体利益的手段，因此应对每个人的人格尊严和自由意志给予高度的尊重。同时，正义还要求根据每个人的具体情况给予其相应的待遇，也就是不偏不倚，使每个人各得其所。正因为如此，正义才被视为一项用来调整人与人之间、社会成员与整个社会之间关系的理想价值准则。

正义作为一项被用来调整各种社会关系的理想价值目标，尽管一直得到自然法学家们的强调，但这些学者既无法提供有关正义观念的科学论证，也不能提供一个令人信服的关于正义的完整定义。近年来，越来越多的学者都提出了“超越自然法”的观点，并注重从社会学、社会心理学、人类学等不同的角度来研究正义问题。在这种情况下，一种被称为“消极性正义理论”（negative justice theory）的学说开始出现，并获得了许多学者的支持。这一理论通过对人的“非正义感”（the sense of unjustice）的分析，尝试提出了最低限度的正义标准。[②]

根据“消极性正义理论”，几乎没有人能够客观地和确定地知道什么是正义，正义也无法得到合理的证明。正义要求“给予每个人以应得的利益”，但人们对“应得利益”有着千差万别的理解，也难以证明怎样才将“应得利益”给予每个人。由于正义是一种开放性和容纳性都很强的价值，它的含义会随着时代的发展而产生变化，而且不同的法

① 〔美〕艾德勒：《六大观念》，郗庆华、薛笙译，生活·读书·新知三联书店 1991 年版，第 191 页以下。

② J. R. Lucas, *On Justice*, pp. 1–19.

学理论对正义的解释也各不相同。然而，社会学和心理学的研究显示，人们对非正义的感觉要比对正义的感觉更加敏锐；通过对人们对非正义感的直觉和理性认识，我们可以确切地知道什么是非正义，以及非正义究竟发生在哪些场合。尤其是在一个人受到不公正的对待时，他本人就会更加明确意识到非正义的存在和形态。而当非正义感越来越强烈和普遍之时，社会公众就会对一种司法裁判的公正性作出普遍的否定性评价。

按照笔者一贯坚持的观点，人类所提出的几乎所有价值目标都有其所针对的对象，那就是现实社会中无处不在的不公正、不自由、不人道、不平等等问题。人们针对不平等的社会现实，才提出了“平等”的价值；针对不自由或者自由被人剥夺的问题，才提出了“自由”的口号；针对不人道和野蛮的司法制度，才提出了“人道”的目标。同样，几乎所有的正义价值，都是针对特定的“不公正”或“非正义”现象而提出的。程序正义固然是针对法律决定的制作过程所发生的不公正现象而提出的，那么，在这种非正义现象以外，是否还存在着其他形式的非正义和不公正现象呢？

答案是肯定的。在整个司法裁判过程中，非正义的发生通常出现在三个领域之中：一是司法裁判的过程本身违背了正义的要求，这就是我们通常所说的“程序上的非正义”；二是司法裁判的结果不符合正义的基本原则，这就是所谓的“实体上的非正义”；三是司法裁判的结果违背了无差别待遇的原则，使得同样的情况无法受到同样的待遇，这就是所谓的“形式上的非正义”。与此相对应，正义也就有了三种相对独立的基本形态：程序正义、实体正义和形式正义。

所谓“实体正义”，又称为“结果的正义”，是指法院通过法庭审判程序所作的裁判结果符合正义的要求。西方思想史上所谓的“实质正义”“分配的正义”以及“矫正的正义”，主要是就权利、义务和法律责任的分配而言的，在司法程序中则主要体现在实体正义。在刑事审判活动中，实体正义有积极和消极两层含义之分。

积极意义上的“实体正义”，是指法院对刑事案件的裁判结果必须符合三个方面的条件：一是裁判应是“正确”的，也就是所认定的事实要有确实充分的证据加以支持；二是裁判应当是“合法”的，亦即裁判者对犯罪构成要件的裁断和刑罚的适用应当合乎刑事实体法的规定；三是裁判应当在严格遵守法律规则与行使必要的自由裁量权之间保持最低限度的平衡，也就是裁判者要适度地行使自由裁量权。简而言之，这一层面的“实体正义”要求裁判者对被告人的定罪和量刑，必须符合罪刑法定、罪行均衡和刑罚谦抑性原则的要求，而不能是没有事实根据和法律依据的，也不能是过度的。

消极意义上的“实体正义”，则是指法院应当尽量避免两种非正义的结果出现，也就是“放纵有罪的人”和“冤枉无辜的人”。这一层面的实体正义概念又可以被简称为“不枉不纵”。放纵有罪的人，也就是将一个有罪的人作出无罪的裁判，这显然无法达到惩罚犯罪的目的，属于刑法上的非正义；同样，冤枉无辜的人，也就是使一个可能无罪的人受到不公正的定罪处罚，这不仅会导致国家刑罚权的滥用，而且还在客观上放纵了真正有罪的人。这显然应当属于一种更为严重的非正义。上述两种刑法非正义固然都属于刑事审判所应避免出现的两种结果，但是，法院经常会面对“非此即彼”的两难选择境地，也就是在被告人可能有罪，也可能不构成犯罪的情况下，如果作出有罪的裁决即可能“冤枉无辜”，而如果作出无罪的裁决则可能“放纵犯罪”。在此情况下，实体正义要求裁判者“宁纵勿枉”，以“不冤枉无辜”作为最高的和优先选择的价值目标。

所谓“形式正义”，是指法院的裁判结果应当做到对所有的案件和所有当事人一视同仁，不给予任何无理的差别待遇。通常所说的“法律面前人人平等”，就体现了形式正义的部分要求，但并不是全部含义。严格说来，形式正义有两项基本的要素：一是对相同情况下的案件作出同样的处理，对不同的案件作出与这种不同情况相适应的差别对待；二是在使用任何一项法律规则时，应对所有人一视同仁，不偏不倚。

与实体正义不同的是，形式正义又称为“比较的正义”。它在一个刑事案件的审判过程中是无法得到检验的，而只有在两个以上的案件相互比较的情形下，才有可能得到体现。事实上，人们之所以感到在审判中受到了不公正的对待，除了法院的裁判结果本身不正确、不合法或者不适当以外，还有可能在与其他案件的对比中感到受到了“差别待遇”，也就是受到了歧视。例如，A和B两名被告人都因盗窃金额相近的事实而受到审判，但B被判处缓刑，A却被判处3年以上有期徒刑。面对同样的案情和同样的指控所产生的不同裁判结果，受到不利对待的A就可能产生强烈的不公正感。他会认为，相对于B而言，他受到了“不公正的对待”。

形式正义与实体正义具有密切的联系，因为所谓“比较的正义”，主要是指在两个案件的裁判结果相互对比过程中，有关当事人没有受到不公正的对待。显然，此案中的当事人发现与另一案件的当事人相比，自己受到了“区别对待”，而没有获得平等的待遇。所谓的形式正义或者形式上的非正义，都最终体现在案件的裁判结果上，属于在裁判结果比较中体现出来的价值判断。当然，形式正义与程序正义也具有类似的密切联系。因为两个案件的当事人假如在裁判过程中没有受到一视同仁的待遇，比如一方获得了充分的辩护机会并能够对裁判结局施加积极有效的影响，而另一案件的当事人则既没有足够的准备防御机会，也无法充分地提出本方证据并对对方证据进行质证和辩论，那么，后者肯定会产生类似的不公正感。可见，形式正义的实质不在于裁判的内容是什么以及以怎样的程序作出裁判，而在于无论是在裁判结果上还是裁判过程上都不能存在明显的“差别待遇”。“不患寡，而患不均。”这其实就是形式正义的形象写照。

如果说实体正义只能体现在法院的裁判结果上，形式正义只强调法院不能采取不适当的“差别对待”的话，那么，程序正义就只能体现在案件的裁判过程之中，又被称为“过程中的正义”。无论是“不做自己案件的法官”，还是“听取双方的陈述”，这些古老的自然正义法则都是对司法裁判程序所提出的价值要求，而与裁判结果没有必然的联系。那么，一种司法裁判程序如何才能符合正义的要求呢？在笔者看来，最低限度的程序正义应当具备以下六个方面的要求：一是允许那些其利益可能受裁判结果影响的人，有充分的机会参与案件的裁判过程，并有效地对裁判者的裁判结论施加积极的影响；二是案件的裁判者应当在控辩双方之间保持不偏不倚的中立地位，不使任何一方对其公正性产生合理的怀疑；三是控辩双方应有平等的机会参与裁判过程，从而获得平等地影响案件裁判结论的机会；四是裁判者的裁判结论应有充分的证据加以支持，并经过充分的论证和裁判理由的说明；五是裁判者的裁决应当及时地产生；六是裁判者应当对案件给出一个终局的裁决结论。程序正义的这些基本要素将会在以下的论述中得到分析和论证。

三、程序正义的构成要素

那么，程序正义在刑事审判过程中究竟有哪些要求呢？事实上，要提出一种普遍适用于一切社会的程序正义要求是不可能的，因为生活在不同社会里的人们受到不同法律文化传统的影响，很难对一次法庭审判的公正性作出完全相同的评价。但是，我们可以根据人类的共同心理需求，尤其是根据人们在刑事审判过程中经常出现的“非正义感”，提出一种可适用于所有现代文明社会的最低限度程序正义要求。

这种要求之所以是最低的，是因为它是为克服一些人们普遍认为是不公正、不合理的情况而存在的，它只是确保程序正义得以实现的必要条件，而不是充分条件。一次刑事审判活动的过程即使符合了程序正义的这些要求，也不可能完全防止不公正或者非正义现象的发生。但如果刑事审判过程不符合这些要求中的任何一个，都必然会导致程序的不公正或不合理。正因为这些要求是最低的，它们才可以被人们普遍地接受和采纳。

（一）程序的参与性

这一程序正义的基本要求又可称为“获得法庭审判机会”的原则，其核心思想是，那些其权益可能会受到刑事裁判或者刑事审判结局直接影响的主体应有充分的机会并富有意义地参与法庭裁判的制作过程，从而对法庭裁判结果的形成发挥有效的影响和作用。一些学者进行的实证研究显示，一个人在对自己的利益有着有利或不利影响的裁判或者决定制作过程中，如果不能向有权作出裁决的人或机构提出自己的意见、主张，不能与其他各方及裁判者展开有意义的论证、说服和交涉，就会产生强烈的不公正感，这种感觉源于其权益受到裁判者的忽视、其道德主体地位遭到裁判者的否定这样一种现实。因此，为确保被告人、被害人等受到公正的对待，法庭至少应保证他们在裁判制作过程中始终在场，保证他们有向法庭提出有利于自己的证据、主张并对不利于自己的证据和意见进行质证和反驳的机会、能力和具体的程序保障，并且将其裁判结论直接建立在根据这些证据、主张、辩论等所作出的理性推论的基础上，从而使各方的参与产生实际的参与效果。不仅如此，法庭还应当保证各方有充分提出本方证据、事实和主张的机会，而不对其参与进行不必要的限制；同时，被告人、被害人等在法庭审判过程中还应受到基本的人道待遇，其人格尊严和自主意志得到尊重。只有这样，刑事审判过程才能符合程序参与性的基本要求。

参与性由以下几个具体要素所构成：（1）所有可能受到裁判结局有利或者不利对待的人（简称为“利害关系人”），应当参加裁判的制作过程，也就是在审判过程中始终“在场”；（2）利害关系人应当有足够的机会和便利进行必要的防御准备；（3）利害关系人应当有机会提出本方的证据，传唤本方的证人出庭作证，并要求法院给予有关的司法帮助；（4）利害关系人应有机会对不利于本方的证据进行质证和反驳，并对不利于本方的证人进行当庭询问；（5）所有作为法庭裁判根据的证据和观点都应当经过法庭调查和辩论程序，裁判结论应建立在当庭出示、质证和辩论过的证据和观点的基础上。

要确保控辩双方都有充分的机会有效地参与到案件的裁判制作过程中来，法律需要在所有可能影响控辩双方利益的裁判活动中禁止法官从事“单方面接触”，或者未经与控辩双方交涉和协商，即擅自作出某一影响各方利益的裁决。首先，在开庭前的准备阶段，法庭应当举行审前听证程序，允许控辩双方同时到场参与，并就一系列诉讼程序问题进行交涉：法院是否拥有管辖权问题、合议庭的组成问题、控辩双方相互进行证据展示问题、控辩双方就对方证据的可采性提出异议问题、法庭审判时间的确定问题、审判究竟采取普通程序还是简易程序的问题，等等。其次，在法庭审判过程中，所有的庭外调查活动都不能由法官单方面进行，而必须通知控辩双方到场参与，双方不仅有权发表意见，而且有权将调查所得的证据纳入法庭调查的范围。再次，所有上诉审程序都必须举行开庭审判的形式，允许控辩双方到场参与，并就案件的事实认定和法律适用问题的争议进行质证和辩论。

（二）裁判者的中立性

程序正义的这一要求有以下含义：裁判者应当在那些其利益处于

冲突状态的参与者各方之间保持一种超然和不偏不倚的态度和地位，而不得对任何一方存有偏见和歧视。这一要求的意义在于确保各方参与者受到裁判者平等的对待。裁判者的中立性是一种通过排除各种不公正、不合理情况而保证程序正义目标实现的公正要求，它有以下四项具体内容：（1）与案件有牵连的人不得担任该案的裁判者；（2）法官不得与案件结果或者各方当事人有任何利益关系或其他足以影响其中立性的社会关系；（3）裁判者不应存有支持一方、反对另一方的预断或偏见；（4）裁判者在外观上不能使任何一方对其中立性产生合理的怀疑，这可以被简称为"外观上的中立性"。

"正义根植于信赖。"裁判者在审判过程中所存在的偏听偏信和先入为主问题，可能对其裁判结果产生影响，也可能不产生任何实质性的影响。其实，一个中立无偏的法官可能会作出不公正的裁判，而一个与诉讼一方存在利害关系的法官，则完全可能"铁面无私""大义灭亲"，而作出公正的裁决。裁判者的中立性并不一定是裁判结果公正性的制度保证。与参与性一样，中立性也并不仅仅具有工具价值，甚至其工具价值即使存在的话，也是不确定的和不可预期的。我们能够肯定的是，裁判一旦失去了中立性，就容易失去控辩双方的信任，甚至无法获得利害关系人乃至社会公众的尊重。根据司法活动的基本经验，一个中立无偏的法官所作的裁判不一定得到公众的肯定评价，但法官一旦存有偏私或者偏向诉讼一方，其裁判结论就难以取得公众的信任和尊重。

要确保裁判者保持中立无偏的地位，法律需要建立完善的回避制度，以确保那些与案件存在不当社会关系或者对某一方存有偏见和预断的法官，及时退出案件的裁判过程；法律需要建立审判管辖异议制度，使得控辩双方有机会就某一法院是否具备审判资格、能够保证公正的审判问题，进行必要质证和辩论；法律需要明显限定法院的裁判范围，不得对那些未经检察机关起诉也未经法庭调查和辩论的人、事实和罪名，擅自作出新的裁判；法律需要限定二审法院的审判范围，对于未经当事人上诉也未经检察机关抗诉的事实，不允许法院自行受理；法律还需要约束法院刑事再审程序的启动方式，禁止法院在没有当事人申诉、没有检察机关抗诉的情况下，通过提审、指令再审或者自行再审的方式，自行启动再审程序。

（三）程序的对等性

根据程序正义的这一要求，裁判者在整个刑事审判过程中应给予各方参与者以平等参与的机会，对各方的证据、主张、意见予以同等的对待，对各方的利益予以同等的尊重和关注。与裁判者的中立性一样，程序对等原则也旨在确保各方参与者受到平等的对待，进而实现程序正义。但这里的平等对待是指裁判者在审判过程中平衡控辩双方地位的综合要求，因而又可称为“动态的平等对待”。为实现程序对等，控辩双方应在参与审判过程和影响裁判结论的制作方面拥有平等的机会、便利和手段；裁判者应对各方的证据和意见予以平等的关注，并在制作裁判时将各方提出的有效观点平等地考虑在内。

但是，无论是控辩双方获得平等的参与机会，还是裁判者对各方的利益、观点和主张给予平等的关注，这充其量不过是在各方“势均力敌”的情况下所维持的形式对等而已。假如控辩双方在对抗能力上处于天然的不平等状态，那么，裁判者仅仅维持这种形式上的对等，无疑将会使得诉讼一方“以强凌弱”，法庭审判将不可避免地陷入弱肉强食的状态。因此，在控辩双方无法做到“势均力敌”的情况下，裁判者还必须确保双方获得平等对抗的机会和能力，这可以被称为“实质上的对等”。为此，诉讼的强大一方应承担一些特殊的义务，而参与能力较弱的一方则应拥有一些必要的诉讼特权，法庭由此才能促使双方在一个大体对等的平台上进行交涉和对抗。

“实质上的对等”观念的产生，是出于“天平倒向弱者”的需要。西方法律史上所出现的“平等武装”（Equality of Arms）的理念，其实不过是实质上对等的形象说法而已。在现代诉讼制度中，除了一般的民事诉讼以外，行政诉讼和刑事诉讼都充分地贯彻了“实质上对等”的理念。例如，考虑到行政诉讼的双方是作为行政管理者的行政机关和作为被管理者的相对人，因此为确保双方的平等对抗，法律赋予作为原告一方的相对人一定的特权——不必承担证明行政处罚决定之非法性的责任，同时要求作为被告一方的行政机关承担特殊的义务——证明自己所作行政处罚决定之合法性的责任。又如，现代刑事诉讼制度所确立的无罪推定原则，使得检控方始终承担证明其指控罪名成立的责任，并需要达到最高的证明标准，而这一证明责任是永远不能转移到被告人一方的，这也体现了“抑强护弱”的程序正义理念。甚至就连民事诉讼中一旦出现诸如消费者与产品制造商就产品质量问题所进行的诉讼，环境污染企业与作为受害者的民众就环境污染侵权问题所进行的诉讼，患者与医院就医疗事故责任问题所进行的诉讼等，也逐渐确立了“举证责任倒置”的原则。这无疑也体现了确保原被告双方实质上对等的观念。

（四）程序的合理性

程序正义的这一要求又可称为“程序理性原则”，它的基本内容是：裁判者据以制作裁判的程序必须符合理性的要求，使其判断和结论以确定、可靠和明确的认识为基础，而不是通过任意或者随机的方式作出。心理学的研究成果显示，一个人在某种可能对自己产生不利决定或后果的活动过程中，如果不能及时了解程序的进程、判决结果的内容以及判决的根据和理由，就会产生一种受到不公正对待的感觉，而且从心理上难以对判决的正当性产生信服。这种感觉源于自己的权益受到忽略、自己的命运受到随意的处置，而自己却毫无改变这种状况的能力的心理状态。

刑事审判程序要符合程序理性的要求，必须至少满足以下基本条件：（1）裁判者作为定案根据的事实必须经过合理和充分的论证；（2）裁判者在制作裁判之前必须进行冷静、详细和适当的评议，以便对各方提出的论点和论据作出仔细的讨论和衡量；（3）裁判者的结论必须以法庭调查中采纳的所有证据和事实为根据，并顾及控辩双方提出的所有有效的证据、事实、主张和意见；（4）裁判者应明确陈述其据以制作裁判的根据和理由，并向诉讼各方以及社会公众公开论证自己所作裁判的合理性和正确性。

从刑事审判的实际过程来看，程序的合理性需要有一系列具体制度设计来加以保障：首先，法庭必须有一个冷静的、从容不迫的审判环境，而不能在存在外界压力、影响和干预的情况下从事审判活动。这种独立审判的制度保障是程序和理性赖以实现的前提条件。其次，法庭必须根据当庭质证、调查和辩论过的证据作出对案件事实的认定，而不能从法庭之外寻找裁判的根据。再次，法庭在作出裁判之前应当经过一个完整的评议阶段，以便合议庭全体成员对事实认定和法律适用问题发表意见、达成共识并有所辩论，从而以合乎理性的方式按照多数裁决原则产生最终的裁判结论。最后，法庭的判决必须陈述理由，这包括判决宣告后的当庭说理和判决书中的公布裁判理由这两个有机组成部分。前者是指法庭在宣告裁判结论后随即就裁判的理由、根据以及法庭的推理方式作出简要的说明，以使控辩双方了解他们提出的哪些证据、观点和主张得到了法庭的采纳，而哪些没有得到采纳以及没有采纳的原因。后者是指法庭较为详尽地陈述裁判的理由，对其所认定的案件事实充分论证其根据，对其适用法律方面的结论说明有关的论据，并就其拒绝采纳的主张陈述这种裁决的原因。

（五）程序的及时性

按照程序正义的这一要求，刑事审判活动应当及时地形成裁判结果，既不能过于拖延和迟缓，也不能过于快速。当我们说法庭审判过于迟缓或过于急速时，实际上是在用“及时性”要求对刑事审判活动作出否定的评价。及时性原则要求审判活动保持“在过于急速和过于迟缓这两个极端之间的一种中间状态”，避免因过于急速或者过于迟缓而使各方受到不公正的对待。

“迟来的正义为非正义。”审判活动过于迟缓和拖延，不仅会导致案件的结案周期大大延长，裁判结论迟迟无法产生，诉讼的成本大大增加，而且还会因此导致当事人长时间处于待判定的状态，其利益和命运则无休止地处于不确定的地位。这显然会使得所有利害关系人的利益受到不应有的忽视，使他们产生不被国家裁判机构所尊重的感觉，一种程序上的非正义感往往伴随着对司法裁判的极度失望和沮丧之情而油然而生。因此，如果迟来的正义仍然属于“实体正义”的话，那么，这种实体正义的晚到所带来的则是程序上的非正义。

“过于急速而来的正义也是非正义。”一种过于快速进行的审判活动会严重地限制利害关系人对裁判过程的参与，导致裁判者对案件的结局形成预断，甚至促使裁判者不经冷静的庭审和评议即作出裁判结论。在刑事审判中，这种快速进行的审判往往会导致法庭事先产生有罪的结论，甚至在事先作出有罪裁判的情况下从事法庭审判活动，致使法庭审判流于形式。因此，非经控辩双方自愿选择，任何速决程序都会使各方的利益受到严重的轻视，利害关系人会因此产生其利益和尊严无法得到国家裁判机构尊重的感觉。尤其是刑事被告人，更可能将这种快速的审判等同于快速地完成镇压的仪式，其利益和命运根本无法得到法院较为慎重的对待。从经验事实上看，当一个人的利益被法院以极为轻率和粗糙的方式作出不利决定的时候，一种本能的非正义感会由此产生。这样的审判过程和裁判结论也肯定无法得到信任和尊重。

（六）程序的终结性

根据程序正义的这一要求，刑事审判程序应当通过产生一项最终的裁判结果而告终结。刑事审判如果永远没有终结之时，或者对同一刑事案件的审判可以随时或无限期地被重新进行，那么被告人的刑事责任问题就将永无确定之日，被告人甚至被害人也会因其利益和地位的反复变化和不确定而受到不公正的对待。终结性原则要求必须确保法院对同一刑事案件的审判有一个最终确定的状态，使得在此之后对同一案件的审判受到严格的限制，避免随意或无限制地启动审判程序。

审判程序必须产生终局的裁判结论，这并不意味着裁判者必然会作出正确、合法的裁判结论。相反，终结性要求在很多场合下对于裁判者实现“实事求是”“有错必纠”的目标都构成了一种妨碍。毕竟，法院不能对一项裁判结论的公正性进行永无休止的重新审查，控辩双方也不能反复提出上诉、抗诉或者启动再审的申请，从而导致一些可能的裁判错误无法得到纠正。尽管如此，终结性要求仍然具有一种独立的内在价值：它旨在避免审判程序的任意启动，防止刑事审判长时间地处于久拖不决的状态。从根本上说，审判程序及时地形成终局结论，可以使得被告人、被害人等利害关系人的利益受到适当的关注，避免出现那种因被告人受到反复审查而使其利益长期处于待判定状态的局面。

四、为什么要坚持程序正义

刑事审判活动为什么要实现上述程序正义的六项要求？换句话说，在刑事审判过程中实现程序正义究竟有什么意义？对于这一问题，人们长期以来坚持了程序工具主义的立场，认为保证审判程序的公正性、合理性，确保被告人等的诉讼权利得到维护，可以使裁判者从不同甚至相反的角度认识案件事实真相，从而实现公平的定罪和量刑。还有人认为，保证刑事审判程序的公正性，可以准确、及时地惩罚犯罪，维护社会的良好秩序。简言之，根据这种观点，刑事审判程序对于实现所谓刑罚权而言不过是一种工具和手段，这种程序越公正，越合理，它就越具有产生公正裁判结果的能力；保障当事人各方充分而富有意义地参与裁判结果的制作过程，只是为了更加准确地追究被告人的刑事责任。

事实上，刑事审判程序能否具有一种工具性价值，也就是刑事审判程序公正性的提高能否有助于公正裁判结果的产生，这在很多情况下是说不清楚的。通常，人们会以为程序正义价值的实现可以避免裁判者“冤枉无辜”，但会带来“放纵犯罪”的结果。但是，这一点并不能在普遍的情况下成立。事实上，至少在一部分情况下，审判程序公正性的增强，可能对“不冤枉无辜者”和“不放纵有罪者”都不会发生直接的影响。我们必须承认，程序的正义有其独立的存在空间，也就是与裁判结果的公正性没有因果关系的部分。换言之，公正的审判程序无论是否有助于公正裁判结果的形成，它都具有一种独立的意义。这种独立意义主要表现在两个方面：一是使那些受裁判结局直接影响的人与代表国家进行追诉和裁判的司法官员一起，拥有平等的诉讼主体地位，能够平等地进行理性的辩论、说服和交涉，并对裁判结果发挥积极的影响和作用，而不是被动地等待官方对自己命运的判定，消极地听从国家权力机构对自己权益的处置，由此使其作为人的尊严得到承认和尊重；二是程序正义具有一种吸纳不满的效果，它有助于所有利害关系人接受和尊重法院的裁判结果，尤其是那些受到裁判结果不利对待的人减少不满和抵触情绪，并最终使得社会公众信任和尊重整个裁判的过程和结论。前者可称为程序正义所具有的“维护尊严效果”，后者则可称为程序正义对“司法公信力”的维护作用。

（一）“尊严理论”

首先，公正的程序通过确保诉讼各方对裁判制作过程的参与以及对裁判结果的积极影响，使他们的人格尊严和自主意志得到保障。美国学者萨默斯曾指出，参与（participation）意味着公民能够自主地主宰自己的命运，“在现代民主社会中，大部分公民宁愿自行管理自己的事务，也不愿由别人主宰自己的命运，哪怕别人做得要比自己更好。参与性统治的反面是奴隶制、政治服从或军事管制。”[①] 在刑事审判过程中，有关各方对裁判过程参与得越充分，越有效，他们对法庭裁判结果的影响就越大。尤其对于那些其权益正处于待判定状态的被告人而言，通过与其他各方以及裁判者之间进行理性的对话和辩论，事实上成为裁判者在制作裁判方面的协商者、对话者和被说服者。被告人尽管不能像法官那样直接制作裁判，但他可通过影响裁判的结果，使自己拥有一定的决定自己前途和命运的能力。这就使被告人的人格尊严和自主意志得到承认和尊重：他不是一个其命运受法庭任意摆弄和处置的客体，也不是被法庭用来作为维护社会治安的工具和牺牲品，而是一个独立的权利主体。

其次，公正的程序通过使参与者各方受到平等的对待，来确保其人格尊严和主体地位得到尊重。一般而言，要求受到平等的对待，源于“人类希望受到尊重的愿望”，“当那些认为自己同他人平等的人在法律上得到了不平等的待遇时，他们就会产生一种卑微感，亦即一种他们的人格与共同的人性受到侵损的感觉。”而“促使法律制度朝平等

---

① Robert. S. Summers, Evaluating and Improving Legal Process: A Ples for “Process Values”, pp. 25–26.

方向发展的力量乃是人类不愿受他人统治的欲望”。[1] 在刑事审判过程中，裁判者对控辩双方的平等对待具有更为重要的意义，因为被告人所面对的不是与他拥有同样身份的原告，而主要是作为国家利益代表的检察官，这种平等对待意味着被告人与国家追诉机关在参与裁判制作过程方面拥有平等的机会、能力和程序保障，被告人的诉讼请求和实体权益与检察官受到平等的尊重和关注：没有正当的理由，国家不会追究其刑事责任，也不会剥夺其自由、财产以及生命等权益，尽管国家利益和社会秩序因为业已发生的犯罪而受到损害或者威胁。这有助于被告人产生受到公正对待的感觉，产生其权益和人格尊严受到尊重的印象。

第三，公正的审判过程可以使各方参与者成为理性的、负责任的主体。一种合乎理性的刑事审判过程能够使那些受裁判结果直接影响的人获知并了解裁判者据以定案的根据、判决的内容以及审判形成裁判结果的途径和方式，并且借此向他们证明：他们的参与是富有意义的，他们所提出的证据、事实和主张是得到法庭充分合理地考虑和采纳的。这些都显示出裁判者对被告人、被害人等所应得的权益的关注和尊重，因为裁判者作出对他们有利或不利的决定并不是轻率的，而是经过慎重的分析、论证以后所得出的结论，并且向他们直接作出了论证和说服，尽量使其确信裁判结果的合理性和正当性。

第四，公正的程序通过确保裁判结论直接在刑事审判过程中产生，保证程序参与者人格尊严受到尊重。程序自治的实现意味着程序相对于实体的独立自主性以及程序对实体结果的决定作用，意味着程序参与者对裁判制作过程的参与具有实际的意义和效果，而不是仅仅流于形式或者“过场”。这对于被告人、被害人而言，是其可通过诉讼

① 〔美〕博登海默：《法理学——法哲学及其方法》，第245页。

手段自行保障实体权益的标志；对于辩护人而言，是其为被告人所作的辩护得到有效保障的标志。除非刑事审判过程对于裁判结论的产生具有实际的决定作用，除非刑事审判在其开始之前具有相应的不确定性，否则裁判结论就不能从控辩双方在法庭上的辩论中直接形成，控辩双方的参与也就不具有任何意义。对于这一点，如果我们能从"公正的刑事审判过程本身就是对程序参与者权利的保障以及对国家权力的限制"这一点上来认识，就比较好理解了。事实上，刑事审判过程一旦不具有自治性，裁判结果一旦不是从审判过程中产生，那么被告人、被害人的主体地位也就无法得到尊重，其权益乃至命运也就无法由自己来掌握。

最后，公正的审判程序通过及时地形成裁判结果并使审判过程得到及时的终结，使程序参与者各方的利益受到关注，其人的尊严和权利主体地位得到尊重。由于刑事审判的及时终结，被告人、被害人等可避免因审判的过于迟缓或者急速以及审判程序的反复任意开启而受到不公正的对待，防止其权益长期处于待判定或者随时出现危险的不稳定状态。

通过上述分析，我们可以对在刑事审判过程中实现程序正义的独立内在意义作一总结：它旨在表达一种最基本的思想：一个人在国家裁判机构作出对其利益有利或者不利的裁判时，应当至少能够处于一种可与裁判者就如何对待他的问题进行理性协商的地位，即强调尊重程序参与者作为自主、负责和理性主体的地位，要求裁判机构与他一起参与裁判结果的形成过程，向他论证裁判结果的合理性和正当性，从而使他成为裁判制作过程中的协商者、对话者、辩论者和被说服者，其作为人的尊严和价值得到充分的尊重。[①]

---

① R. A. Duff, *Trial and Punishment*, pp. 114–119.

（二）司法公信力理论

上述“尊严理论”在很大程度上解释了我们为什么需要坚持程序正义的价值。但除此以外，我们还需要考察坚持程序正义价值的社会效果。事实上，任何一种法律制度的正当性都不仅可以从其内在优秀品质上加以论证，还可以从其所能达成的外在效果上加以解释。当然，人们可能会以为这仍然属于程序正义的“外在价值”或“工具价值”，而很难算得上程序正义的独立价值。不过，按照美国学者贝勒斯的观点，法律程序的内在价值并不是完全独立于程序所要达成的一切效果（effects），而只是独立于法院的判决结果（decision outcome）。因为“从程序到程序内在价值的因果链条并不经过判决这一环节”。[①] 也就是说，程序正义价值并不依附于法律程序的工具性和有用性而存在，这主要是指法律程序并不是实现实体正义价值的工具和手段，法律程序自身的正当性也不是为确保裁判结果的公正性而存在的。尽管如此，法律程序的公正性有利于达成司法裁判的较佳社会效果。程序正义假如具有工具性的话，也不是相对于裁判结论的公正性而言的，而是相对于司法裁判的社会效果来说的。

那么，程序正义与司法裁判的社会效果具有怎样的关系呢？这可以从三个层面加以解释。首先，相对于不公正的程序而言，公正的程序更有可能使那些利害关系人接受和尊重裁判结论，并从内心里对法院、法庭审判以及裁判结论表示出信服。其次，对于那些受到法院不利裁判的一方，尤其是那些受到法院定罪判刑的被告人及其亲属而言，公正的程序可以发挥一定的吸纳不满、减少抵触情绪的效果，这有助于刑罚达成较为理想的社会效果。最后，一种公正的审判还可以使社会公众对司法裁判的过程和结论产生认同感，并对国家的司法制度

① M. D. Bayles, Principles for Legal Procedure, pp. 33-57.

形成普遍的信任和尊重。以下的论述拟对这三个层面的社会效果作一简要的分析。

对于那些与案件裁判结局存在利害关系的当事人而言，公正的审判程序可以使他们较为充分地表达自己的观点和主张，充分地参与到法庭上的举证、质证和辩论中来，有效地影响裁判者的裁判结论，并促使裁判者尽可能明确地宣告裁判的理由和根据，使所有被裁判者都成为法庭上的协商者、交涉者和被说服者，从而对裁判过程和结论都产生信赖和尊重。“正义不仅要得到实现，而且还要以人们看得见的方式实现。”诉讼各方由于能够对裁判者平等地施加积极有效的影响，裁判结论也能够体现他们的参与过程和参与效果，因此他们对裁判过程和结论的亲和力和认同感会有所增强。司法裁判的经验表明，当一种审判的公正性获得诉讼各方认同的时候，他们对裁判结论的公正性一般会表现出程度不同的信任和尊重。尤其是相对于那种明显不公正的审判程序而言，当事人对公正审判程序所产生的裁判结论更有可能表现出理解和信服。

对于诉讼的败诉一方而言，司法裁判过程固然产生了对其不利的结果，其利益也会因此受到限制和剥夺，因此，一般说来，要指望他们赞同和主动接受这种裁判的结局，这往往是十分困难的。事实上，胜诉方和败诉方作为诉讼的对立双方，对于裁判结局的认同感和接受程度经常是大相径庭的。所谓“几家欢乐几家愁”，就显示了这种一方有利、一方不利的状况。但是，当事人不论是被剥夺了利益还是赢得了利益，却有可能对裁判过程的公正性产生共识。毕竟，作为“看得见的正义”，程序正义有一套相对稳定和明确的价值要素，公正的审判程序既使得原告方的利益受到关注，也会使被告方的尊严获得尊重。尤其是对于那些受到定罪判刑的被告人而言，被追究刑事责任的结果当然会使他们产生不服的心理，并会形成抵触裁判结局和刑罚执行活动的本能想法。但是，公正的审判过程固然无法消除这种抵触心理，却可以在不同程度上减弱被追究刑事责任的被告人的不满和怨恨。相对于不公正的审判程序而言，公正的审判一般更能够起到吸纳被判刑人及其亲属不满的作用，从而减弱被判刑人一方因为刑罚的实施所可能带来的对国家司法机关的对立情绪。与此同时，相对于那些没有受到公正对待的被告人而言，那些有效地参与裁判过程的被告人，更有可能尊重对其不利的裁判结论，甚至产生认罪服判的效果。

对于社会公众而言，公正的审判可以在更为广泛的意义上产生积极效果。一般来说，普通公众可能更加关心刑事案件能否得到成功的侦破和犯罪人能否被绳之以法。尤其是对那些较为凶残、影响较大的暴力犯罪案件，以及涉案金额较高的贪污贿赂案件，社会公众更加关心犯罪人是否受到应有的惩罚，正义能否得到伸张，被害人的利益能否得到救济。在中国传统法律文化下，那种"欠债还钱、杀人偿命"的观念，在相当多的民众中还是根深蒂固的。因此，假如一场审判活动最终使得犯罪人逃脱法网，使得公众所认为的重罪犯逍遥法外，那么，他们对审判过程和裁判结论的抵触情绪和不满心理就有可能突然爆发出来。2003 年下半年社会各界对刘涌案件的大规模讨论，尤其是部分公众对于辽宁省高级法院对刘涌案件所作的改判死刑缓期执行的终审判决书的批评和攻击，就充分显示了部分公众对于"罪犯不能得到严惩"所形成的普遍失望以及对这种可能"放纵重罪犯"的裁判结论的普遍不满。[①]

那么，这是否意味着社会公众只关心实体正义的实现而漠视程序正义价值了呢？答案是否定的。在笔者看来，即使是从实现实体正义的角度来看，程序正义也不是可有可无的价值，而有其独立的意义。因为通过公正的审判，法院不仅可以合乎理性地对指控的犯罪事实作出

① 关于刘涌案件及其相关的评论，参见陈瑞华：《程序性制裁理论》，中国法制出版社 2010 年版，第 306 页以下。

裁断，谨慎地确定被告人是否构成犯罪和应否受到刑罚处罚，而且以一种权威的和正式的方式宣告被告人的罪行，并以国家的名义对有罪者予以谴责。另一方面，公正的审判程序客观上将每一个公民都视为一种理性和负责任的道德主体，使其人格尊严和个体利益得到国家的尊重和关注，而不是仅仅将他们看作被用以实现国家社会利益的工具和手段。这就意味着国家司法机关所进行的审判活动，既不是单纯地替被害人复仇的活动，也不是简单的以国家和社会整体的名义所从事的赤裸裸的报复和镇压。法院通过公正的审判活动，向社会公众传达了这样的信息：即使要惩罚那些构成犯罪的人，也必须经过一场在各方共同参与下举行的正式仪式，使得被告人有充分的机会提出申辩并论证自己的主张。这体现出国家对每个人——包括那些被指控为犯罪人的被告人——利益的关注和人格尊严的尊重，而不是将这些人视为可予以任意蹂躏的弃儿。在一定意义上，法院对被告人的公正对待，也就是国家对其公民尊严的尊重。因为“兔死狐悲”，法院对被告人的不宽容和不人道，最终意味着国家对社会成员的冷漠和轻视。当年，中国作家萧乾基于对“二战”后纽伦堡审判的评论，以及对中国“反右”和“文革”中恣意践踏人类尊严的教训所作的反思，总结出“即使是罪大恶极的人，也应有获得辩护的机会”的结论。[①] 这就充分说明，对于经历过历次政治运动和有着深刻政治教训的中国人来说，公正的审判是容易唤起人们内心深处对国家公共权力的反省，和对所有处于被国家追究境地的公民的同情心的。

人的本性中有善良、理性和宽容的一面，也有残暴、偏狭和兽性的一面。一种公正的法律制度有可能使前者得到发扬光大，而使后者受到压抑和控制。公正的审判可以唤起社会公众对司法裁判过程和结果

① 萧乾：《一个中国记者看二战》，生活·读书·新知三联书店 1995 年版，第 17—19 页。

的认同感和满足感，促使他们对国家司法机关的权威予以尊重和信赖。“正义根植于信赖。”法院的审判只有符合程序正义的要求，才有可能取得社会各界的普遍信任和尊重。毕竟，一般的社会公众与案件并无利害关系，对于被告人可能被定罪判刑以及被害人所要获得复仇和赔偿的愿望，并不会形成“感同身受”的认识。不仅如此，他们对案件的具体情况和裁判结果也无法事先作出预期。因此，公正的审判程序完全有可能说服社会公众接受裁判结论。对于那些与案件结局没有利害关系的社会公众而言，公正的审判程序能够产生令人信服的公正裁判结论。这种纯粹的程序正义完全是有可能形成的。

第九章　程序正义的自主性价值（Ⅱ）
——程序正义对裁判结果的塑造作用

一、对传统程序正义理论的反思

在程序正义理论的学术史上，一直存在着程序工具主义与程序本位主义这两种竞争性的学说。[①]程序工具主义的局限性是不证自明的，也是造成“重实体轻程序”的重要原因。从本质上看，程序工具主义学说否定了法律程序的独立价值，不承认程序正义的自主性意义，将程序视为实现理想结果的手段[②]，将程序正义看作实现实体正义的保障，或者将程序性权利等同于维护实体性权利的工具[③]。只要坚持程序工具主义的观点，我们就永远无法解决以下两个理论难题：一是只有那些有助于实现某种“理想”结果的程序，才是有价值的，否则就是有缺陷的，甚至是不正当的；二是司法人员只要做出了“正确”“合法”或“合理”的裁判结果，那么，他们即便违反法定的诉讼程序，或者遵循不公正的程序，也是无可厚非的，是可以容忍的，甚至是不需要加以谴责和否定的。

---

① 参见陈瑞华：《刑事审判原理论》（第三版），法律出版社 2020 年版，第 62 页以下。

② Gerald J. Postema, The Principle of Utility and the Law of Procedure: Bentham' s Theory of Adjudication, p. 1393.

③ R. Dworkin, *A Matter of Principle*, p. 168.

与程序工具主义相比，程序本位主义坚持了一种程序自主性的立场。这一观点并不否认实体正义的重要性，但认为程序正义具有一种“非工具价值”，具有一种“内在的道德性”[①]，这主要表现在司法人员通过一场公正的审判，要给予那些受裁判结果影响的利害关系人参与对话、协商、对抗以及影响裁判者的机会，承认其自主的法律主体地位，使其人格尊严得到尊重[②]，同时保证审判程序得到被裁判者乃至社会公众最大限度的价值认同，使得裁判结果连同审判过程获得公信力[③]。应当说，这种对法律程序内在道德性的强调，的确是程序本位主义的重大理论贡献。但是，这一学说回避了程序与结果的关系问题，要么将程序正义视为独立于实体正义的内在价值，要么简单地得出“公正结果是公正程序的自然延伸”的结论。既然程序正义本身就是法律程序所要实现的理想目的，那么，为什么我们还要强调“预防冤假错案”？为什么提出“疑问时做有利于被告人的解释”这一裁判原则？为什么还要设置上诉程序和再审程序，对那些经过公正审判所产生的错案，通过新的审判程序来加以纠正呢？

其实，无论是程序工具主义，还是程序本位主义，在程序与结果的关系问题上，都坚持了一种“抽象的实体正义”的观点，也就是将所谓“公正的裁判结果”视为一种先验的、静态的和普遍适用的理想结果。按照通常的说法，这种“抽象的实体正义”，主要是指通过刑事审判过程来实现一种符合公平正义理念的裁判结论。在刑事审判中，这种实体正义可以简单地表述为“不枉不纵”，通常可以包括以下基本要素：发现事实真相；正确适用实体法；实现同案同判和无差异处理结果；恰

---

① R. A. Duff ,*Trial and Punishment*, pp. 110–114.

② Robert S. Summers, Evaluting and Improving Legal Process: A Plea for “Process Values”.

③ Michael D. Bayles, *Procedural Justice: Allocating to Individual*, p. 5.

当地适用自由裁量权；等等。由于预先树立了这一抽象的实体正义标准，司法人员就要根据这一标准来验证和评判刑事审判活动是否取得了成功。在程序工具主义论者看来，法律程序的设计和实施都要致力于实现这一实体正义目标，也要将是否有助于实体正义的实现作为评价标准。而根据程序本位主义的立场，上述实体正义的目标固然是正当的和值得追求的，但是司法人员不应在脱离程序正义的情况下追求这一理想结果，而是应优先考虑维护程序的公正性，确保审判过程符合"内在的道德标准"。

但是，这种"抽象的实体正义"理念，最多可以被视为一种可望而不可即的理想目标。正如罗尔斯所说，刑事审判只能实现一种"不完善的程序正义"，也就是虽然可以确定程序公正的标准，也可以设立实体结果的公正标准，却无法发现一种可以实现公正结果的公正程序。[①]毕竟，司法人员即便遵守了公正的审判程序，也仍然会在认定事实上发生误判，甚至作出不公正的定罪量刑结论。这显然说明，所谓"发现事实真相"和"不枉不纵"等抽象的实体正义，只能属于一种"上帝视角"下的理想裁判目标，而不具有现实的可操作性。在刑事审判过程中，司法人员经常要面对如何作出司法裁判的问题，也会面临如何在不同的裁判方案中作出选择的问题。

例如，司法人员究竟是要通过庭审过程来形成对案件事实的认识，还是在庭审程序之外寻求作出裁判的依据？又如，在出现事实不清、证据不足的案件中，司法人员会面临究竟是选择"不放纵有罪者"还是"不冤枉无辜者"的问题。再如，面对检察机关提出的量刑建议，法院究竟是要照单全收，还是要接受更加全面的量刑信息，从而避免量刑裁判结果的不公正和不均衡呢？还有，在检察机关提出追缴涉案财物申

① 参见〔美〕约翰·罗尔斯:《正义论》，第 80—83 页。

请的情况下，法院究竟如何确定追缴的财产范围，从而避免利害关系人的合法财产受到不公正的剥夺呢？

我国刑事审判制度改革的进程，在一定程度上就是程序正义理念得到逐步加强的过程。自 2014 年以来，我国司法改革决策者提出了“审判中心主义”和“认罪认罚从宽”的司法改革课题。经过数年的改革探索，我国初步形成了两种审判程序：一是建立在被告人认罪认罚基础上的量刑协商程序[①]；二是建立在被告人不认罪基础上的普通程序。前者可以被称为“合作性司法程序”，后者则可被视为“对抗性司法程序”。[②] 前一种程序孕育了一种以“结果控制”为中心的程序正义理论，又被称为“协商性的程序正义”理论；而后一种程序则蕴含着一种以“程序控制”为主要标志的程序正义理论，又被称为“对抗性的程序正义”理论。而无论是协商性程序正义理论，还是对抗性程序正义理论，都程度不同地赋予审判程序对于实体结果的影响、选择和塑造作用。[③] 例如，作为认罪认罚从宽制度核心要素的量刑协商机制，就包含着控辩双方通过自主自愿的协商、对话和妥协来形成量刑方案的制度要素；[④] 而作为审判中心主义改革核心要素的“庭审实质化”方案，本身也包含着从直接、言词和辩论的庭审程序中形成裁判结论的意思。[⑤]

与此同时，我国刑事诉讼法还建立了相对独立的量刑程序，初步将涉案财物的追缴纳入诉讼程序的轨道，这一方面限制了法官在量刑方面的自由裁量权，另一方面也使得确定涉案财物的范围问题成为一种

---

① 参见陈瑞华：《刑事诉讼的公力合作模式——量刑协商制度在中国的兴起》，《法学论坛》2019 年第 4 期。

② 参见陈瑞华：《刑事诉讼的私力合作模式——刑事和解在中国的兴起》，《中国法学》2006 年第 5 期。

③ 参见陈瑞华：《论协商性的程序正义》，《比较法研究》2021 年第 3 期。

④ 参见熊秋红：《认罪认罚从宽的理论审视与制度完善》，《法学》2016 年第 10 期。

⑤ 左卫民：《地方法院庭审实质化改革实证研究》，《中国社会科学》2018 年第 6 期。

实质性的裁判对象，使得量刑程序和涉案财物追缴程序对于裁判结果的塑造能力大大提高。

我国司法改革的经验足以表明，刑事审判程序不能仅仅被视为实现抽象实体正义的手段和工具，程序正义也不仅仅具有一些形式化的内在道德标准，而是对于司法裁判结果具有一定的影响、选择和塑造作用。假如没有程序正义的这种塑造作用，那么，所谓的司法裁判结论通常就属于对检察机关起诉意见的简单认同，所谓的“实体正义”往往无从谈起。相反，刑事审判越是强化程序正义的理念，检察机关的公诉意见就可以受到越加实质性的审查，案件的裁判结果也就越具有更大的不可预测性和不确定性，诉讼程序对于实体结果的塑造作用也就越加显著。

本章拟以对抗性司法程序为范例，以程序与结果的关系问题为切入点，简要分析程序正义对于实体裁判结果的塑造作用。根据我国的司法改革经验，程序正义对于司法裁判结果的塑造作用可以分为四个方面：一是程序自治效应，也就是从审判程序中形成裁判结果；二是结果选择功能，也就是在定罪裁判中选择一种消极的实体正义结果；三是裁量限制作用，也就是在量刑裁判中限制法官的自由裁量权，避免“同案不同判”的结果；四是程序阻隔效果，也就是在刑事审判中引入“对物之诉”的程序，对检察机关提出的有关追缴涉案财物的申请作出实质性审查，避免任何与案件无关的财产被追缴或者没收。本章将依次对这四种程序塑造作用作出理论上的讨论，并对相关的改革课题进行反思性评论。最后，按照“从经验到理论”的研究思路，笔者还将在上述讨论的基础上，提出一种新的程序正义理论的假设，以作为对这一问题的理论总结。

二、程序自治效应

程序正义对裁判结果的塑造作用，首先体现在一种“程序自治效应”上面。所谓“程序自治”，是指案件的裁判结果应当从刑事审判过程中产生。无论审判程序在多大程度上体现了程序正义的价值，但作为一种最低限度的要求，审判程序对于裁判结果的形成具有唯一的决定作用。具体而言，法官的裁判结果应当产生在全部审判程序结束之后，而不能在审判程序启动之前或者结束之前产生；法官的裁判结论应建立在他们通过当庭举证、质证和辩论所形成的内心确信的基础上，而不是来自于庭外产生的预断、偏见或者传闻的基础上；法官的裁判应建立在控辩双方提出并经过当庭质证的证据、事实的基础上，而不能将任何一方的证据、事实、观点随意地排除于定案根据之外。① 在一定程度上，我国 2014 年以来启动的“审判中心主义改革”和“庭审实质化改革”，对于程序自治效应的实现起到了推动作用。

长期以来，我国一直存在着刑事审判程序“流于形式”的问题。究其实质，刑事法官并没有在庭审过程中形成裁判结论，也没有将对案件事实的认定建立在当庭进行的举证、质证和辩论的基础上。法官要么在庭审前对案件的裁判结局形成了先入为主的预断，要么在庭审过程中受到了庭外因素的干扰和影响，要么在庭审结束后通过向上级法院请示汇报来接受裁判的指令或建议。这就等于架空了整个刑事审判过程，使得刑事审判程序形同虚设。②

这种“庭审形式化”问题带来了多重负面的后果。一方面，审判程序的虚置化导致各种为规范审判程序所设立的原则和制度失去了存在的意义，包括审判公开原则、回避制度、辩护制度、交叉询问等在内的一系列制度安排，变成一种“形式化”的法律规范，而对裁判结果失去实质的制约作用。另一方面，法庭审判的“走过场”又使得各种为避免冤假错案所建立的制度发生结构性的失灵，法庭审理的纠错功能受到削

① 参见陈瑞华：《刑事审判原理论》（第三版），第 90—91 页。
② 参见汪海燕：《论刑事庭审实质化》，《中国社会科学》2015 年第 2 期。

弱，刑事法官对于检察机关提出的公诉主张不具有实质性的审查能力，法庭作出无罪判决的案例比率逐年下降，刑事误判的发生难以避免。[①]

对于这种“庭审形式化”问题，立法部门和司法实务界一直给予了高度重视，并将解决这一问题作为我国刑事司法改革的重要课题。1996年修订后的刑事诉讼法，推动了一场“刑事审判方式改革”，仿效英美引入了对抗式诉讼的若干因素，朝着解决庭审形式化问题迈出了一大步。通过这次法律修订，刑事法官在开庭前不再对案件事实进行实质性审查，法官庭前查阅公诉方证据材料的范围受到诸多限制，改造后的交叉询问机制得到初步确立，控辩双方在庭审中的对抗性得到诸多方面的保障。尤其是该法首次确立了“疑罪从无”的规则，为刑事法官否定公诉方的指控意见提供了法律依据。尽管经过2012年的修订，我国法律又恢复了“案卷移送制度”，使得法官又获得了庭前查阅公诉方案卷的机会，但总体上，1996年的改革明显降低了刑事法官庭前产生预断的可能性，有效地督促法官通过庭审过程来形成裁判结论。[②]

2014年，我国司法改革决策部门启动了新一轮司法体制改革，提出了“推进以审判为中心的诉讼制度”的改革课题。这一改革的目的在于“确保侦查、审查起诉的案件事实证据经得起法律的检验”。为达到这一目的，有关改革文件强调“全面贯彻证据裁判规则，严格依法收集、固定、保存、审查、运用证据，完善证人、鉴定人出庭制度，保证庭审在查明事实、认定证据、保护诉权、公正裁判中发挥决定性作用”。

究其实质，“审判中心主义”改革将改变侦查、审查起诉与审判的关系作为重要内容。这一改革一旦真正得到推行，那么，我国公检法三机关的法律关系也将被作出相应的调整，我国的刑事司法体制将摆

---

① 参见戴长林:《庭前会议、非法证据排除、法庭调查等三项规程的基本思路》,《证据科学》2018年第5期。

② 参见熊秋红:《刑事庭审实质化与审判方式改革》,《比较法研究》2016年第4期。

脱原有的"侦查中心主义"，从"流水作业模式"走向"审判中心主义模式"。这显然属于刑事诉讼纵向构造的重大调整。但是，由于我国宪法、法院组织法、检察院组织法都确立了"分工负责、相互配合、相互制约"的基本原则，改革决策者并没有提出任何改变我国刑事司法体制的重大改革举措，因此，这种"审判中心主义"的改革并没有得到实质性的推进，我国侦查、审查起诉和审判三阶段之间的法律关系也没有发生显著的改变。司法实践中取而代之的是一种更具有技术性的"庭审实质化"改革方案。

所谓"庭审实质化"，是一种以解决庭审形式化为直接目标的审判制度改革方案。根据这一方案，法院对于案件事实的认定要通过法庭审理程序来加以实现，具体说来，就是让"诉讼证据出示在法庭，案件事实查明在法庭，诉辩意见发表在法庭，裁判结果形成在法庭"，使得法官对案件事实的判断建立在通过当庭举证、质证和辩论所形成的内心确信的基础之上。为实现"庭审实质化"的改革目标，最高法院发布了三项"程序规程"，推出了一系列旨在强化程序正义的改革措施，如将庭前会议界定为庭审准备程序，法院可处理会导致庭审中断的程序性事项，组织控辩双方展示证据，归纳控辩双方争议焦点，但不得处理定罪量刑等实体性问题；完善非法证据排除规则，明确了非法证据的范围，确立了法院审查和排除非法证据的具体规则和程序，规范庭前程序和庭审环节对证据合法性争议的处理程序；健全法庭调查程序，将证据裁判、程序公正、集中审理和诉权保障确立为法庭调查的基本原则，规范开庭讯问、发问程序，落实证人、鉴定人出庭作证制度，完善各类证据的举证、质证、认证规则，等等。[①]

"庭审实质化"改革方案的本质，是强调法院的裁判结果形成于庭

① 参见施鹏鹏：《庭审实质化改革的核心争议及后续完善——以三项"规程"及其适用报告为主要分析对象》，《法律适用》2018 年第 1 期。

审过程之中，激活审判程序对司法裁判结果的塑造能力。这种改革方案一旦得到实现，就有可能产生以下几个方面的积极效应：首先，在庭审之前，法官尽管可能通过阅卷对案件事实形成一定的偏听偏信，但他们可以通过庭前会议中对控辩双方主张、证据和争议焦点的了解，程度不同地减轻这种预断和偏见，至少不会“先定后审”甚至“先判后审”，这就为法官平等地接受控辩双方的证据、主张和观点创造了制度保障。其次，在庭审过程中，法官通过听取证人、鉴定人的当庭陈述，听取控辩双方的交叉询问，来对证人证言和鉴定意见的证明力作出实质性判断。这种根据当庭举证、质证和辩论所形成的内心确信来作出对案件事实的认定，使得控辩双方对庭审过程的参与，可以对裁判结论的形成发挥直接、充分和有效的影响。尤其是被告人及其辩护人，可以通过提出与公诉方不一致的证据、事实和法律观点，促使法官摆脱对公诉方案卷的依赖，从而对案件作出独立自主的裁判结论。再次，通过对公诉方证据的合法性进行当庭审查，听取控辩双方对非法证据排除的质证和辩论意见，法官可以对侦查活动的合法性进行专门的审查，对于依法应当排除的非法证据排除于裁判根据之外，这可以在很大程度上削弱公诉方的证据体系，甚至影响公诉方指控的效果。最后，假如审判集中原则可以得到切实的贯彻，那么，法官在庭审结束后，就可以不再诉诸院庭长或者审判委员会的内部审批或者讨论决定，也可以不再向上级法院进行请示汇报。法官就有可能根据当庭对事实认定和法律适用所形成的认识来作出司法裁判。

“庭审实质化”改革的推行，可以确保程序正义发挥一种“程序自治效应”。庭审结果具有最低限度的不可预测性，法官有能力对检察机关提出的起诉主张进行实质性的审查，可以根据当庭所采纳的证据、所认定的事实以及在适用法律上所形成的认识，削弱乃至推翻公诉方的意见。这说明，法官不再以所谓的“抽象的实体正义”作为审判的前提，而可以通过庭审程序对裁判结果实施有效的影响、决定和塑造作用。

当然，“庭审实质化”改革的推行会遇到一系列制度障碍，程序正义要发挥上述“程序自治效应”也会面临诸多方面的困难。要确保法院的裁判结果从法庭审理程序中形成，需要解决一系列的制度难题。例如，在案卷移送制度得到恢复的情况下，如何有效地削弱公诉方的案卷材料对法官的影响，防止法官产生过于强烈的预断或偏见，这是一个亟待解决的问题。又如，在庭审过程中，如何建立一种有效限制法庭休庭时间和次数的制度，防止法庭任意中断审理过程，避免法官随意地进行“定期宣判”，确保法官通过连续不断的庭审来直接形成裁判结论，这也是一个需要攻克的制度难题。再如，我国已经推行了“让审理者裁判”的司法改革，大大扩大了独任法官和合议庭的独立审判权，但是，法院内部仍然存在着庭长、院长签发裁判文书的制度，仍然运行着内部请示汇报制度，审判委员会仍然拥有对“重大、疑难、复杂案件”的讨论决定权。这些“司法行政化”问题不解决的话，那么，庭审实质化改革就无法得到真正实现。还有，在法院受制于外部压力的司法环境下，法院的无罪判决率呈现逐年下降的趋势，这一局面假如不发生根本扭转的话，那么，法院就很难做到从庭审程序中形成独立的裁判结论，“庭审实质化”的改革目标也难以真正实现。

三、结果选择功能

所谓“结果选择功能”，是程序正义对实体裁判结果加以塑造的又一方式。这里所说的“结果选择”，是指在不同的实体正义目标之间，刑事审判程序所具有的选取、放弃或者过滤的能力。一般来说，“抽象的实体正义”只是一种先验的、理想的公正裁判结果，在司法实践中往往表现为一些相互对立的价值要求，其中，“不放纵有罪者”和“不冤枉无辜者”就属于两种难以兼得的实体正义要求。前者通常站在国家和社会利益的立场上，强调对犯罪事实的正确揭示，对刑事实体法的准确适用，以及对犯罪人适当的定罪量刑。后者则秉持保障人权的理念，重视对无罪者的保护，对于在犯罪事实是否成立方面存在疑问的案件，采取“疑罪从无”的处理方式。对于“不放纵有罪者”，我们一般称为“积极的实体正义”；而对于“不冤枉无辜者”，我们则将其视为“消极的实体正义”。

相对于侦查机关和检察机关而言，法院在实现“积极的实体正义”目标方面，并不具有先天的资源优势。首先，法律将法院定位为“审判机关”，其主要职能是对检察机关提起公诉的案件进行审理和作出裁判，而不是主动承担刑事追诉职能，更不能对未经起诉的犯罪人和犯罪事实采取积极的追诉行动。所谓“法官只能审理向其提出指控的事实”，说的就是这个意思。其次，法院主要通过法庭审理和庭外调查核实证据的方式进行诉讼活动，一般难以收集超出公诉方案卷范围的证据材料，而主要依靠控辩双方提交的现有证据材料，对检察机关指控的罪名是否成立作出审查和判断。所谓“法官的使命是裁断，而不是发现”，就形象地表达了这个意思。再次，在法庭审理过程中，法官并不像侦查人员那样，可以采取“直线式”的调查证据方式，而是采取“两造具备，师听五辞”的听审方式，面对在诉讼主张、观点和立场等方面直接对立的控辩双方，法官不得不接触两种以上不一致的证据、事实和观点，这就为法官“顺利”接受检察机关的指控主张制造了法律上的障碍。即便是一个充满偏见的法官，在正常的法庭审理中，也不可能像侦查人员或检察官那样，采取赤裸裸的追诉立场，而不得不在形式上保持“客观裁判者”的形象。

自 1996 年以来，随着我国刑事司法改革的不断推进，刑事审判程序越来越多地体现了程序正义的要求。这造成了两个方面的结果：一是刑事审判程序在形式上越来越增强了公正程度;二是审判程序对于案件裁判结果的选择能力逐渐提高。经验表明,我国法院在贯彻“公正审判”理念方面越是进步,就越有能力实现“消极的实体正义”,有时甚至采取“宁纵勿枉”的价值选择。这显然说明,程序正义在对裁判结果的“结果选择”方面,确实可以发挥显著的作用。对此,我们可以从四个方面作出简要分析。

其一,自2010年最高法院通过司法解释确立非法证据排除规则以来,直到立法机关在刑事诉讼法中全面确立非法证据排除规则,法院将一系列非法证据纳入排除的对象,并确立了一种“审判之中的审判”。[①]通过非法证据排除规则的实施,法官可以对侦查行为的合法性进行司法审查,对于侦查人员非法获取的指控证据排除于法庭之外。这一制度的有效运行,可以使侦查行为的合法性成为法庭审判的对象,有可能削弱公诉方的指控证据体系,更有可能增强被告人及其辩护人的辩护效果。实证研究的结果表明,除了那些极为罕见的案件以外,法院在一般案件中对非法证据排除规则的运用,对于无罪判决的作出并没有发挥显著的推动作用。但至少,法院对非法证据的排除,有可能促使法院在检察官指控数罪的案件中,将部分罪名加以推翻,或者将较重的罪名改为较轻的罪名;对于侦查人员非法取证的案件,法院即便不做出排除非法证据的裁决,也有可能对被告人作出“量刑上的宽大处理”。[②]

其二,自2010年以来,最高法院通过发布刑事证据规则和法庭调查规程,强化证人出庭作证制度,激活交叉询问机制,限制庭外证言笔录的证据能力,这对于公诉方的指控形成了实质性的限制。经验表明,相对于间接和书面的审判方式而言,直接和言词的审判方式更有助于

---

① 参见陈瑞华:《非法证据排除规则的中国模式》,《中国法学》2010年第6期。

② 参见徐建新、张元华:《审判中心主义下无罪判决之理性回归》,《刑事司法论丛》(孙长永主编)第三卷,中国检察出版社2015年版。

控辩双方充分地参与庭审过程，对证人证言、被害人陈述、鉴定意见等言词证据作出实质性审查，这显然有助于维护公正的审判。[①] 与此同时，通过直接和言词的审判方式，法官不再将公诉方提交的庭外言词证据作为定案的根据，而是亲自听取证人的口头陈述和控辩双方的交叉询问，将不真实、不相关或不合法的控方证据排除于法庭之外。在一定程度上，法官在法庭调查程序中贯彻程序正义的要求，可以将那些有争议的言词证据加以排除，从而对公诉方单方面提交的指控事实产生合理的疑问。近年来，我国法院对一些冤假错案的纠正，几乎都是通过对言词证据的证明力加以否定，并进而得出对犯罪事实的证明没有达到“排除合理怀疑”的程度。[②]

其三，辩护制度的逐步发展，使得辩护律师参与的案件范围得到扩大，参与的诉讼阶段大大提前，参与的效果得到显著的加强，这有助于对强大的刑事追诉方构成有效的制衡力量，防止法院动辄接受公诉方的指控主张，避免作出无根据和不公正的有罪裁决。与嫌疑人、被告人自行发表辩护意见的制度相比，辩护律师的有效参与，可以大大增强嫌疑人、被告人的辩护能力，为检察机关指控犯罪的成功设置程序障碍，促使法官兼听则明，注意有利于被告人的证据、事实和法律观点，避免偏听偏信，不成为检察机关指控的“接盘手”，防止作出不公正的定罪量刑。近年来，被追诉者在侦查阶段即可以委托辩护律师，或者依法被指定法律援助律师进行辩护；辩护律师的会见、阅卷和调查权得到不同程度的保障；辩护律师自审查起诉之日起可以向在押嫌疑人、被告人核实有关证据材料；辩护律师被要求承担忠诚义务，尊重委托人的意愿，

① 参见孙长永、王彪：《论刑事庭审实质化的理念、制度和技术》，《现代法学》2017年第2期。

② 参见黄晓云：《严格落实证人出庭制度，强化直接言词证据原则》，《中国审判》2016年第12期。

不得在违背委托人意愿的情况下发表不利于委托人的辩护意见；律师的有效辩护开始受到重视，并在制度设计中有所体现……这些发生在辩护领域的制度变革，可以保证被追诉者充分而有效地参与裁判制作过程，在辩护律师的帮助下对裁判结果施加积极的影响。经验表明，与被告人自行辩护的案件相比，在律师参与辩护的案件中，法院作出无罪、准许撤回起诉、推翻部分罪名、降低量刑幅度、排除非法证据的裁决的几率，具有程度不同的提高。[①]

其四，无罪推定原则的逐步贯彻落实，大大改善了被告人及其辩护人的诉讼地位，提高了辩护方的防御能力，并有可能促使法院作出“疑罪从无”的裁决。我国立法机关经过数次修订刑事诉讼法，逐步吸收了无罪推定原则的若干因素，如 1996 年修订后的刑事诉讼法首次确立“疑罪从无”规则，将被追诉者以提起公诉为时间节点先后称为“犯罪嫌疑人”和“被告人”，2012 年修订后的刑事诉讼法确立了检察机关承担证明责任的规则，并引入了“排除合理怀疑”的证明标准。最高法院的司法解释对于“疑罪从无”规则的落实问题更是三令五申。这种对无罪推定原则的吸收，区分了“事实上有罪”与“法律上有罪”，使得被告人不承担证明自己无罪的责任，而享有“被推定无罪”的诉讼特权；被告人及其辩护人没有作出积极辩护的义务，而只需要通过消极辩护，指出检察机关指控的犯罪事实还“没有排除合理怀疑”，就可以促使法官作出有利于被告人的解释。这就显著改善了被告人的地位，对控辩双方不平衡的地位进行了必要的矫正。这种旨在加强程序正义的制度设置，可以避免法官随意地接受检察机关指控的事实，避免被告人受到无根据的和不公正的定罪。在一定程度上，“获得无罪推定”可以被视为被告人的一项诉讼特权，而这项特权最终保障了被告人“不受任意

---

① 参见左卫民、马静华：《效果与悖论：中国刑事辩护作用机制实证研究——以 S 省 D 县为例》，《政法论坛》2012 年第 2 期。

定罪的权利”。

通过上述分析，我们可以看到，刑事审判程序越多地体现程序正义的理念，司法人员就越有可能避免被告人受到无根据的和不公正的定罪，实现“不冤枉无辜者”的价值目标。当然，公正的审判程序所能发挥的这种“结果选择功能”，也将随着审判制度的进一步改革而得到更加充分的发挥。目前，非法证据排除规则的实施仍然面临着多方面的困难，法院不启动排除程序、拒绝对侦查行为合法性进行司法审查乃至拒绝作出证据排除裁决的情况，仍然普遍地存在着；在证人出庭作证制度的落实方面，法律至今没有确立类似传闻证据规则这样的保障机制，没有建立实质的非法证言排除规则，使得法院在传召证人、被害人、鉴定人、专家辅助人、侦查人员出庭作证方面，仍然享有较大的自由裁量权；在律师辩护方面，我国法律所确立的强制性指定辩护的适用范围仍然太小，大量无力委托辩护人的被追诉者，仍然无法获得法律援助律师的无偿辩护，而即便是被追诉者委托的辩护律师，面对法官事先阅卷、随意宣读案卷笔录甚至庭外进行请示汇报的情况，仍然难以对法官的裁决施加有效的影响；而在无罪推定原则的贯彻方面，我国法律仍然存在一些使被追诉者处于不利境地的法律条款，如对侦查人员的提问承担“如实回答”的义务，积极辩护可能被认定为“没有悔罪表现”，并进而成为法院从重量刑的根据……

四、裁量限制作用

程序正义对裁判结果的塑造作用，还可体现在对法官自由裁量权的限制上。这种“裁量限制作用”主要发生在量刑裁判领域。本来，为限制法官在量刑上的自由裁量权，刑法确立了罪刑法定、罪责刑相适应、法律面前人人平等、刑罚谦抑等诸多原则。尽管如此，在对每一案件的刑事处罚上，司法人员仍然拥有两个方面的自由裁量余地：一是对刑罚种类的选择；二是对刑罚幅度（特别是自由刑幅度）的调节。检察机关向法院提起公诉时，通常会提交两份独立的诉讼文书：一是作为定罪申请书的起诉书；二是作为求刑申请的量刑建议书。在后一份诉讼文书中，检察机关会向法院提出适用刑事处罚的种类和幅度。由于最高检察院提出了"精准量刑"的公诉要求，并将法院对量刑建议的采纳率作为对各级地方检察机关的考核标准，因此，检察官通常会向法院提出较为具体明确的量刑建议。当然，与定罪问题不同，刑事法官在量刑裁判上一般都具有一定程度的自主性。尤其是在经过法庭审理发现了新的量刑事实和量刑情节，或者发现检察机关所认定的量刑情节不能成立，所提出的量刑建议有失偏颇的情况下，法官还有可能在量刑上拥有较大幅度的裁量空间。

在2010年以前，我国刑事诉讼法确立了定罪与量刑一体化的审判程序，法院经过一场完整的审判活动，既要解决被告人的刑事责任问题，也要对有罪被告人的刑事处罚作出裁决。这种定罪"附带量刑"的审判程序，没有给予控辩双方就量刑种类的选择和量刑幅度的确定进行法庭抗辩的机会，使得被告人及其辩护人既无法提出新的量刑事实和量刑情节，也无法对公诉方的量刑建议提出有力的挑战。结果，法官就有可能主导了整个量刑裁判过程，他们既有可能直接对公诉方的量刑建议加以采纳，也有可能根据自己获得的量刑事实来选择新的量刑种类或量刑幅度。被告人及其辩护人对于法官的量刑裁判难以施加积极有效的影响。①

2010年，最高法院发动了一场"量刑规范化"改革运动。出于解决"同案不同判"问题的考虑，也为了限制法官在量刑方面的自由裁量

① 参见陈瑞华：《量刑程序改革的困境与出路》，《当代法学》2010年第1期。

权，最高法院从两个方面作出了制度调整：一是发布了量刑指导意见，对常见罪名确定了“基准刑”，并对若干法定量刑情节设定了较为明确的“数量化调节比例”，在一定程度上限制并压缩了司法人员在量刑幅度上的裁量余地；二是确立了“相对独立的量刑程序”，也就是在将起诉书与量刑建议书加以区分的前提下，将法庭调查分为定罪调查和量刑调查这两个程序，将法庭辩论分为定罪辩论和量刑辩论这两个阶段，同时还在裁判文书中分别设定了“定罪裁判的说理”与“量刑裁决的说理”，以督促法官对量刑裁决的依据作出更为充分的阐述和论证。

2012 年修订后的刑事诉讼法吸收了上述量刑规范化改革成果，对定罪审理程序与量刑审理程序作出了相对分离。尽管这一改革具有一定的保守性和妥协性，并没有引入定罪程序与量刑程序完全分离的审判程序，但是，控辩双方可以围绕着量刑问题进行举证、质证和辩论，这有助于确保被告人及其辩护人充分参与量刑裁判的制作过程，增强量刑程序的对抗性和透明度，确保法院对检察机关提出的量刑建议进行实质性的审查，也在一定程度上限制了法官在量刑上的自由裁量空间。

经验表明，在量刑规范化改革完成之后，被告人及其辩护人有机会提出新的量刑事实和量刑情节，改变了原来法庭上只出现法定和酌定从重情节的局面，使得一些法定或者酌定从轻处罚的情节有可能出现在法庭上，甚至还有可能使法官接触到一些新的法定减轻或免除处罚的情节。与此同时，被告人及其辩护人对公诉方提交的不利于被告人的量刑事实，也有机会进行有力的质证，对检察机关的量刑建议提出更具有说服力的辩护意见。[①] 尤为重要的是，在相对独立的量刑程序中，被告人及其辩护人不仅可以关注那些立案时出现的“已然量刑情节”，

① 参见熊秋红：《中国量刑改革：理论、规范与经验》，《法学家》2011 年第 5 期。

还可以通过积极的努力推动一些“未然量刑情节”的形成，这主要包括坦白、自首、立功、刑事和解、退赃退赔、修复法益、认罪认罚、作出合规承诺，等等。这些“未然量刑情节”几乎都是法定或者酌定的从轻、减轻、免除处罚的情节。而在检察机关提起公诉时，这些情节要么还没有出现，要么还没有引起检察机关的重视，因此往往难以成为支持检察机关量刑建议的依据。这也从一个角度证明了检察机关的量刑建议往往是有失偏颇的，甚至是操之过急的，未必能够建立在全部量刑事实的基础上。

有鉴于此，通过相对独立的量刑程序的实施，控辩双方有可能从各自角度提出不同的量刑事实和量刑情节，使得法官可以接触到大量在开庭前难以获得的量刑信息，并可以从控辩双方的举证、质证和辩论中获得有关量刑问题的认识。从充分发挥量刑功能的角度来看，法官可以综合各方面有关量刑事实和法律适用的意见，从报应、惩罚、威慑、预防等多种功能兼顾的角度上，确定一种适当的刑罚种类和刑罚幅度。这显然说明，在量刑程序的公正性得到加强的情况下，无论是量刑情节的类型和范围，还是对基准刑的设定，乃至各种量刑情节对量刑幅度的调节比例，都具有一定的不确定性和不可预测性。而经过控辩双方围绕量刑问题展开的举证、质证和辩论，法官可以对有利和不利于被告人的量刑事实和量刑情节作出认定，对量刑种类作出重新选择，对量刑幅度作出恰如其分的调整。由此，法官在量刑方面的自由裁量权就受到了量刑程序的有效限制，一种公正的量刑程序可以对量刑裁判结果产生一定程度的塑造作用。

当然，量刑程序的改革仍然有进一步推进的空间。这场发生在2010年前后的改革探索，经过2012年刑事诉讼法的修订，最终并没有形成定罪程序与量刑程序完全分离的程序格局。结果，法官在对被告人是否构成犯罪并没有作出裁判的情况下，还要对定罪和量刑问题进行交叉性的法庭调查，并组织交叉性的法庭辩论，这既容易在定罪方面形成预断和偏见，也无法保证法官对量刑问题展开彻底的调查。[①] 与此同时，对于被告人及其辩护人而言，在这种定罪与量刑相对独立的程序中，在选择无罪辩护和量刑辩护方面也会陷入困难的境地。他们一旦选择无罪辩护，然后再提出量刑辩护的意见，就会产生一种"自我否定"的效果。毕竟，量刑辩护建立在承认被告人有罪的基础上，而无罪辩护则建立在否定指控罪名的前提下，两者同时提示，会使法官产生"被告人承认有罪"的印象。可以说，如何确保定罪程序与量刑程序的分离，可能是我国刑事审判制度有待解决的一个重大改革课题。[②]

五、程序阻隔效果

在对抗性司法程序中，被告人不认罪，辩护律师协助其开展无罪辩护，控辩双方处于利益冲突和立场对立的状态。检察机关在提起公诉时，除了提出定罪申请和量刑建议以外，还可以提出追缴涉案财物的申请。这种"涉案财物"可以包括违法犯罪所得及其孳息、有关的犯罪工具以及违禁品。在刑事诉讼理论上，检察机关为追究刑事责任而对被告人提起的诉讼请求，一般被称为"对人之诉"；检察机关为追缴涉案财物所提起的诉讼请求，则被称为"对物之诉"。[③] 对于检察机关提出的对物之诉，法院经过审判一旦加以确认，就有可能作出追缴涉案财物的裁决，除了将依法认定的被害人财产加以返还或者赔偿以外，还要将其他被追缴的财产直接予以没收，收归国库。由于对物之诉涉及剥夺

---

① 参见陈卫东：《论隔离式量刑程序改革——基于芜湖模式的分析》，《法学家》2010年第2期。

② 参见陈瑞华：《量刑程序改革模式选择》，《法学研究》2010年第1期。

③ 参见陈瑞华：《刑事对物之诉的初步研究》，《中国法学》2019年第1期。

被告人、近亲属以及其他利害关系人的财产权利，因此，如何确保相关审判程序的公正性，确保这些利害关系人获得有效参与裁判制作过程的机会，就成为当代刑事审判制度的重大改革课题。

所谓“程序阻隔效果”，是在涉案财物追缴程序中程序正义对于侦查机关和检察机关诉讼主张的一种程序阻断和实质审查作用。过去，在没有将涉案财物追缴纳入审判程序的情况下，侦查机关事先对“犯罪所得及其孳息”等涉案财物，作出了查封、扣押、冻结的强制性处分，甚至对那些不易保存的财物作出了实质性处置。对于检察机关有关追缴上述涉案财物的申请，法院并不组织专门的审判程序，而只是围绕着定罪和量刑问题组织法庭调查和法庭辩论，并附带调查涉案财物的归属问题。结果，在被告人、近亲属以及其他利害关系人无法提出异议，也无法参与调查和辩论的情况下，法院就依据职权直接作出了有关追缴涉案财物的裁决。因此，这种无法保障利害关系人参与机会的不公正审理方式，难以对检察机关的诉讼申请作出实质性的审查，而通常只是流于形式的“确认程序”而已。

自 2012 年以来，随着刑事诉讼法确立了专门的“违法所得没收程序”，在被追诉人逃匿、死亡案件中检察机关提出没收违法所得的申请后，法院发出公告，利害关系人在公告期内提出异议和参加诉讼申请的，法院要组织开庭审理，允许利害关系人委托诉讼代理人，参加专门的法庭调查和法庭辩论，对于所作的裁决，允许利害关系人提出上诉，从而引发有关没收问题的第二审程序。[①] 因此，一种体现程序正义理念的对物之诉制度建立了起来。

2021 年，随着最高法院发布有关刑事诉讼法适用的司法解释，在

---

① 参见裴显鼎、王晓东、刘晓虎:《违法所得没收程序重点疑难问题解读》,《法律适用》2017 年第 13 期。

被告人到案的案件中，一种允许“案外人”参与的对物之诉制度初步得到建立。根据这一司法解释，法院在审理过程中，应当对查封、扣押、冻结的财物及其孳息的权属、来源情况，是否属于违法所得或者是否属于其他应加以追缴的涉案财物进行调查，责令公诉人说明情况并加以举证，听取被告人及其辩护人的意见。由此，对涉案财物的追缴问题首次被纳入法庭调查的对象。与此同时，案外人对于查封、扣押、冻结的财物及其孳息提出异议的，法院应当听取案外人的意见，必要时，可以通知案外人出庭。根据刑事审判的经验，所谓“案外人”，其实就是在被告人、被害人等公诉程序当事人以外，对查封、扣押、冻结的涉案财物提出权属异议的其他利害关系人。①

相对于被追诉人逃匿、死亡案件的违法所得没收程序而言，这种案外人参与诉讼的涉案财物追缴程序，可能涉及大量更为常态化的刑事案件。这种将涉案财物追缴纳入法庭调查程序，并允许案外人参与诉讼过程的审理程序，相对于原有的审理程序而言，显然更有利于保证被告人、被害人以及其他利害关系人对案件审理过程的有效参与，在将案外人确立为“当事人地位”的前提下，确保他们通过举证、质证和发表意见来影响案件的裁判结局。

在一种更为公正的涉案财物追缴程序中，程序正义对于裁判结果的程序阻隔作用主要体现在以下三个方面：首先，被告人、被害人与案外人可以对侦查人员查封、扣押、冻结涉案财物的合法性提出挑战。这些利害关系人参与审判程序，可以从与检察机关不同的角度，提出新的证据、事实和法律意见，从而确保法院对侦查人员查封、扣押、冻结涉案财物行为的合法性和必要性进行全面的司法审查。其次，上述利害

① 参见喻海松：《刑事诉讼法修改与司法适用疑难解析》，北京大学出版社 2021 年版，第 240 页以下。

关系人可以通过举证、质证和发表意见，有效质疑检察机关所提出的追缴涉案财物的申请，防止刑事法官不加质疑地接受公诉方的申请，促使公诉方对涉案财物属于犯罪所得及其孳息、犯罪工具或者违禁品的事实，承担证明责任，同时获得对全部或者部分涉案财物的合法性提出抗辩的机会。再次，上述利害关系人通过提出新的证据、事实和法律意见，可以督促刑事法官对涉案财物的权利归属问题作出实质性的法庭调查，对于依法应当追缴的涉案财物与利害关系人的合法财产作出有根据的区分，避免侵犯利害关系人的合法财产。尤其是对那些与被告人发生过正常民事交易的“善意第三人”，法院应通过审理加以甄别和确认，并对其民事合法权益作出有效的保护。

在一种趋于公正的涉案财物追缴程序中，侦查人员对涉案财物的查封、扣押、冻结行为，不再具有不可挑战的权威性；检察机关就追缴涉案财物所提出的诉讼请求，也不再成为不可动摇的司法定论；法院对于涉案财物权利归属的审理，也不再流于形式，而有可能作出不同于侦查人员和检察机关的裁判结论。这显然就是程序正义对于涉案财物追缴裁判结果的塑造作用。

当然，相对于被追诉人逃匿、死亡案件的“违法所得没收程序”而言，这种被告人到案案件的涉案财物追缴程序还有着进一步改革的空间。例如，改革决策者可以借鉴前一程序的设计，引入公告期制度，责令法院发出追缴涉案财物的公告，允许被告人、被害人和案外人提出异议，参与审判程序。又如，对于“案外人”的范围，法律应作出更为明确的界定，应当包括所有对检察机关申请追缴的涉案财物的权利归属提出异议的自然人和单位，案外人与被告人、被害人一样，都在涉案财物追缴程序中具有“当事人”的地位，享有当事人的权利。再如，可以考虑设立相对独立的涉案财物追缴程序，刑事法官在结束对被告人定罪和量刑问题的法庭调查和法庭辩论之后，应组织专门的涉案财物追缴程序，在此程序中也设立相对独立的法庭调查和法庭辩论程序。这可以仿照违法所得没收程序的庭审方式作出相关的制度安排。最后，只要被告人、被害人和案外人在公告期之内提出异议，要求参加涉案财物追缴程序，法院就应一律组织专门的法庭审理，保证上述利害关系人参与诉讼的机会。当然，上述利害关系人没有提出异议的，法院也可以仍然保留原有审判方式，通过原有的法庭调查和法律辩论，来附带解决涉案财物的追缴问题。[①]

只要改革决策者接受保障个人财产权利的理念，秉承程序正义的精神，那么，上述改革设想就具有实现的可能。无论如何，涉案财物追缴程序的公正性只要继续得到加强，这种审理程序就可以进一步发挥其“程序阻隔效果”，使得侦查机关和检察机关追缴涉案财物的行为受到实质性审查，法院作出限缩追缴范围甚至推翻追缴申请的裁决，就具有更大的可能性。

六、一种实质性的程序正义理论？

传统的程序正义理论接受了一种“抽象的实体正义”理念，将其视为一种先验的、独立的、理想的结果公正标准。在这一前提下，程序工具主义论者将能否实现这一目标作为评价法律程序正当性的唯一标准，程序本位主义主张者则认为程序的正当性与程序所要形成的结果没有关系，而取决于程序自身的内在道德性。我国的刑事司法经验表明，极端地坚持程序工具主义的立场，会导致法官直接将公诉方的指控观点奉为“符合实体正义”的结论，并进而造成审理程序的形式化；而过分强调程序本位主义的观点，也容易造成审判过程与裁判结果走向

① 参见方柏兴:《论刑事诉讼中的“对物之诉”》,《华东政法大学学报》2017 年第 5 期。

独立，只注重保障利害关系人参与诉讼的机会，否定了程序对于结果所具有的影响和作用。

我国2010年以来的刑事司法改革，为解决“重实体，轻程序”问题作出了一些尝试和探索，弱化了公诉方指控观点的“先验效果”和“预设效力”，使得案件的裁判结果具有一定程度的不确定性和不可预测性，发挥了法庭审理程序对于裁判结果的影响、选择和塑造作用。其中，“庭审实质化改革”强化了程序自治效应，“审判程序改革”加强了庭审程序对于结果的选择功能，“量刑规范化改革”提高了审理程序对于法官自由裁量权的限制作用，“涉案财物追缴程序改革”则发挥了程序阻隔效果。这些积极的改革探索，可以促使我们重新思考程序正义与实体正义的关系问题。

在程序正义与实体正义的关系问题上，罗尔斯曾提出过一种“不完善的程序正义”概念，认为在刑事审判中不存在可以实现公正结果的公正程序。其实，罗尔斯所说的“公正结果”，就是“抽象的实体正义”，从实现这种先验的理想目标的角度来看，公正程序确实无法在每个案件中实现“公正的结果”。但是，假如我们将实体正义分解为多个相互竞争的价值标准，如“积极的实体正义”与“消极的实体正义”，“实体规则的严格适用”与“自由裁量权的恰当行使”，等等，那么，法院只要遵循了公正的审判程序，就有可能对那种事先未知的裁判结果，作出一定程度的价值选择和塑造，从而推动公正结果的形成。至于经过这种公正程序所形成的结果，假如出现了诸如误判、错案等结果不公正的情况，那么，我们还可以通过一种上诉审程序或者再审程序，对这种结果加以矫正和补救，而这种上诉审程序和再审程序也要遵循最低限度的程序公正标准。

罗尔斯还提出了“纯粹的程序正义”的概念，主要是指在一些社会、政治、经济领域中，根本不存在结果公正的客观标准，只要遵循了公正的程序，那么，由此所形成的结果就应一律被视为公正的结果。[①] 罗尔斯提出的这一概念颇具有启发性。尽管他提出的“赌博”这一例证极具争议性，也尽管他的论证是围绕“社会正义问题”展开的，但这种“纯粹的程序正义”概念，却对我们解决刑事审判领域的程序正义问题，可以启发出新的灵感。

在刑事审判过程中，“抽象的实体正义”目标固然是似是而非的，但这一领域真的就不存在“结果公正”的标准了吗？答案显然是否定的。人类法治文明的经验表明，我们固然无法为刑事审判设定最高的价值目标，但至少可以确立若干项“最低限度的实体正义要求”，如禁止无根据的定罪，避免被告人受到不公正的处罚，不冤枉无辜者，不采取明显的差别对待，等等。这些最低限度的实体正义要求，总结起来就是“确保被告人受到公正的裁判”，我们可以将此称为“消极的实体正义”。

对于实现“抽象的实体正义”而言，确实没有任何一种审判程序可以永远实现这一价值目标。但是，假如我们将公正结果界定为“消极的实体正义”，也就是最低限度的实体正义，那么，公正结果却又是具有明确标准的，法院即便按照公正程序进行审判，但假如得出的裁判结论违背了“消极的实体正义”的标准，如将一个无罪的人错误地认定有罪，原来的定罪没有充足的证据，原来的量刑裁决明显存在“同案不同判”的情况，等等，那么，我们照样可以重新启动新的审判程序，对上述不公正的裁判结论加以纠正。

很显然，一种相对公正的法律程序，并不只具有“形式化”的意义，还可以发挥实质性地影响、决定和选择裁判结果的作用。相对于不公正的程序而言，公正的程序可以促使法官对公诉方提出的指控罪

---

① 参见〔美〕约翰·罗尔斯:《正义论》，第80—83页。

名和量刑建议进行实质性的审查，避免出现“将指控直接变成裁判”的局面，确保案件的裁判结果具有最低限度的“不确定性”和“不可预测性”；公正的程序还可以通过促使裁判结果直接形成于审判过程之中、选择特定裁判结果、对法官裁量权加以限制以及对公诉主张加以程序阻隔，来发挥对裁判结果的重新塑造作用。一言以蔽之，法院经过公正的程序所形成的裁判结果，固然仍然存在出现错误和不公正结果的可能性，但至少，这种公正的程序对裁判结果的形成而言，并不是消极的和被动的，也不是无所作为的，而是可以发挥积极的塑造作用。对于程序正义对裁判结果的积极塑造作用，我们可以将其称为“实质的程序正义”，也就是对裁判结果的形成具有实质塑造作用的积极价值。

在程序正义理论的发展史上，从程序工具主义走向程序本位主义，这是一场重大的理论进步。通过这一进步，我们可以认识到，法律程序并不是实现某种裁判结果的工具和手段，程序法也不是实体法的附庸，刑事审判更不将发现犯罪事实、惩罚犯罪作为唯一的价值目标；法律程序具有内在的道德性，程序法具有独立于实体法的价值，程序正义可以维护利害关系人的主体地位和人格尊严。但是，程序本位主义将程序公正的形式性意义强调到极致，却无视程序正义对于裁判结果的积极影响。从程序本位主义走向实质的程序正义，意味着我们在接受程序正义的形式性价值的同时，还应关注程序正义对于公正裁判结果的塑造作用。正是这种塑造作用的存在，才使得程序正义具有积极地影响、决定和选择某种裁判结果的力量。而这种被塑造的裁判结果，并不具有天然的公正性，而要符合最低限度的实体正义标准。否则，我们照样可以通过启动一种新的审理程序，对这一结果作出纠正和救济。

第十章　协商性的程序正义

一、问题的提出

作为一种重要的法律价值，程序正义是评价一项法律程序本身是否公正的标准。相对于裁判结果的公正性而言，程序公正是否具有独立的意义，这是传统的程序正义理论所关注的主要课题。在这一课题的研究上，过去一直存在着程序工具主义与程序本位主义两大学术流派。前者将法律程序视为实施实体法的工具，将程序公正看作实现裁判结果公正的必要保障；后者则强调法律程序的内在价值，认为程序正义不是实现结果公正的工具，而有着维护当事人诉讼主体地位、确保被裁判者的人格尊严等独立的意义。当然，更多的研究者则是采取一种折中的观点，在承认诉讼活动要兼顾程序公正和实体公正价值的前提下，认为坚持程序公正，既可以确保利害关系人获得有尊严的对待，也有助于查明事实真相，实现公正裁判的目标。[①]

自上个世纪末以来，随着我国法律制度的进步和司法改革的推进，法律界在对程序虚无主义思想进行反思的基础上，逐步接受了程序正义的理念，并将落实这一法律价值作为程序法改革的指导方向。尤其是在刑事诉讼法领域，经过多次法律改革，立法者加强了犯罪嫌疑人、

---

① 参见陈瑞华：《刑事审判原理论》（第三版），第 62 页以下。

被告人的权利保障，使其在越来越多的程序环节获得辩护律师的帮助，并在庭前会议、一审程序、庭外调查、二审程序、死刑复核程序中扩大了被告人参与裁判过程的机会。这在不同程度上体现了程序正义的要求。与此同时，对于一审法院违反法定诉讼程序，可能影响"公正审判"的，二审法院可以作出撤销原判、发回重审的裁定。这使得法院违背程序正义的审判行为，可能承受"宣告无效"的法律后果，也就是受到程序性制裁。这对于程序正义价值的实现而言，显然是一种有效的制度救济机制。至于2014年以来，随着新一轮司法体制改革的启动，在刑事司法程序中出现了"以审判为中心的诉讼制度改革"的动向，法院为此推动了"庭审实质化"的改革。究其实质，这些改革既有着防止冤假错案、维护实体正义的考量，更有着加强当事人权利保障、实现程序正义的意图。可以说，在这场以"审判中心主义"为标志的改革中，程序正义理论已经被奉为重要的指导性理论。①

但是，司法改革决策者在推进"审判中心主义"改革的同时，还提出了"认罪认罚从宽制度"的改革方案。经过四年时间的授权改革试点，2018年刑事诉讼法正式确立了这一制度。根据这一制度，犯罪嫌疑人、被告人供认被指控的犯罪事实并愿意接受刑事处罚的，司法机关应当对其作出宽大的刑事处罚。这种认罪认罚程序的实质，在于确立了检察机关与嫌疑人的控辩协商机制，使得双方通过对话、协商和妥协，达成一种量刑协议，以"认罪认罚具结书"的方式确立下来。法院经过对认罪认罚案件进行形式审查和实质审查，认为检察机关提出的量刑建议具有事实依据和法律依据的，就可以直接作为裁判的根据。②对于这种由检察机关以国家公诉机关的名义，与嫌疑人、被告人所进行的量刑协商，我们一般称之为"协商性的公力合作模式"。

① 龙宗智：《庭审实质化的路径和方法》，《法学研究》2015年第4期。
② 参见陈卫东：《认罪认罚从宽制度研究》，《中国法学》2016年第2期。

在被追诉者自愿认罪的前提下，由控辩双方展开量刑协商的做法，并不只是出现在认罪认罚程序之中。早在 20 世纪末，我国就出现了在一些轻微刑事案件中，刑事被害人与被追诉者达成“刑事和解”的改革实验。由于这种自生自发的改革有助于解决被害人的民事赔偿问题，有效化解被害方与加害方的矛盾和冲突，较好地解决了被害方申诉信访的问题，因此，这一制度最终为 2012 年刑事诉讼法所吸收，成为一种正式的刑事诉讼制度。一般而言，这种刑事和解的适用前提是加害方自愿认罪悔罪，其核心内容是加害方向被害方提供高额的民事赔偿。经过对话、协商和达成妥协，双方确定了具体的赔偿数额，被害方承诺不再提出严厉追究加害方刑事责任的请求，或者提出宽大刑事处罚的申请。随后，加害方与被害方签订“刑事和解协议书”。经过对刑事和解进行形式审查和实质审查，司法机关确认刑事和解的合法性的，即可做出宽大的刑事处罚。[①] 由于这种刑事和解是由加害方与被害方自行协商所达成的协议，因此，这种协商性司法程序又被称为“协商性的私力合作模式”。

作为我国法律确立的两种协商性司法程序，认罪认罚程序和刑事和解程序都包含了控辩双方的对话、协商和妥协机制，被追诉者供认了被指控的犯罪事实，双方放弃了诉讼对抗，而在平等对话的前提下，通过互谅互让的谈判过程，来寻求利益的切合点。在法庭审理过程中，被告人是否构成犯罪的问题不再属于审判的主要对象，被告人及其辩护人通常放弃了无罪辩护，控辩双方在被告人“构成犯罪”这一点上不存在争议，而主要关注具体的量刑问题。法院主要审查的是控辩双方所形成协议的真实性、自愿性和合法性，有时也会对控辩双方所建议的量刑方案的妥当性进行审查。很显然，这种法庭审判不再面对剑拔弩张、

---

① 参见宋英辉等：《我国刑事和解实证分析》，《中国法学》2008 年第 5 期。

处处对抗的控辩双方，也不再面对相互对立的事实陈述和法律观点。传统的程序正义理论所要求的诸如法官中立、诉讼参与、平等武装、程序理性等价值要求，在这种协商性司法程序中变得不再重要。在很大程度上，那种建立在控辩双方平等对抗基础上的程序正义理念，在这些协商性程序中似乎不再有用武之地了。

对于这种建立在控辩双方诉讼合作基础上的协商性司法程序，我国有学者认为，程序正义理论难以得到完全适用。有人甚至明确指出，无论是合作性司法还是协商性司法，都属于对程序正义价值的“反对”或者“背叛”。[①] 也有学者认为程序正义理论主要适用于控辩双方诉讼对抗的程序模式之中，而在双方放弃对抗的合作性司法程序中，程序正义应有适用的例外。[②] 但是，司法实践的经验却表明，无论是在认罪认罚程序还是在刑事和解程序之中，法院仍然要举行法庭审理，被告人无论是选择认罪认罚，签署认罪认罚具结书，还是与被害方达成刑事和解协议，都要出自真实的意愿，获得律师的有效帮助，并积极参与庭审过程。这显然表明，在这两种协商性司法程序中，最低限度的程序正义价值还是得到了体现。当然，相对于普通审判程序而言，这些协商性司法程序无法全部体现传统程序正义的要求，被告人放弃了无罪辩护的权利，自然也失去了部分参与诉讼过程的机会。但作为一种回报，放弃诉讼参与机会的被告人，却有可能因为法院的宽大刑事处罚，而在裁判结果上获得明显的收益。

笔者认为，传统的程序正义理论主要适用于对抗性司法程序之中，可被称为“对抗性的程序正义理论”。这种程序正义理论较为重视被

① 这方面的代表性观点，可参见魏晓娜：《背叛程序正义：协商性刑事司法研究》，法律出版社 2014 年版。

② 参见陈瑞华：《刑事诉讼的前沿问题》（第五版），中国人民大学出版社 2016 年版，第 204 页以下。

裁判者对诉讼过程的参与和控制，属于一种基于过程控制而得以实现的诉讼价值。而在协商性司法程序中，这种程序正义理论并不完全适用。所谓协商性的程序正义，则属于一种基于结果控制而实现的诉讼价值，被裁判者自愿放弃了无罪辩护权，也放弃了部分诉讼参与机会，却有可能对诉讼结局施加更大的影响，甚至直接塑造和决定了量刑结果，从而获得最大限度的实体收益。据此，我们可以透过协商性司法制度的实践，提炼出一种协商性的程序正义理论。

二、传统程序正义理论的局限性

程序正义是一种体现在法律决定过程之中的法律价值。在法哲学中，凡是要作出一项可能对人的利益产生影响的法律决定，不论是制定法律、确立公共政策、作出行政决定，还是裁决司法案件，都会面临如何维护程序公正的问题。传统的程序正义理论，既关注法律程序公正性的标准问题，也讨论程序公正与结果公正的关系问题。[①] 尤其是在刑事诉讼过程中，程序正义经常被转化为被追诉者如何获得“公正审判”的问题。

迄今为止，程序正义领域一直存在着两种处于竞争状态的学术流派：一是程序工具主义理论；二是程序本位主义理论。这两种理论分别强调了法律程序的两种独立价值：一是有助于实现结果公正的“好结果效应”；二是有助于维护被裁判者人格尊严的“内在价值效应”。而在实现上述两种价值方面，两种理论各执一端，将两种价值视为不可调和的侧面。但假如我们站在另一个角度观察的话，就会发现这两种理论其实是在同一平面进行理论对话，那就是承认正当程序和公正审判

① D. J. Galligan, *Procedure*, pp. 1–5.

是十分重要的法律价值，强调程序公正与结果公正是完全独立的两种价值。所谓公正的裁判结果，属于具有客观评判标准的法律价值。正如英国学者达夫所批评的那样，传统程序正义理论将公正的程序与公正的裁判结果进行了割裂，不认为公正的审判对于公正的裁判结果具有塑造作用。[①] 而美国学者罗尔斯也认为，刑事审判最多只能实现“不完善的程序正义”，也就是裁判结果的公正性是有客观标准的，却没有办法找到肯定能实现这一公正结果的程序。[②] 罗尔斯的潜台词是在刑事审判领域，程序正义只意味着被裁判者对诉讼过程的控制，却无助于对公正结果的影响和塑造。

很显然，传统程序正义理论本质上是一种“对抗性的程序正义理论”，对于解释对抗性司法程序的法律价值具有意义，却不一定适用于非对抗性司法程序；这种理论主要适用于司法裁判程序，而对于行政程序以及刑事审判前程序缺乏解释力；这种理论主要关注被裁判者对诉讼过程的控制和影响，却忽略了对裁判结果的控制和塑造；这种理论只在裁判结果具有客观的公正标准的领域具有解释力，却无法适用于那些存在合作、和解、调解和协商因素的领域。对于这些问题，下面依次做出简要分析。

（一）非对抗性程序的适用？

对抗性司法程序的存在，是传统程序正义理论产生的前提。所谓对抗性司法程序，是指控辩双方具有利益冲突、处于对立诉讼地位的诉讼程序。在刑事诉讼中，被告人拒不供认被指控的犯罪事实，提出无罪辩护的意见，就使得控辩双方处于诉讼对抗的状态，而法院作为“第三方”，则处于居中裁判的地位，负责通过认定事实和适用法律来解决控

① R. A. Duff ,*Trial and Punishment*, pp. 110–114.

② 参见〔美〕约翰·罗尔斯：《正义论》，第 80—83 页。

辩双方的争议。从诉讼过程上看，这种司法程序要受到无罪推定和程序正义的规范，被告方与国家刑事追诉机构可以进行理性的诉讼对抗，在充分行使诉讼防御权的前提下，获得那种由中立的司法裁判机构主持的公正审判。所谓的“任何人不得担任自己案件的法官”“裁判者要听取双方的陈述”“判决书要陈述理由”“控辩双方的平等武装”“控方承担证明责任”“疑义时做有利于被告人的解释”等，所体现的无非是基于诉讼对抗的程序正义。而从诉讼结果的角度来看，这种司法程序要受到国家追诉、罪刑法定和罪责刑相适应等原则的约束，国家通过对犯罪人采取统一的刑事追诉活动，避免了那种将追诉权完全操控在被害人手中所带来的任意性和不确定性，从而可以按照刑法所确立的犯罪构成要件和刑罚幅度，遵循罪刑相适应的原则，获得相对的实体正义。

但是，假如控辩双方放弃诉讼对抗，被告人供认被指控的犯罪事实，那么，这种对抗性程序正义价值还有适用的空间吗？答案是可疑的。从 1996 年我国确立刑事简易程序以来，只要被告人自愿认罪，放弃无罪辩护机会的，控辩双方基本上就保持了一种诉讼合作局面，法院基本上不再对定罪问题进行实质性审理，而是对检察机关指控的犯罪事实进行形式化的审查和确认。而自 2012 年以后，我国法律先后确立刑事和解程序和认罪认罚程序，引入了两种控辩协商机制，控辩双方可以针对量刑问题进行对话、协商和达成协议，法院经过形式审查，对这类协议大都予以确认。可以说，在上述非对抗性司法程序中，被追诉者放弃了部分诉讼参与的机会，裁判者的中立性变得不是十分严格，控辩双方的诉讼对抗已经被对话、协商和妥协所取代。与此同时，控辩双方不再通过诉讼对抗来影响裁判结果，而是直接对裁判结果实施了塑造和控制，寻求一种基于“利益兼得”“互利双赢”的结果。法院不再按照法定标准来寻求客观的实体正义，而是更多地尊重控辩双方对结果所形成的诉讼合意。对于这种建立在非对抗性司法程序基础上的价值问题，传统的程序正义理论显然不再完全适用。

（二）庭审外程序的正当性？

传统的程序正义理论主要体现在法庭审理环节，注重审判程序的正当性。所谓的“程序正义”，又经常被称为“公正审判”。在一些国家人权公约中，所谓被追诉者获得公正审判的权利，其实就是程序正义的代名词。从历史上看，无论是英国自然正义的两项法则，还是美国宪法中正当法律程序的具体条款，都是围绕着法庭审理的公正性而确立的价值标准。所谓“听取另一方的陈述”，说的就是裁判者不得单方面接触诉讼一方的意思；所谓“不做自己案件的法官”，说的就是裁判者保持中立无偏的地位；所谓“平等武装”，说的就是控辩双方在裁判者面前进行平等对话；所谓“陈述裁判理由”，说的更是裁判者遵从程序理性原则的意思……

但是，在那些没有第三方参与的程序中，这种程序正义理论还能适用吗？尤其是在刑事诉讼中，无论是侦查程序还是审查起诉程序，都不具有基本的诉讼构造，而具有刑事追诉程序的性质。这些程序还能实现“公正审判”的价值吗？与此同时，在法庭审理之外的活动中，特别是控辩双方在庭外围绕着认罪、量刑、赔偿等问题展开的非正式协商活动中，程序正义应当如何体现呢？尽管对于上述庭前追诉活动和庭外协商活动，法院都会进行一定的司法审查，但是，在法庭审理基本上流于形式的情况下，这种程序如何符合最低限度的程序正义要求呢？

看来，传统程序正义理论无论是对庭审之外的争议解决活动，还是对庭审之前的刑事追诉活动，都缺乏基本的解释力。这种从“公正审判”理念中脱颖而出的法律价值，对于审判以外的程序和形式化的审理程序，都难以直接适用。

(三)结果公正有客观标准吗?

传统的程序正义理论认为同时存在着两种独立的价值:一是过程的公正性,二是结果的公正性。而结果的公正性是具有客观标准的价值,那就是发现事实真相,避免冤枉无辜者,准确实施实体法。但是,这种裁判结果的公正性标准,更多的是一种理论上的抽象标准。而一旦适用到个案之中,法院所作的有罪判决或者无罪判决,究竟是否符合"事实真相",或者是否正确适用了刑法呢?答案恐怕是不确定的。正如罗尔斯所断言的那样,在理论上或许存在这种抽象的公正裁判结果,但在现实中却无法找到实现这种结果的程序。毕竟,无论采用什么样的诉讼程序,法院作出事实误判,在适用法律上滥用自由裁量权,这都是防不胜防的。在这一方面,程序工具主义理论提出的"程序公正是实现结果公正的手段",这种断言就显得过于自负和武断了。

当然,程序本位主义理论放弃对裁判结果公正的追求,注重程序自身的内在价值,强调程序正义在维护被裁判者人格尊严、诉讼主体地位等方面的意义。这种理论认为公正的程序不一定实现"正确的裁判结果",却可以实现法律程序的附带效果或心理效果。但是,假如裁判者就连事实真相都没有发现,这种裁判结果又怎么谈得上是"公正的结果"呢?而一种将结果公正弃置不顾的程序正义理论,又怎么能保证被裁判者和公众对法律程序产生尊重和信任呢?

很显然,传统程序正义理论坚持裁判结果具有客观的公正标准,这种论断是令人置疑的。在法律实践中,面对某一具体个案,裁判者抛开法律程序,去寻求事实真相,追求实体法的正确实施,实现一种外在的"理想裁判结果",这可能是不切实际的。或许,任何裁判结果是否符合正义的要求,这终究要在法律程序轨道内来加以检验。离开了正当的法律程序，去寻求所谓的“公正裁判结果”，这都会走向法治的反面。同时，任何公正的裁判结果，都离不开控辩双方通过诉讼参与，来对这种结果施加影响、塑造和控制，并体现控辩双方的诉讼合意。这一点不仅体现在非正式的协商程序之中，而且即便在对抗性司法程序中也会有所体现。通常而言，法律程序越是公正，裁判结果就越是具有不确定性和不可预测性。这种不确定性和不可预测性，恰恰为控辩双方影响和塑造诉讼结果提供了空间。

（四）被裁判者不在乎裁判结果吗？

传统的程序正义理论强调被裁判者的参与机会，注重一种形式化的程序公正要求，忽略了被裁判者在裁判结果上获得实体收益的需求。其中，程序工具主义理论树立了一种外在的公正裁判结果，强调法律程序对实现这一结果的工具价值的保障作用，至于这种裁判结果对于被裁判者有无实际的利益，论者则几乎从不关注。而程序本位主义理论则过于重视被裁判者“获得公正审判的机会”，强调尊重其人格尊严和诉讼主体地位，甚至断言只要程序公正可以实现，被裁判者和公众都会对裁判产生尊重和信任。这种论断显然有些过于自信了。其实在很多情况下，无论诉讼程序有多么公正，无论被追诉者的辩护权得到多么充分的保障，他们对于定罪判刑的结局还是会不服判的，甚至做出“裁判不公正”的评价。

假如我们关注一下基本的社会经验和常识，那么，传统程序正义理论这种过于偏爱“过程正当性”的局限性，就显得有些幼稚了。其实，德国学者耶林曾提出过“为权利而斗争”的命题。我们不能因为重视“诉讼程序内的斗争”，而忽略了“实体权利”的重要性。美国学者杰里・马修援引过的古埃及那首著名的诗歌，指出“陷入困境的人既渴望胜诉，也希望向你倾诉衷肠”。[1]我们也不能仅仅重视“倾诉”的重要性，而忽略“胜诉”的重要意义。在司法实践中，几乎所有处于被裁判地位的当事人，都不会仅仅关注对裁判制作过程的参与，而忽略最终的裁判结果。在很多场合下，对有利裁判结局的追求，会成为被害人、被告人在诉讼活动中所追求的主要目标。

但可惜的是，传统的程序正义理论忽略了被裁判者对有利的实体结果的重视，误以为只要诉讼过程符合公正的要求，由此产生的裁判结论就有可能得到他们的尊重和信任。这种论断是不符合基本的社会经验和常识的。我们有必要提出一种新的程序正义理论，从保障被裁判者权利的角度来追求法律程序的正当性。对于被裁判者来说，既要保证其获得公正审判的机会，也要确保其通过积极的参与获得实体利益的最大化，也就是最有利的裁判结果，这才是一种公正的法律程序所要实现的最好效果。

三、协商性司法的兴起

对于认罪认罚从宽制度和刑事和解制度兴起的背景、原因、特征及其适用后果，目前已经有诸多具体详尽的研究，本文对此不再重复讨论。但是，假如将这两种制度视为协商性司法的两种模式，并与对抗性司法程序进行比较分析，我们还是可以做出一些新的制度总结，从而为我们反思程序正义理论提供必要的制度根据。从形式上看，这两种协商性司法程序似乎都背离了传统程序正义的价值标准，甚至可以被作出“程序非正义”的评价。但从这两种程序成功实施的经验来看，传统程序正义理论似乎无法适用于这些程序，对于这种程序需要确立另外

---

① Jerry L. Mashaw, Administrative Due Process: The Quest for a Dignitary Theory, 1981.

的价值评判标准。

（一）量刑协商程序

尽管在制度形成的时间上，刑事和解程序要先于认罪认罚程序而存在，但就其适用范围和实施效果而言，认罪认罚程序显然具有更大的影响力。所谓“认罪认罚程序”，是被追诉者在认罪认罚的前提下，与检察机关就量刑问题展开对话、协商，就案件的宽大处理达成协议，法院对该项协议加以审查并作出快速裁决的特别诉讼程序。这种程序具有两个基本环节：一是被追诉者与检察机关达成量刑协议；二是法院通过一种快速程序进行司法审查。在量刑协商环节，被追诉者认罪认罚，检察机关与其就量刑问题展开对话和协商，作出适度的量刑减让，在双方对量刑方案达成一致意见的情况下，被追诉者签署“认罪认罚具结书”，检察机关据此提出量刑建议。而在庭审环节，法院既要对被告人认罪认罚的自愿性以及量刑协议的真实性和合法性进行形式审查，也要对检察机关提出的量刑建议是否具备事实根据和法律依据进行实质审查，经过审查确认量刑协议的合法性的，法院即可据此作出量刑裁决。

与普通诉讼程序相比，认罪认罚程序具有三个方面的特点：一是存在着一种检察机关与被追诉者的协商要素，也就是检察机关与被追诉者就量刑问题展开对话、协商和达成妥协的程序内容。由于我国法律奉行严格的罪刑法定原则和无罪推定原则，控辩双方不能就指控的罪名和犯罪数量进行协商，也不能就犯罪事实的证明标准进行让步，因此，所谓的“控辩协商”，主要局限在对量刑问题展开谈判并作出妥协，因此又被称为“量刑协商”。二是对于被追诉者认罪认罚的案件，控辩双方在法定“宽大刑事处理”幅度内展开协商，这种认罪认罚本身属于一种独立的法定从轻量刑情节，其宽大程度介于坦白与自首之间；检察机关按照一种阶梯式宽大量刑方法，根据认罪认罚发生的时间早晚，确定相应的宽大幅度，以此作为对被追诉者尽早认罪认罚的奖励。三是对于认罪认罚的案件，法院采取一种间接和书面的简化庭审程序，不再将控辩双方不存在争议的定罪问题作为重点审理对象，而主要围绕着控辩双方达成的量刑协议进行司法审查。被告人只要坚持认罪认罚，同意检察机关的量刑建议，不出现程序反悔问题，法庭审理基本上就属于一种对量刑建议的简要审查和确认过程。当然，被告人有权作出程序反悔，辩护律师也可以作出无罪辩护，或者对量刑建议提出异议。但这种情况属于较为罕见的例外情形。

（二）刑事和解程序

相对于认罪认罚程序而言，刑事和解是被害方与加害方经过协商达成和解协议，建议司法机关对加害人给予宽大刑事处理的特殊诉讼程序。这种诉讼程序也有两个重要的程序环节：一是被害方与加害方通过对话和协商，达成刑事和解协议；二是司法机关对和解协议进行审查。在前一个环节，被害方与加害方达成刑事和解协议，其核心内容是加害方认罪悔罪，提供经济赔偿，被害方则提出对其减免刑事处罚的建议。而在后一个环节，司法机关对刑事和解协议进行审查，认为该项协议出自双方自愿选择并具有事实根据和法律依据的，即可按照协议内容作出宽大刑事处理，如检察机关可以作出不起诉的决定，法院则可以作出从轻、减轻或者免除刑事处罚的裁决。

与普通程序相比，刑事和解程序也具有三个方面的特点：一是存在着被害方与被告方的协商因素，也就是在被追诉者认罪悔罪的前提下，刑事被害人与被追诉者以及他们的近亲属、辩护人、诉讼代理人围绕着民事赔偿和建议减免刑事责任问题展开对话、协商和达成合意。无论是检察机关还是法院，都不参与刑事和解程序中的协商过程，也不是协商的一方，而是对被害方与加害方所达成的和解协议加以审查的司法裁判者。因此，这种协商不同于认罪认罚程序中的“公力合作”，而带有“私力合作”的特征。二是被害方与加害方一旦协商成功，会对民事赔偿和刑事处理这两个问题都达成协议。其中，民事赔偿协议会满足被害方的民事赔偿要求，解决那种由附带民事诉讼所无法解决的赔偿问题；刑事处理协议则意味着被害方提出对被追诉者予以宽大刑事处理的建议，包括建议检察机关不起诉，建议法院作出从轻、减轻或者免除刑事处罚的裁决，等等。三是司法机关对上述刑事和解协议进行审查。检察机关对于符合法定条件的和解案件，可以作出不起诉的决定。而对于检察机关提起公诉的和解案件，法院则要进行法庭审理。由于被告人已经认罪悔罪，并履行了和解协议中的民事赔偿义务，因此，法院不再将定罪问题作为法庭审理的重点问题，而主要关注对被告人的刑事处罚问题。法院通常不再举行直接和言词的法庭审理，而是在阅卷的基础上，通过听取公诉方、被告方和被害方的意见，对刑事和解协议中的刑事处理建议进行司法审查。根据即时履行的原则，对于加害方认罪悔罪并履行了民事赔偿义务的，法院会依法作出从轻、减轻或者免除刑事处罚的裁决。

（三）协商性司法所面临的争议

通过对认罪认罚程序与刑事和解程序作出简要比较，我们可以发现，这两种“协商性司法程序”的确立和实施，更多地考虑了诉讼效率的要求，兼顾了化解矛盾和修复社会关系的需要，使得控辩双方通过协商来达成协议，法院一般通过形式化的审查，直接确认上述协议的合法性和有效性，并据此作出司法裁决。这显然对于那种基于诉讼对抗的传统程序正义理论提出了挑战。由于被追诉者放弃行使无罪辩护的权利，也放弃了获得正式审判的机会，因此，程序本位主义理论所主张的通过利害关系人的充分参与来影响案件结局的观点，显然难以适用了。由于控辩双方可以通过达成协议来直接提出量刑方案，而法院据此形成裁判结论，这使得所谓的“实体公正”很难具有客观的标准，传统的程序工具主义理论所提倡的通过公正程序形成公正结果的观点，也就不能成立了。

既然传统的程序正义理论无法为协商性司法程序提供理论指引，那么，我们确实需要考虑如何为这种程序寻找新的价值评价标准。目前，无论是认罪认罚程序还是刑事和解程序，都在正当性上面临着一些理论争议。对于这种理论争议，假如不能提出一种较为成熟的价值理论，那么，我们将无法作出适当的价值评判，更无法对这两种特殊诉讼程序的未来走向形成清晰的认识。

首先来看认罪认罚程序的正当性问题。认罪认罚程序的核心是量刑协商机制的确立，这包含着两个重要的程序环节：一是检察机关与被追诉者通过协商达成量刑协议的过程；二是法院对检察机关量刑建议的司法审查过程。由于检察机关在审查起诉环节主导着量刑协商程序，加上检察机关动辄提出所谓“精准量刑建议”，因此，目前的争议问题主要集中在被追诉者诉讼主体地位的加强、自愿性的保障、律师帮助权的强化以及有效的诉讼参与等方面。

被追诉者如何自由自愿地放弃无罪辩护权，有效地与检察机关进行量刑协商，并获得法院司法救济的机会，这是认罪认罚程序所面临的主要难题。在这一方面，我国刑事诉讼制度存在着一些制度设计上的缺陷或者不足。例如，被追诉者尽管在书本法律上享有不被强迫自证其罪的“特权”，但在现实中却不享有保持沉默的权利，而负有“如实回答讯问”的义务，保持沉默以及作无罪辩解有可能被视为“认罪态度不好”，甚至被作为从重处罚的情节。被追诉者一旦被采取刑事拘留措施，就有可能在整个刑事诉讼过程中处于被羁押的状态。这些制度局限性使得被追诉者经常孤立地面对侦查人员和检察官的追诉活动，在“认罪认罚”方面承受极大压力，难以作出真正自由自愿的选择。[①] 又如，在司法实践中，大多数被追诉者都没有委托辩护律师，只能获得法律援助值班律师的帮助。但现行的值班律师制度无法保障被追诉者获得有效的法律帮助，尤其是在与检察机关的量刑协商过程中，值班律师既无法提供有意义的法律建议，也无法与检察机关进行实质性的交涉，更难以提出有分量的协商筹码，因此大都成为认罪认罚具结书签署的见证人。而在无法获得律师有效帮助的情况下，被追诉者就有可能受到检察机关的诱导甚至误导，被迫签署一份对其不利的具结书。[②] 再如，在法庭审理中，法庭一般不再对案件进行实质审理，而是对量刑建议的形式化审查和确认。被告人一旦作出程序反悔，或者提出上诉，都有可能被检察机关视为违反量刑协议，甚至被提出抗诉，法院也有可能对其取消宽大处理的裁决。有些法院基于对检察机关所提出的“精准量刑建议”的反感，有时会拒绝采纳这一量刑建议，并作出更为严厉的刑事处罚。[③]

我们接下来反思一下刑事和解程序的正当性问题。这一程序的核心是刑事和解协议的形成过程，这也包含着两个程序环节：一是被害方与加害方通过协商达成刑事和解协议；二是法院通过形式审查来确认这一协议的合法性和有效性。由于被害方和加害方都面临着诸多方面的压力，加上检察机关在促成刑事和解方面过于积极主动，因此，目前的争议主要集中在被追诉者和被害方自愿性的保障、法庭审理的有效参与等方面。

---

① 参见王敏远：《认罪认罚从宽制度疑难问题研究》，《中国法学》2017 年第 1 期。

② 参见熊秋红：《认罪认罚从宽的理论审视与制度完善》，《法学》2016 年第 10 期。

③ 参见龙宗智：《完善认罪认罚从宽制度的关键是控辩平衡》，《环球法律评论》2020 年第 2 期。

在司法实践中，达成刑事和解的当事人双方都获得了实际的诉讼收益：被害方获得了高额的经济赔偿，加害方则获得了从轻、减轻甚至免除刑事处罚的宽大处理。因此，这种制度会不会破坏“法律面前人人平等”的原则，会不会违背罪刑法定、罪责刑相适应的刑法原则，这是一直引起较大争议的问题。不仅如此，无论是被害方还是加害方，在选择刑事和解方面都面临着重重压力，都是为了避免制度所造成的不利结局，而不得已进行这种刑事和解，他们进行协商的自愿性和自主性无法得到保障。例如，我国刑事诉讼法将附带民事诉讼的赔偿范围只限定为“物质损失”，对于死亡赔偿和精神损害赔偿排除在这种赔偿范围之外，甚至就连伤残赔偿都存在较大的争议。如此不公平的侵权赔偿制度，迫使被害方尽量避开附带民事诉讼程序，而不得不选择刑事和解，才能获得更为公平合理的高额经济赔偿。又如，我国刑事诉讼法确立了即时履行和禁止反悔的原则，要求被告方唯有全部履行刑事和解协议所约定的民事赔偿义务，法院才能对其作出宽大刑事处罚。这就使得被告方既不能仅仅作出民事赔偿的承诺，也不能作出分期赔偿的选择，而不得不选择一次性支付较高数额的赔偿金。再如，被害方与被告方所达成的刑事和解协议，通常只包含被害方同意给予被告人宽大处理的笼统承诺，而没有包含较为具体的量刑协议条款，加上检察机关也并不为这种和解协议加以背书，因此，法院对于那些达成和解协议并履行赔偿义务的被告人，究竟能否作出令被告人满意的宽大刑事处罚，这都是不确定和不可预测的问题。假如法院对于履行和解协议的被告人所作的量刑裁决，超出了被告人的预期，那么，被告人无论是作出反悔还是提出上诉，都无力争取到更为宽大的量刑结果。而这种局面显然不利于激励其他被告人选择刑事和解程序。[1]

---

①　参见宋英辉等：《我国刑事和解实证分析》，《中国法学》2008 年第 5 期。

四、协商性程序正义理论的提出

无论是认罪认罚程序，还是刑事和解程序，都已经被确立在我国法律之中，大体得到顺利的实施，但也在正当性上引发了一些争论。在传统程序正义理论难以适用的情况下，我们不应动辄否定这种协商性司法程序的正当性，而应对相关理论进行反思，据此提出一种新的程序正义理论。假如我们将传统理论称为“对抗性的程序正义理论”的话，那么，对于这种从协商性司法程序中提炼出来的理论，我们可以称为“协商性的程序正义理论”。

（一）基本概念

所谓协商性的程序正义，是指对协商性司法程序进行价值评价的基本标准。而协商性司法程序则是一种通过控辩双方的对话、协商和妥协来决定诉讼结局的特殊程序。与传统的对抗性程序正义不同，协商性程序正义不承认公正程序与公正结果的独立性，也不推崇控辩双方诉讼参与的充分性和有效性，而是强调控辩双方通过公正的协商程序来影响、塑造和控制诉讼结果的形态，使得最终的诉讼结果体现控辩双方的诉讼合意。

协商性程序正义理论注重协商性法律程序的自主性意义，强调通过控辩双方的对话、协商和妥协来直接影响、塑造甚至决定最终的裁判结果。这是它与传统的程序正义理论所存在的实质差异。例如，程序工具主义理论曾强调过法律程序的工具和附庸地位，也就是程序对于公正结果的保障作用；而协商性的程序正义理论则认为，根本不存在绝对客观的公正结果，控辩双方通过自愿协商和达成协议所形成的结果，也就是可以接受的“公正结果”。又如，程序本位主义理论曾认为法律程序唯有充分体现诸如参与性、中立性、对等性、合理性、及时性、终局性等公正审判的标准，才能维护被追诉者的人格尊严和诉讼主体地位；而协商性程序正义理论则认为，被追诉者为追求最有利的诉讼结局，完全可以放弃上述程序保障，甚至放弃整个正式的审判过程。

协商性的程序正义理论所主张的“程序对结果的决定作用”，似乎与罗尔斯所说的“纯粹的程序正义”具有相似的含义。因为按照罗尔斯的分析，纯粹的程序正义是指没有客观的结果公正标准，只要坚持了公正的程序，所得到的结果就是公正的。他认为这种程序正义可以在赌博过程中得到实现，但刑事审判只能实现一种不完善的程序正义。[①]当然，罗尔斯所考察的只是对抗性的刑事审判程序，而没有关注类似辩诉交易那样的协商性司法程序。确实，无论是英美法的对抗式诉讼程序，还是大陆法的审问式审判程序，都无法实现纯粹的程序正义。但是，在几乎所有国家的协商性司法程序中，被追诉者放弃了无罪辩护的权利，甚至放弃了正当程序，通过与检察机关或被害方的对话、协商和妥协，最终接受了某一对本方最有利的诉讼结局。这种为双方所接受的“实体结果”，完全是控辩双方自由选择和诉讼妥协的结果。因此，从形式上看，协商性司法程序大体上符合“公正程序产生的结果都是公正的”这一纯粹的程序正义的基本特征。

但是，协商性的程序正义也不完全等同于纯粹的程序正义。这是因为，无论是检察机关与被追诉者的协商，还是被害方与被告方的协商，都不可能对案件的实体裁判结局进行随心所欲的处分和妥协。即便是在高度强调“处分主义”的英美，法院对于控辩双方所形成的认罪协议，也要审查这种认罪的自愿性、明智性以及是否具备基本的事实基础。我国与大陆法国家一样，都在法律中确立了罪刑法定、罪责刑相适应、无罪推定的原则，强调认定被追诉者有罪必须达到法定的最高证明

---

① 参见〔美〕约翰·罗尔斯:《正义论》，第80—83页。

标准，认定被追诉者构成某一罪名必须以刑法有明文规定为前提，对被追诉者的量刑也要与犯罪的危害程度大体相适应……这些带有“法定主义”的理念，使得控辩双方对于定罪量刑的协商具有了外在的限制。控辩双方不可能在没有事实基础的情况下达成量刑协议，也不可能作出违背法律规定的诉讼让步。

正因为如此，我们可以将协商性的程序正义视为一种“有限度的纯粹程序正义”。具体而言，在被追诉者自愿认罪并放弃正当程序的前提下，控辩双方通过对话、协商和让步，可以选择一种对双方最为有利的实体结局，从而对案件结果产生有效的影响、塑造和控制。但是，这种诉讼结局也必须具有基本的事实根据，并符合法律的外在限制，而不能超越实体法和证据法所设定的底线。可以说，在协商性程序正义的实现过程中，在事实和法律的外在限制下，案件结果具有一定的不确定性和可塑造性，只要遵守公正的协商程序，控辩双方通过合意所选择的结果就是公正的。

（二）基本要素

传统的程序正义价值体现在对抗性司法程序之中，强调诉讼过程符合正义的标准，具有参与性、中立性、对等性、合理性、及时性、终局性等基本构成要素。但相对而言，协商性程序正义价值则体现在协商性司法程序之中，重视控辩双方通过协商和妥协来形成某一可接受的裁判结果的能力，具有五项独立的构成要素：一是可弃权性；二是弃权的自愿性；三是可协商性；四是诉讼结果上的可获益性；五是最低限度的参与性。下面依次对这些构成要素作出简要分析。

1. 可弃权性

对抗性的程序正义作为一种法律程序的“内在价值”，经常被视为一种“获得公正审判的权利”。但是，任何权利都是可以放弃的。无论是对于貌似美好的正当程序价值，还是对于获得公正审判的权利，被裁判者也都是可以放弃的。例如，美国联邦宪法所确立的“正当法律程序”以及与此相关的宪法性权利，都是可以放弃的。在刑事诉讼中，被追诉者假如行使“权利法案”中的各项基本权利，就可以选择无罪答辩，获得由陪审团审判的机会；被追诉者假如要放弃上述正当法律程序及其相关程序保障，就可以通过辩诉交易选择有罪答辩，放弃陪审团审判的机会。又如，在我国刑事诉讼制度中，被追诉者一旦“认罪认罚”，就等于放弃无罪辩护的机会，也放弃获得法院正式审判的机会，而选择一种快速的量刑审理程序。被追诉者假如与被害方达成刑事和解协议，也等于放弃无罪辩护的机会，法院通常会通过简易方式作出量刑裁决。

所谓“可弃权性”，是指在刑事诉讼中，无论是程序正义价值还是公正审判的权利，都处于可以选择的状态，被追诉者拥有放弃的权利。放弃程序正义价值，意味着被追诉者不再行使各项体现程序正义价值的诉讼权利；放弃公正审判的权利，则意味着被追诉者不再行使无罪辩护权，选择一种快速的定罪量刑程序。当然，对于这些价值和权利，无论是行使还是放弃，都应当属于被追诉者的自由选择。

在认罪认罚程序中，嫌疑人、被告人一旦选择认罪认罚的，司法机关就要尊重他们的意愿，将案件转入法定的快速诉讼程序。在刑事和解程序中，被害方与被告方达成刑事和解协议的，司法机关也会尊重他们的和解协议，按照简便快捷的方式作出司法裁判。这些制度安排都体现了“可弃权性”的价值要求。

2. 弃权的自愿性

被追诉者一旦放弃公正审判的权利，即通常意味着失去全面参与诉讼过程的机会，甚至失去获得无罪裁判的机会。协商性的程序正义价值要求被追诉者在放弃公正审判权利方面，必须出自真实的意愿。而要实现这种弃权的自愿性，被追诉者必须有充分的知情权，了解自己行为的法律后果；要有表达真实意愿的机会，并使得这种表达得到司法审查；在作出自愿选择的意思表示之后，还应随时有进行程序反悔的机会。而司法机关对于被追诉者的自愿选择和程序反悔，都应给予高度尊重。

在认罪认罚程序中，我国法律从多个方面确保被追诉者认罪认罚的自愿性：一是确保被追诉者的自由选择权，司法机关在告知诉讼权利和认罪后果的情况下，尊重其自愿认罪认罚的权利；被追诉者可以获得辩护律师或值班律师的帮助；禁止对被追诉者实施强迫、威胁、引诱、欺骗等剥夺自愿性的行为。二是司法机关反复进行自愿性审查，法院尤其要审查认罪认罚的自愿性，审查认罪认罚具结书的真实性和合法性。三是被追诉者享有程序反悔的权利，一旦出现拒绝认罪认罚的情况，司法机关可以终止适用认罪认罚程序，将案件转为普通程序或简易程序。而在刑事和解程序中，无论是被害方还是被告方，都可以自由自愿地达成刑事和解协议。对于被告人自愿认罪悔罪，履行协议书所约定的赔偿义务，而被害方对其明确表示谅解的，法院经过审查，确认和解协议书的自愿性、真实性和合法性的，可以确认该项和解协议书的法律效力，据此对被告人作出宽大的刑事处理。

目前有关改革认罪认罚制度的讨论也是围绕着加强被追诉者自愿选择的角度来展开的。无论是强化被追诉者的诉讼主体地位，降低未决羁押适用率，还是改革法律援助制度，确保被追诉者获得有效法律帮助的机会，激活审判前的控辩协商机制，都有助于实现被追诉者对认罪认罚的自愿选择。不仅如此，目前围绕精准量刑、被告人上诉、检察机关抗诉等问题所发生的争议，其实也与被追诉者是否有效参与量刑协商、能否自愿行使司法救济权利等问题具有密切关系。[①]

---

① 参见孙长永：《认罪认罚从宽制度的基本内涵》，《中国法学》2019 年第 3 期。

3. 可协商性

协商性程序正义的核心要素在于控辩双方通过对话、协商和达成妥协，对诉讼程序作出处分，并对诉讼结果作出决定。作为与诉讼结果有着直接利害关系的控辩双方，检察机关与被追诉者、被害方都可以就诉讼程序和诉讼结局展开谈判，在放弃部分诉讼权利或程序保障的情况下，在互谅互让的基础上，寻求诉讼结果的最大合意和妥协方案。首先，控辩双方应就诉讼程序和诉讼结局进行平等的对话，自由表达本方的意愿。其次，控辩双方应就诉讼程序进行协商，在放弃部分诉讼权利和程序保障的前提下，选择较为简便快速的审理程序。再次，控辩双方应围绕着诉讼的实体结局展开一定程度的交易，各自提出最为有利的处理方案，并通过展示各自的诉讼筹码，来迫使对方作出诉讼让步，从而寻找到双方都能接受的妥协方案，最终使其成为向法院所提出的刑事处理建议。可以说，对于控辩双方参与协商的程度，是评价协商性司法程序是否符合程序正义的重要标准。

我国的认罪认罚程序引入了控辩协商机制，使得检察官在被追诉者认罪认罚的前提下，可以与被追诉者及其辩护律师或值班律师就量刑问题展开协商。通过协商达成量刑协议的，最终由被追诉者签署认罪认罚具结书。相比之下，在辩护律师参与的案件中，被追诉者可以提出更为有力的诉讼筹码，可以从定罪标准、非法证据排除、量刑均衡、量刑指南的运用等多个方面，提出强有力的辩护意见，迫使检察机关作出诉讼让步，提出最为宽大的量刑方案。而在值班律师参与的案件中，被追诉者由于得不到有效的法律帮助，提不出有力的诉讼筹码，检察机关所提出的量刑方案往往难以体现“实体从宽”的精神。

而在刑事和解程序中，被害方与被告方在辩护律师、诉讼代理人的帮助下，围绕着民事赔偿和建议司法机关减免刑事处罚等问题展开协商。通过协商达成刑事和解协议的，被告方要承诺作出认罪悔罪或者赔礼道歉，并按照约定提供额度较高的经济赔偿。为回报被告方的善意，被害方则要向司法机关提出宽大刑事处理的建议，或者放弃对公诉程序的参与。因此，这种私力合作程序的公正性往往取决于被告方和被害方参与协商的程度。

4. 诉讼结果上的可获益性

对抗性的程序正义理论更为注重利害关系人对于诉讼过程的参与。其中，程序工具主义理论强调这种诉讼参与可以促成一种公正裁判结果的实现。而程序本位主义理论则重视利害关系人的诉讼主体地位，强调其人格尊严得到尊重。相反，协商性的程序正义理论则更为重视利害关系人获得最大限度的实体收益，这种实体收益不一定完全符合公正结果的标准，也不一定通过诉讼对抗而产生，但是通常属于控辩双方的利益契合点，达到一种互利双赢的效果。尤其是被追诉者，获得最为宽大的量刑处理，通常是他们参与协商性司法程序所要追求的主要目标。而对于被害方而言，如何通过协商获得加害人真诚的认罪道歉，获得最高额的民事赔偿，这是他们最为关注的诉讼结果。在一定程度上，被裁判者可否获得名誉、财产、自由等方面的实体利益的最大化，是他们评判协商性司法是否公正的重要标准。

根据“认罪认罚从宽”的基本原则，被追诉者以认罪认罚为代价，可以换取“实体从宽”和“程序从简”的诉讼收益。其中，实体从宽主要是指司法机关将认罪认罚作为独立的从轻量刑情节，并根据比坦白情节更为宽大以及阶梯式从宽的原则，来确定刑事处罚的降低幅度。被追诉者的实体收益就是在基准刑基础上降低30%以下甚至40%以下幅度的宽大处理。[①] 而在刑事和解程序中，凡是达成刑事和解协议的案件，被害方所获得的实体收益是通常远高于附带民

① 参见左卫民：《认罪认罚何以从宽：误区与正解——反思效率优先的改革主张》，《法学研究》2017年第3期。

事判决标准的民事赔偿，加害人真诚的认罪悔罪和赔礼道歉，以及确凿无疑的定罪结局。相对而言，被告方所获得的实体收益则是宽大的刑事处理。[①]

当然，相对于刑事和解程序而言，认罪认罚程序所确立的刑罚激励幅度要明显低一些。对于达成并履行刑事和解协议的被告人，法院在应当从轻处罚的前提下，还可以将其视为减轻处罚甚至免除处罚的情节。而对于认罪认罚的被告人，法院一般只能将其视为一种法定从轻处罚情节，而不能作为法定的减轻情节或免除刑罚情节。而且，在被告人同时存在坦白、认罪认罚和自首情节的情况下，司法机关也不能进行重复性评价，而只能按照最有利于被告人的某一情节做出宽大处理。这就大大限制了控辩双方量刑协商的范围，使得认罪认罚的被告人受到有效激励的幅度受到很大限制。

5. 最低限度的参与性

参与性是传统程序正义价值的核心要素。但这种参与属于一种“对抗性参与”，也就是控辩双方通过论证对立的主张并对对方主张加以质疑来达到说服裁判者的效果。[②] 相比之下，协商性的程序正义也关注被裁判者的诉讼参与，但由于控辩双方不存在诉讼立场的对立，因此，这种参与包含着“非对抗性参与”和“说服裁判者”这两个环节。其中，“非对抗性参与”的主要方式是参与协商和参与司法审查；对裁判者的说服则主要着眼于劝导裁判者接受相关的协议。具体而言，被裁判者应当参与对话、协商和妥协的过程，直接促成和接受与另一方所达成的诉讼协议；在法院组织的法庭审理中，被裁判者可以就放弃权利和达成协议的自愿性发表意见，提出异议；在围绕着案件实体问题所展

---

① 参见卞建林、封利强：《构建刑事和解的中国模式——以刑事谅解为基础》，《政法论坛》2008 年第 6 期。

② 参见陈瑞华：《刑事审判原理论》（第三版），第 80 页以下。

开的审理程序中，被裁判者仍然可以就定罪、量刑等问题发表意见，对量刑建议提出异议；被裁判者对于一审法院的判决不服的，可以提出上诉，从而获得参与二审法院重新审理的机会。

在两种协商性司法程序中，这种最低限度的参与性得到了程度不同的体现。其中，认罪认罚程序不仅确保被追诉者参与量刑协商过程，自愿接受认罪认罚具结书所确定的量刑方案，而且使得被追诉者参与法庭审理程序，对认罪认罚的自愿性发表意见，对于定罪和量刑问题发表意见，还可以享有程序反悔的权利，促使案件进行程序反转，按照普通程序进行重新审理。而在刑事和解程序中，被害方和被告方都可以参与协商过程，促成并接受最终的刑事和解协议，并在法庭审理过程中，参与法庭对该项和解协议自愿性和合法性的审查过程，并就定罪和量刑问题发表意见。当然，对于刑事和解协议已经履行完毕的，被告方和被害方都不能进行程序反悔，更无法促使诉讼程序发生回转。

五、协商性程序正义价值的根基

与对抗性程序正义价值相比，协商性程序正义价值具有不同的内涵和构成要素。但从本质上讲，两者具有共同的理论根基，那就是基于自由主义政治哲学的理念，强调维护被裁判者的主体地位，尊重其人格尊严。只不过，相对于对抗性的程序正义价值而言，协商性的程序正义更加强调被追诉者通过协商来参与对诉讼结果的影响和塑造，并在公正程序和理想结果之间进行理性的选择。与此同时，基于一种“利益兼得”的功利主义理念，强调诉讼各方利益的兼顾，使得被追诉者通过放弃部分权利和保障，而获得最大限度的实体利益。有鉴于此，我们可以对协商性的程序正义的根基作出初步的讨论。

（一）诉讼主体性理论

传统的程序正义理论注重对利害关系人诉讼主体地位的维护，使其充分和有效地参与裁判制作过程，获得裁判者对其利益和命运的关注，成为诉讼过程中的对话者和被说服者，而不是被动接受实体处置、消极承受责任追究的诉讼客体。这种诉讼主体理论及其所蕴含的尊重利害关系人人格尊严的理念，构成了对抗性程序正义价值的理论根基。[①] 其实，这种诉讼主体理论在协商性司法程序中也同样适用。只不过，协商性司法程序是通过一种不同方式来践行了诉讼主体理论。

在协商性司法程序中，作为被裁判者的控辩双方，通过对话、协商和达成妥协，来直接塑造案件的诉讼结果，这本身就使得各方成为自身利益和命运的主宰者，成为平等的诉讼主体，其人格尊严获得司法机关的尊重。首先，被裁判者通过放弃部分诉讼权利，与另一方进行诉讼合作，来换取实体利益的最大化。如果说在对抗性司法程序中，被裁判者是基于对诉讼对抗过程的参与而获得诉讼主体资格的话，那么，在协商性司法程序中，被裁判者则是基于对话、协商和妥协而获得了诉讼主体的资格。经过理性的选择，通过对自身利益的权衡，被裁判者无论是放弃部分诉讼权利，进行必要的诉讼让步，还是对实体利益的积极争取，都体现了对自身利益和命运的控制和把握。

其次，被裁判者对诉讼权利的放弃和快速程序的选择都是自由自愿的，体现了自身的自由意志，并且可以获得必要的程序反悔机会。这种对被裁判者意志自由的尊重，符合诉讼主体理论的精神。任何法律价值都可以转为一种权利。而权利作为获得某种利益的资格，都是可以放弃的。假如一种权利是不可放弃的，享有该项权利的人要被迫行

---

① 参见陈瑞华：《程序正义论——从刑事审判角度的分析》，《中外法学》1997 年第 2 期。

使该项权利，那么，这种权利就失去了“权利”的应有之义。正如真正的自由意味着“放弃自由的自主性”，真正的权利也包含着“放弃权利的权利”。在现行的两种协商性司法程序中，无论是所达成的认罪认罚协议还是刑事和解协议，都属于当事人对其诉讼权利和实体利益作出了处分，甚至作出了放弃。但这种处分和放弃必须出自自己的真实意思表示，属于自己自由自愿选择的结果。这种对控辩双方自由意志的尊重，显示出无论是裁判者还是国家追诉机关，都将被告人和被害人视为自主的诉讼主体，对其人格尊严给予了充分的尊重。

在一定程度上，对抗性的程序正义较为关注被裁判者对诉讼过程的参与和控制，而协商性的程序正义则更为重视被裁判者对自身诉讼权利的自由处分，以及对有利诉讼结局的塑造和控制。相比之下，被裁判者不仅可以成为裁判制作过程的对话者、协商者和被说服者，而且还可以放弃部分诉讼权利和程序保障为代价，换取最为有利的诉讼结果，最大限度地维护自己的实体利益。这种协商性程序正义价值，其实是从更高的层面维护了被裁判者的诉讼主体地位。

（二）理性选择理论

传统的程序正义理论强调实现程序公正和实体公正，但没有考虑被裁判者的自由意志。相反，协商性的程序正义理论则更为关注被裁判者的主观感受，赋予其对诉讼程序和诉讼结果进行理性选择的权利。这种理性选择理论其实是协商性程序正义理论的另一理论根基。

理性选择理论提出了一种“经济人”或“理性人”的假定，并将其视为人们做出经济行为、进行社会交往以及作出政治决策的基础。根据这一假定，每个人都是以经济效益最大化原理为出发点，追求以最小的成本，获取行为效用的最大化。每个人唯有获得自由行动和自主决策的机会，才能作出最符合自己利益的理性选择。这种假定的前提是，经济人具有他所处环境的完备知识,有稳定的和条理清楚的偏好,有很强的计算能力,从而使其选中的方案达到其偏好尺度上的最高点。[①]

所谓理性选择,是指在任何可能影响人的利益的法律决定过程中,利害关系人对于任何权利都可以自由地加以行使,也可以自愿地进行放弃,还可以做出理性的处分。在刑事诉讼中,对于被害方和被追诉者一方来说,程序正义和实体正义都是重大的利益,而获得公正审判的权利与获得有利裁判结果的权利,也都是同等重要的权利。但是,这些利益和权利的确立,无非提供了一种可供选择的市场而已。对于控辩双方而言,究竟是选择程序公正还是实体公正,究竟是选择公正审判的机会,还是选择有利的实体结果,这却是因人而异的,而不能一概而论。这主要是出于两个方面的原因。

首先,每个人对于正义的理解有所不同,有人向往程序正义,有人则在乎宽大的量刑结果。尤其是在无罪辩护没有空间、诉讼对抗没有意义的情况下,有些被追诉者更在乎现实的实体利益,也就是最优惠的量刑种类和幅度。假如没有自由选择权,那么,程序正义就具有压迫性的力量,公正审判就有可能成为强权的代名词,而被追诉者将失去进行自由选择的意志自由。

其次,每个人的诉讼对抗能力存在差异,有些人可以获得资深律师的有效帮助,而案件又具有无罪辩护的空间,他们就可能愿意选择诉讼对抗。但有些人限于财力和自身对抗能力,可能只能获得法律援助律师的帮助,而案件也没有无罪辩护的机会,甚至就连量刑辩护的空间也不大,他们就可能更倾向于认罪认罚,以获得与检察机关达成量刑协议的机会,或者向被害方提供民事赔偿,以获得后者的谅解和宽恕。因此,让被追诉者根据自己的对抗能力和案件具体情况来选择

① 参见李培林:《理性选择理论面临的挑战及其出路》,《社会学研究》2001年第6期。

究竟是进行诉讼对抗，还是达成诉讼妥协，这显然更符合被追诉者的实际利益。

在协商性司法程序中，我们之所以强调被追诉者对无罪辩护机会和公正审判权利的放弃，而参与到与检察机关或被害方的对话、协商和妥协中来，就是因为唯有这种方式，他们才可以在公正的程序与最有利的裁判结果之间作出自由的选择，这既符合他们的最大利益，也体现了他们的自由意志。相反，假如为了实现抽象的司法正义而剥夺他们自由选择的机会，强迫他们行使无罪辩护权，或者驱使他们接受所谓的“公正审判”，那么，这将构成对他们利益和意志的践踏，违背自由主义政治哲学的基本原理。况且，从经验和常识来看，无论是多么美好的价值和多么重要的权利，只要被裁判者失去了自由选择权，那么，他们从内心主观感受而言，通常会加以排斥和否定，甚至会作出强烈的抵制。

（三）功利主义哲学

协商性程序正义的本质在于控辩双方通过协商对诉讼结果达成合意，基于趋利避害、互谅互让的原则，选择最有利于本方的诉讼结局。这可以达到一种“利益兼得”的效果，使得诉讼各方的利益得到兼顾，使各方在无法追求“零和游戏”的现实背景下，以最小的让步，获取最大限度的实体收益。从实际效果上看，协商性程序正义理论具有功利主义哲学的根基。

我们生活在一种资源匮乏的世界里，传统的对抗性司法程序使得控辩双方的利益处于冲突之中，也使得被害方与被告方的利益无法同时得到满足。传统的程序正义价值固然有着一些理想的价值追求，强调诸如获得听审的机会、裁判者的中立性、控辩双方的平等武装和裁判者的充分说理，等等，但是，至少在部分案件中，这种价值追求会造成一些负面的后果。例如，诉讼效率下降，案件久拖不决；检察机关对犯罪事实的证明面临困难，面临着部分指控难以成立的风险；被害方得不到应有的民事赔偿，对司法制度产生失望；被追诉者对严厉的刑事处罚产生抵触，甚至对司法机关和被害方产生新的怨恨；等等。

而在协商性司法程序中，司法机关之所以接受控辩双方的诉讼协议，在很大程度上是因为满足了各方的利益需求，体现了诉讼合意，造就了一种“各方乐享其成”的局面。这就使得本来具有一定价值追求的协商性司法程序，可达到最佳的社会效果。比如在认罪认罚程序中，被追诉者通过自愿认罪认罚，参与量刑协商过程，可以获得宽大刑事处理的机会，获得高达30%甚至40%以下的量刑优惠；检察机关主导了庭前的量刑协商程序，并通过提出宽大的量刑建议，可以吸引更多人选择认罪认罚程序，从而大大提高公诉的成功率和认罪认罚程序的适用率；法院对达成量刑协议的案件进行集中而快速的审理，大大节省了司法资源，在绝大多数此类案件中避开了上诉审程序。[①] 再比如在刑事和解程序中，被害方在获得被追诉者认罪悔过和赔礼道歉的前提下，获得后者的高额经济赔偿，而且可以得到即时履行，其利益和需求得到了满足；被追诉者获得了被害方放弃继续追诉和减免刑事处罚的承诺，可望获得司法机关从轻、减轻甚至免除刑事处罚的机会，从而获得较为明显的实体收益；而检察机关和法院则通过适用刑事和解程序，实现了双方矛盾的化解和社会关系的修复，减少了双方提出申诉信访的可能性，获得了较为理想的社会效果和绩效考核效果。[②]

功利主义哲学的核心理念是“实现最大多数人的最大幸福”。协

---

① 参见陈瑞华:《刑事诉讼的公力合作模式——量刑协商制度在中国的兴起》,《法学论坛》2019年第4期。

② 参见陈瑞华:《刑事诉讼的私力合作模式——刑事和解在中国的兴起》,《中国法学》2006年第5期。

商性程序正义作为一种法律价值，之所以具有正当性，至少是因为这些渗透着自由选择、参与协商过程和塑造裁判结果等要素的理念，并没有“唱出教条主义的高调”，也没有违背社会生活的经验和常识，而符合各方“利益兼得”这一功利主义的目标，从而具有普遍的社会心理基础。当一种制度安排以及相关的诉讼价值能够达到如此有效的社会效果时，这种制度就具有不可忽视的生命力了。

六、协商性程序正义的延伸适用

我国法律对于协商性司法程序的确立，促使我们反思传统程序正义理论的局限性，提出了协商性的程序正义理论。根据这一理论，我们可以对现有的协商性司法程序作出价值评价，提出改进这些程序的理论思路。当然，这种理论并不仅仅适用于认罪认罚程序和刑事和解程序，而可以适用于所有带有非对抗性的司法程序。

其实，只要是控辩双方放弃诉讼对抗的场合，多多少少都会存在协商和妥协的程序要素，也都有协商性程序正义价值适用的空间。当然，有些非对抗程序可能只适用协商性程序正义的部分要素，有些非对抗性程序在体现程序正义价值的方式上也具有一些特殊性。在这一方面，我国刑事诉讼法所确立的争议焦点整理程序、未成年人刑事案件诉讼程序，都有适用协商性程序正义的空间。目前正处于改革试点的“合规不起诉”制度，都可以成为协商性程序正义理论的适用对象。

首先，在普通审判程序中，我国法律确立了争议焦点整理程序。在庭前会议阶段，法庭听取控辩双方对于证据材料、事实认定和法律适用问题的意见，对双方存在争议和达成合意的事项载入庭前会议报告。在法庭审理阶段，法官宣读庭前会议报告，对于控辩双方达成合意的事项，采取省略和简易的庭审程序，而对于控辩双方存在争议的事项，则采取实质性的法庭审理。[①]

这种争议焦点整理程序的确立，意味着在普通审理程序中同时存在着两种诉讼程序：对于控辩双方达成合意的事项，法庭采取非对抗性诉讼程序；而对于那些控辩双方存在争议的事项，法庭则采取对抗性的诉讼程序。与此相对应，对于控辩双方存在争议的事项，法庭审理遵循对抗性的程序正义理念；而对于那些双方达成合意的事项，法庭审理则适用协商性的程序正义理念。

在控辩双方达成合意并接受法庭形式化审理的程序中，协商性程序正义可以成为一种独立的价值评价标准。我们可以将程序的可弃权性、弃权的自愿性、可协商性、可收益性和最低限度的参与性作为评价这种程序是否公正的标准。只不过，这里所说的可收益性，不是实体利益上的收益，而是通过避免不必要的诉讼争执而带来的程序互惠。而最低限度的参与性则表现在庭前会议环节的相互知情、对话和协商，法庭调查环节对争议问题的再次确认，以及有限度的程序反悔。这显然说明，即便在普通审判程序中，对于围绕无争议事项所展开的形式化审理程序，仍然可以适用协商性程序正义标准。

其次，在未成年人刑事案件诉讼程序中，协商性的程序正义价值也有适用的空间。这种诉讼程序遵循教育、感化和挽救相结合的理念，注重对未成年人的特殊保护和教育矫正，追求保障未成年人尽早回归社会的目标。在一定程度上，未成年嫌疑人、被告人供认犯罪事实的案件，最典型地体现了这种特殊诉讼程序的理念和原则。[②] 正因为如此，被追诉者通常放弃了无罪辩护的机会，司法机关出于关爱、诊疗和挽救

---

① 参见戴长林:《庭前会议、非法证据排除、法庭调查等三项规程的基本思路》,《证据科学》2018 年第 5 期。

② 参见胡云腾:《立足审判实践 修改完善未成年人刑事诉讼司法解释——未成年人刑事案件诉讼程序司法解释介绍》,《预防青少年犯罪研究》2013 年第 1 期。

的考虑，会采取一些非对抗性的程序措施，甚至会在征得未成年人及其法定代理人同意的情况下，采取一些监督考察和延伸帮教措施。例如，对于未成年人认罪悔罪的轻微刑事案件，检察机关可以作出附条件不起诉的决定。这种附条件不起诉带有“不起诉协议”的性质，检察机关设置一定的考验期，对未成年嫌疑人进行监督考察，责令其遵守法律法规并接受特定的监督考察义务；在考验期结束后，对于履行监督考察义务的未成年人，检察机关可以作出不起诉的决定。又如，在未成年人刑事案件的法庭审理中，法庭根据社会调查报告、被告人认罪悔罪的情况以及法庭教育情况，对被告人作出适度的宽大刑事处理。在很多情况下，这种庭审程序又可以与认罪认罚程序发生联系，体现量刑协商的精神。

在未成年人认罪悔罪的情况下，那种对抗性的程序正义理论很难得到适用，取而代之的可能是协商性的程序正义理论。至少，在司法机关与未成年人展开诉讼合作的场合，协商性的程序正义可以成为评价这种程序是否公正的主要标准。例如，对于附条件不起诉程序，我们可以将未成年人认罪的自愿性、对监督考察措施的自由选择以及对遵守监督考察措施情况的陈述等，作为评价这种程序公正的标准。又如，对于未成年人案件的法庭审理程序，我们也可以将被告人认罪的自愿性、对庭审程序参与的充分性以及参与庭审教育和帮教措施的自主性等，作为程序公正的评价标准。

再次，对于涉嫌犯罪的企业所采取的“合规不起诉”程序，也有协商性程序正义的适用空间。目前，一些地方检察机关正在针对涉案企业试点“合规不起诉”的改革。所谓“合规不起诉”，是指对于涉嫌轻微犯罪的企业，在积极配合刑事调查、具有制度整改意愿的前提下，检察机关设置考验期，责令其建立企业合规计划，消除再次违法犯罪的制度隐患，建立针对合规风险的防范、监控和应对机制，对于经过评估确认建立有效合规计划的，可以作出不起诉的决定。在我国刑事诉讼中，这种针对企业的“合规不起诉”，其实就是附条件不起诉制度的延伸适用。①

在一定程度上，“合规不起诉”制度具有协商性司法程序的性质，可以适用协商性的程序正义理论。对于涉嫌犯罪的企业而言，选择合规不起诉程序，意味着放弃了无罪辩护的权利，甚至放弃了法庭审理的机会。这种诉讼弃权的自愿性就成为评价这种程序是否公正的重要标准。与此同时，涉案企业要与检察机关达成一种暂缓起诉的协议，就需要进行充分的对话和协商，在主动配合调查和积极披露违规行为的前提下，做出建立合规计划的承诺，甚至接受检察机关定期的合规检查和合规评估。② 而所有这一切，都可以换取最大的诉讼收益，也就是检察机关作出不起诉的决定，使得企业最终被宣告无罪。因此，与检察机关就合规问题展开的协商以及诉讼说服活动的充分性，就成为涉案企业自主地控制诉讼结局的关键环节。协商性程序正义所体现的通过协商塑造诉讼结果的理念，在这种程序中得到充分的体现，也可以成为评价这种程序是否公正的重要标准。

七、程序正义的新形态

对待任何理论，都应采取一种科学的和发展的态度，而不应将其奉为不可挑战的“信念”，否则就容易陷入教条主义的泥潭。在程序正义理论的研究方面，我们已经取得了长足的进步，提出了一些具有共识性的观点。但迄今为止，有关程序正义的主要理论，都是以对抗性司法程

① 参见陈瑞华：《企业合规视野下的暂缓起诉协议制度》，《比较法研究》2020 年第 1 期。

② 参见陈瑞华：《刑事诉讼的合规激励模式》，《中国法学》2020 年第 6 期。

序为经验根据而提出的，对于那种控辩双方处于诉讼对抗状态的程序具有很强的解释力。但随着协商性司法程序的兴起，控辩双方的合作和协商取代了诉讼对抗，传统程序正义理论所赖以存在的基础也就不复存在了。在此情况下，我们不应以传统程序正义理论来否定协商性司法程序的正当性，而应根据协商性司法的经验事实，来反思传统的程序正义理论，对这种理论的局限性加以讨论，在此基础上提出新的程序正义理论。按照这一思路，我们将结合协商性司法程序的经验，来反思对抗性程序正义理论的局限性。

协商性司法并不是对程序正义的背叛或者反对，而是程序正义的另一种适用形态。对抗性的程序正义更多地关注被裁判者对诉讼过程的控制，通过充分有效地参与诉讼对抗过程，对诉讼结果施加积极的影响，成为自身利益和命运的主宰者。这显然体现了一种基于过程控制的诉讼主体性。相反，在协商性的程序正义理论中，被裁判者放弃了诉讼对抗的机会，被追诉者放弃了无罪辩护的权利，控辩双方选择了合作、对话和协商，通过互谅互让的谈判，作出必要的诉讼妥协，有效地参与了对诉讼结果的塑造和决定，成为自主地决定案件结局的诉讼主体。这所体现的是一种基于结果控制的诉讼主体性。可以说，协商性的程序正义的理论根基仍然是诉讼主体性理论和自由选择理论，强调面对一种法律决定过程，被裁判者享有人格尊严，成为积极有效的参与者、对话者和施加影响的一方，不是消极等待国家处理、被动承受国家处罚的诉讼客体。只不过，在功利主义哲学的影响下，协商性的程序正义理论更为注重诉讼各方利益的兼顾，强调各方在现实条件下自主地避免最大的利益损失。

我们根据协商性司法程序的经验事实，提出了协商性程序正义理论，但这一理论可以成为我们对这些协商性司法程序进行改进和完善的尺度和标准。这种理论指引作用除了可以适用于认罪认罚程序和刑事和解程序以外，还可以被延伸适用于其他非对抗性程序之中。在争议焦点整理程序以及未成年人刑事案件诉讼程序中，我们可以将包括可弃权性、弃权的自愿性、可协商性、可收益性以及最低限度的参与性等程序正义要素，作为评价这些程序是否公正的重要标准。而对于正处于改革试点之中的“合规不起诉”制度，也可以协商性的程序正义为标准，来保证涉案企业获得最低限度的公正对待。

参 考 文 献

Bayles, M. D., *Principles of Law: A Normative Analysis*, D. Reidel Publishing Company, 1987.

Bayles, M. D., *Procedural Justice: Allocating to Individuals*, Kluwer Academic Publishers, 1990.

Calamandrei, Piero, *Procedure and Democracy*, New York University Press, 1956.

Duff, R. A., *Trial and Punishment*, Cambridge University Press, 1986.

Dworkin, R., *A Matter of Principle*, Oxford: Clarenden Press, 1985.

Galligan, *Due Process and Fair Procedures: A Study of Administrative Procedures*, Oxford: Clarendon Press, 1996.

Galligan, D. J. and Sampford, C. J., *Law, Rights and Welfare State*, London: Croom Helm., 1986.

Galligan, D. J., *Procedure*, Dartmouth Publishing C. Ltd., 1990.

Kadish, Sanford H., Methodology and Criteria in Due Process Adjudication—A Survey and Criticism, in *The Yale Law Journal*, Volume 66, January 1957, No. 3.

Lind, E. Allan, *Procedural Justice, Disputing, and Reactions to Legal Authorities*, American Bar Foundation Working Paper #9403, 1994.

Lind, E. Allan and Tyler, Tom R., *The Social Psychology of Procedural Justice*, Plenum Press, 1988.

Lucas, R., *On Justice*, Oxford University Press, 1980.

Mashaw, Jerry L., Administrative Due Process: The Quest for a Dignitary Theory, in *Boston University Law Review*, Vol. 61, 1981.

Mashaw, Jerry L., *Due Process in the Administrative State*, Yale University Press, 1985.

Masters, Roger D. and others, *The Sense of Justice*, Sage Publications International Educational and Professional Publisher, 1992.

Pennock, J. Roland and Chapman, John W., *Due Process*, New York University Press, 1977.

Rsdish, Martin H. and Marshall, Lawrence C., Adjudicatory Independence and the Values of Procedural Due Process, in *The Yale Law Journal*, Volume 95, No. 3, January 1986.

Röhl, F. Klaus and Machura, Stefan, *Procedural Justice*, Dartmouth Publishing Company Limited, 1997.

Scherer, Klaus R., *Justice: Interdisciplinary Perspective*, Cambridge University Press, 1992.

Summers, Robert S., Evaluating and Improving Legal Processes: A Plea for "Process Values" , in *Cornell Law Review*, Volume 60, Nov. 1974, No. 1.

Thibaut, John and Walker, Laurens, *Procedural Justice: A Psychological Analysis*, Lawrence Erlbaum Associates, Inc., 1975.

Thibaut, John and Walker, Laurens, A Theory of Procedure, in *California Law Review*, Vol. 66, 1978.

Tyler, Tom R. and others, *Social Justice in a Diverse Society*, Westview Press, 1997.

Tyler, Tom R., What Is Procedural Justice? : Criteria Used By Citizens to Assess the Fairness of Legal Procedures, in *Law & Society Review*, Vol. 22, No. 1, 1988.

Tyler, Tom R., *Why People Obey the Law*, Yale University Press, 1990.

索　　引

（以汉语拼音为序）